말뿐인 다양성 관리가 아니라
진정한 포용으로 넘어가는 방법에 관한,
보기 드물게 유용하며 바로 실천 가능한 책!

_애덤 그랜트, 와튼스쿨 조직심리학 교수, 《오리지널스》《싱크 어게인》 저자

다양성, 형평성, 포용성(DEI)은 모든 리더가 당연하다고 생각할 가치다. 하지만 이를 정량적으로 지속해서 관리하는 조직은 얼마나 있을까? 현장에 적용할 때 실질적으로는 무슨 효과가 있을까? 구성원들이 받아들이는 데 현실적 어려움은 없을까? 이 책은 이런 내 궁금증에 진솔하고 명쾌하게 답해주었다. DEI 전문가로서 저자는 이상에 머무는 조직관리 이론이 아니라, 여러 산업 현장에서 구성원의 공감을 끌어내며 활용한 사례를 조목조목 설명한다. 의미 없는 지표와 보고서로 몸과 마음이 지친 수많은 리더와 팔로워에게 필독을 권한다.

장우홍 | SK커뮤니케이션즈(주) 대표이사

많은 리더가 유기적 협업과 건전한 경쟁을 기업 성장의 원동력이라고 장려한다. 그런데 서로 다른 구성원들을 진심으로 인정하고 존중하며 심리적 안전감을 갖도록 포용하는 일터는 얼마나 될까? 여기 이러한 인간 중심의 가치를 기반으로 비전을 세우고 실행함으로써 사회의 새로운 규범이 된 세계적 기업들의 이야기가 있다. 다양함을 포용하는 조직일수록 혁신 가능성이 6배나 높아진다니, 조직의 성공을 꿈꾸는 리더라면 지금이 바로 무의식적 편견을 버리고 어떻게 DEI를 지속가능한 성장 동력으로 삼을지 고민해야 할 때다.

박승덕 | 한화솔루션(주) 전략부문 사장

하나인 듯 일사불란한 조직이 효율적이던 시절이 있었다. 지난 20세기는 일곱 빛깔을 합쳐 얻은 검은색에 감격하던 시대였다. 하지만 세상이 바뀌었다. 검은색을 흉내 내는 구성원들만으로는 복잡하고 불확실하며 변동성 크고 애매모호한 세상에서 살아남을 재간이 없어졌다. 이제는 구성원 각각의 유니크함을 일과 연결해 무지개라는 가치를 만들 수 있는 조직 체질이 생존과 번영의 필요충분조건인 시대다. 이 책은 다양성을 무지개로 승화한 아홉 조직 사례를 꼼꼼히 살펴준다. 리더에게 의미 있는 통찰을 건네리라 확신한다. **박정열** | 현대자동차그룹 경영연구원 전임교수, 《AI시대 사람의 조건 휴탈리티》 저자

말뿐인 다양성 관리가 아니라 진정한 포용으로 넘어가는 방법에 관한, 보기 드물게 유용하며 바로 실천 가능한 책. 엘라 워싱턴은 포용의 과학과 실천에 있어 선도적인 전문가로, 직장에서 포용을 실천하는 데 무엇이 필요한지를 생생히 보여준다.

애덤 그랜트 | 와튼스쿨 조직심리학 교수, 《오리지널스》《싱크 어게인》 저자

나는 워싱턴이 우리에게 던지는 도전을 좋아한다. 그녀는 우리에게 명령을 기다리지만 말고 직접 DEI 문제에 나서 여정을 시작하라고 말한다. 법은 감정을 바꿀 수 없지만, 리더는 감정을 바꿀 수 있다. 모두가 오늘부터 여정에 나선다면, 우리 사회의 추악한 문제들이 마술처럼 해결될 것이라 믿는다. 정상에 오르기는 물론 힘드나 모두가 해낼 수 있는 일이며, 이 책이 단 하나의 로드맵이 되어줄 것이다.

짐 클리프턴 | 갤럽 회장, 《강점으로 이끌어라》 저자

포용적인 문화를 기업에 뿌리내리고픈 리더라면 반드시 읽어야 할 책. 당신이 이제 막 여정을 시작했든, 이미 여정의 한가운데에 있든, 거센 여정을 헤쳐나갈 때 이 책이 든든한 도움이 되어줄 것이다.

제임스 D. 화이트 | 잠바주스 전 CEO,《반인종주의 리더십Anti-Racist Leadership》저자

빛나는 사례 연구와 실행 가능한 조언으로 가득하다. 이 책은 당신과 당신 조직이 여정의 어느 단계에 있든 포용적인 업무 환경을 창조하는 데 필요한 독보적인 참고서다.

로라 모건 로버츠 | 버지니아대학교 다든경영대학원 경영학 부교수,
《인종, 일, 리더십Race, Work, and Leadership》저자

다정한 조직이 살아남는다

다정한 조직이 살아남는다

엘라 F. 워싱턴 지음 | 이상원 옮김

The
NECESSARY
JOURNEY

다양성·형평성·포용성(DEI) : 뉴노멀 시대 새로운 비즈니스 경쟁력

갈매나무

진화하는 기업이 '가야 할 여정'

거의 매일같이 한밤의 정적을 깨던 요란한 헬리콥터 소리는 내게 절대 잊지 못할 기억으로 남았다. 학생들 과제를 보다가 헬리콥터 소음 때문에 도저히 집중이 되지 않아 포기한 날도 있었다. 경찰관 수는 사방에서 계속 늘어났다. 식당은 폐쇄되었다. 오후 일곱 시부터는 통행금지였다. 유행병이 낳은 새로운 현실에서 우리는 이 모든 것을 감내해야 했다. 나는 상점에 진열되자마자 몇 분 만에 동나버리는 화장지가 언제 도착할지 알아내면서, 식료품점의 텅 빈 선반들을 보면서, 안전을 위해 가족과 친구와 단절된 상태로 몇 달을 보냈다. "도대체 내가 지금 어디 있는 거지?"라고 스스로에게 묻던 순간이 생생하다. 내전으로 파괴된 나라에 사는 건 아니지 않았나? 아, 혹시 그랬던 것일까? 내가 머물던 곳은 워싱턴 D.C.였고, 수도뿐만 아니라 미국이라는 나라 전체가 위태로웠다. 흑인 조지 플로이드George Floyd가 경찰 손에 죽임을 당했다. 수많은 아프리카계 미국인에게, 그리고 전 세계 동지들에게 침묵은 더 이상 선택지가 아니었다.

하지만 솔직히 말해 나는 그 지극히 불안정한 순간에 일어나는 분명한 변화를 흥미진진하게 지켜보았다. 나는 기업들이 조지 플로이드 사태에 어떻게 대처하는지 눈여겨보았다. 과감한 발언이 나오고 있었다. 백인 우월주의를 비판하며 인종 정의를 위해 수백만 달러를 내놓겠다고도 했다.

다양성, 형평, 포용(이 세 가지를 뜻하는 diversity, equity, inclusion을 함께 묶어 DEI로 칭한다)을 주제로 평생을 일해온 나는 눈앞의 상황에 혼란을 느꼈다. 역사적으로 소외된 정체성을 지닌 이들의 비극은 이전에도 여러 차례 일어났다. 2012년 17세 흑인 소년 트레이본 마틴Trayvon Martin의 죽음, 2016년 플로리다 올랜도의 성소수자LGBTQ+ 클럽에서 일어난 총기 난사, 2017년 버지니아 샬로츠빌에서 벌어진 백인 우월주의 시위 등등. 하지만 그 여름의 사건은 이전과 달랐다. 처음으로 기업들이 사회적 불의에 목소리를 냈다. DEI 분야에서 일하는 우리가 한 번도 보지 못한 방식으로 말이다. 조지 플로이드가 살해된 2020년 5월 25일 월요일에서 닷새가 지난 금요일, 오랜 친구이자 멘토인 로라 모건 로버츠Laura Morgan Roberts가 문자를 보내왔다. 목소리를 낼 시간이라고, 48시간 안에 함께 글을 쓰자고 했다. 나는 바로 동의했고 함께 2020년 6월 1일 자 〈하버드 비즈니스 리뷰〉에 호소문을 실었다. '미국 기업들은 인종주의에 맞서 의미 있는 행동을 해야만 한다U.S. Businessses Must Take Meaningful Action Against Racism'라는 제목이었다. 다음번 리뷰가 올라오면 금세 잊힐 글이라 생각했다. 하지만 웬걸, 기업들이 마침내 DEI에 진지한 관심을 보내왔다.

당시 기업들은 DEI 관련 투명성이 극도로 결핍된 상태였다.

EEO-1 보고서(인종, 성별, 직업 유형 등의 인구학적 인력 데이터를 담은 미국의 평등고용기회 자료)에 실은 다양성 정보를 외부에 공개하는 기업은 전체의 4%에 불과했다.[1] 직접 제작한 연례 다양성 보고서를 공개하는 경우는 더 적었다. 하지만 나는 무언가 변화하고 있음을 알아차렸다.

조지 플로이드 사건 이후 나는 수많은 CEO와 최고인사책임자를 만났다. 대화는 예측 가능하게 흘러갔다. 상대는 우선 현 상황에 깊은 유감을 표시하며 자기 기업이 시행하는 프로그램을 소개했다. 모두가 기존 프로그램을 수정할 생각이 있다면서 기존 프로그램이 적합한지, 어떤 것을 더 도입해야 하는지 물었다. 사실 핵심은 실행에 있었다. 프로그램 자체로는 나쁠 것이 없다. 하지만 DEI는 프로그램 그 이상을 요구한다. 나는 DEI가 '여정'이라고 설명했다. 프로그램을 만드는 것도 중요하지만 무엇보다 문화적 변화를 이루고 사람들을 바꿀 새로운 방법을 찾아내야 하며 어려운 의사결정이 요구된다.

여러 해 동안 많은 이가 DEI 노력을 여정으로 표현해왔다. 그래서 오히려 모호한 개념이 되어버렸다. DEI는 대체 어떤 여정일까?

높은 절벽 위에 서서 너른 땅을 내려다본다고 생각해보자. 빽빽한 숲, 거친 강물, 평원, 언덕이 보인다. 그 땅 너머가 목적지이다. 얼마나 먼지 가늠이 잘 되지 않는다. 어떻든 너른 땅을 건너가야 한다면 어디로 가고 싶은지에 따라 출발점을 잡아야 한다. 장애물을 만나거나 실수도 할 테고, 천천히 지나가야만 하는 곳도 나올 것이다. 중간에 포기하는 사람도 생길 수 있다. 길을 바꿔야 할 때도 있다. 하지만 목적지에 가겠다는 의지만 굳건하다면 길을 찾아 꾸준히 나아갈 수 있다.

DEI가 바로 이렇다. 프로그램을 도입했으니 이제 되었다고 생각해선 곤란하다. 멀리 내다보고 목적지로 이어지는 길을 잡고 걷기 시작해야 한다. 가면서 마주치는 상황을 해결하고 길을 조정해야 한다.

리더 대부분은 이런 설명에 고개를 끄덕이면서도 자신에게 필요한 DEI 여정이 무엇일지 여전히 궁금해한다. 그래서 나와 대화가 끝난 후 다음과 같은 두 질문을 던지곤 한다.

우리의 DEI 여정은 현재 어디쯤에 있을까?
다른 회사들의 여정과 비교할 방법은 무엇일까?

내가 만난 회사 대부분이 자신들 DEI 여정을 구체화하는 데 어려움을 겪는 게 분명했다. 물론 여러 해 동안 여정을 이어오는 회사도 소수 있었다. 하지만 이는 예외적이거나 자원을 무제한으로 쓸 수 있는 경우였다. 다른 회사들이 이런 사례를 모방하거나 빌려오기란 어려운 노릇이었다.

모든 기업에 들어맞는 DEI 만능 해법이 없다는 점은 경영자들을 더 힘들게 했다. 기업마다 나름의 의도와 의미를 지닌 접근법을 찾아야 했던 것이다. 모두에게 공통된 출발점이 없다면 대체 어디서부터 시작해야 하느냐며 다들 혼란스러워했다. 절벽 위에서 너른 땅을 내려다보기는 하되 어떻게 들어가야 할지 몰랐던 것이다. 어찌어찌 들어간다 해도 도저히 목표 지점에 도달할 수 없을 것이라며 겁에 질리기도 했다.

나는 스스로에게 질문을 던졌다. '명확한 경로를 보지 못한다면 기업이 DEI로 어떻게 성과를 낼 수 있겠는가?' 그리고 바로 이 질문에서 시작해 이 책을 썼다. 나름의 여정을 걷고 있는 기업들의 모습을 보여줌으로써 도움을 주기로 한 것이다. DEI가 대체 무엇이고 어떻게 실현할 수 있는지, 어떤 난관과 실수를 거쳐 어떤 성공에 이르는지 구체화하고 싶었다. 대기업과 중소기업, 하이테크와 헬스케어, 심지어 소규모 양조장에 이르기까지 다양한 회사를 포함하고자 했다. 이야기 하나하나마다 여정의 독특한 측면을 보여주므로 리더들이 자신에게 맞는 여정을 선택해 걸어가는 데 도움이 될 것이다. 전체를 관통하는 흐름이 있지만 동시에 모든 이야기가 고유성을 지닌다.

결국 이 책은 현재 자신의 DEI 여정이 어디쯤에 있고 다른 회사들과 비교하면 어떤 상황이냐는 리더들의 질문에 대한 내 나름의 답변이기도 하다. 이야기를 통한 공감으로 이 답변을 구성하고자 했다.

나는 이야기 속에서 독자가 자신의 일부를 찾아내게끔 쓴다.

— 레나 웨이드Lena Waithe

나는 이 책을 이야기 모음으로 만들었다. 이야기가 지닌 가르침과 영감의 힘을 믿기 때문이다. 이야기는 인간 경험을 연결하는 데 매우 효과적인, 아니 가장 강력한 도구다. 우리는 이야기를 통해 느끼고 배우고 관점을 바꾸고 심지어는 행동한다. 하지만 그렇다고 해서 이야기만 담은 것은 아니다. 각 장의 이야기에 40년 이상 DEI를 연구해온 내 경험, 수백 개 기업을 지원하면서 깨달은 실용적 교훈을 더했다. 독자들이 이 책의 이야기 속에서 자기 모습을 발견하길 바란다. 그리고 회사들이 나름의 여정을 발견하는 계기가 되었으면 한다.

이 책의 이야기 중심 접근법이 DEI에 새로운 시각을 열어주어 체계나 방법론 중심의 기존 책들을 보완해주길 기대한다. 기존의 훌륭한 책들과 함께 사용된다면, 이야기 중심의 이 책이 DEI 여정을 한층 구체적으로 드러내 보여줄 것이다. 실행에 있어 긍정적인 이미지만큼 중요한 것은 없으니 말이다.

각 장마다 서로 다른 기업의 DEI 여정이 펼쳐질 것이다. 여정이 어디서 시작했고 어디서 어려움을 겪었으며 이후 어디로 이어지는지를 소개하고자 한다. 내 연구는 DEI 여정을 바라보는 각 기업의 궁극적 관점을 밝히기 위한 것이었으나, 이 책의 핵심은 리더들과 비디오 채팅으로 얻은 심층 인터뷰 자료이다. 리더들이 실제로 했던 말들은 그대로 인용했다. 이야기를 읽으면서 독자가 영감을 얻고 나름의 여정으로 나아가기를 바란다.

· · ·

이 책에 등장하는 모든 회사와 리더는 '가야 할 여정'을 가고 있다. 전통적이지 않은 직업 경로를 거치면서, 나는 우리가 원하는 방향으로 나아가며 현재 모습에 이르기까지의 여정을 잘 이해하는 것의 중요성을 알게 되었다. 노스웨스턴대학교에서 조직행동론으로 박사 과정을 밟던 초기, 나는 내가 이질적인 존재임을 깨달았다. 백인 남성 중심인 학교에 다니는 흑인 여학생이었기 때문만은 아니다. 물론 그 것도 하나의 도전이었다. 하지만 내 존재가 이질적이었던 더 큰 이유 는 상아탑에서 연구하고 논문을 쓰는 데 그치지 않고 일선에서 기업 들의 DEI 노력을 돕고 싶다는 마음속 바람에 있었다.

첫 학년 세미나 수업에서 학부생을 피험자로 쓴 심층 실험 논문 을 읽던 나는 이런 방식이 실제 기업 관리자의 행동을 얼마나 보여줄 수 있겠느냐고 질문을 던졌다. 담당 교수는 내가 잊지 못할 대답을 했다. "그런 건 별로 중요하지 않아요. 우리는 연구를 하는 것이니." 이 말을 들은 나는 경영대학원 입학이 잘한 선택이었는지 고민하지 않을 수 없었다. 한편 내가 정규직 교수의 길을 가는 대신 업계에서 일하고 싶다고 말하면 누구든 어이없다는 표정을 지었다. 교수 한 분 은 학위를 받고 졸업하고 싶다면 졸업 때까지 다른 학생들처럼 행동 하다가 그 이후 원하는 일을 하라고 충고하기도 했다.

대학원에 다니면서 나는 매일같이 인지부조화를 경험했다. 어째 서 경영대학원 학자들은 비즈니스 현실에서 일어나는 일들과 직접 연결되는 노력을 하지 않는 걸까? 그렇게 하고 싶다는 사람을 왜 말 리는 걸까?

나는 학계와 실무 세계 사이의 괴리를 좁히는 데 기여하겠다고 다짐했다. 물론 내 여정은 어려운 길이었다. 언스트앤영Ernst&Young에 서 컨설팅 일을 시작했을 때는 학계에서 추방된 기분이었다.

10년 이상이 흐른 지금은 어느 정도 면역이 된 것 같다. 나는 여러 학문 분야를 현실 세계와 연결하는 작업을 해왔다. 글로벌 기업 수백 곳을 컨설팅했고 갤럽에서 DEI 국제 관행을 만들었으며 이제 나만의 DEI 컨설팅 회사를 운영한다. 연구는 현실을 도와야 하고 현실은 다시 연구에 반영되어야 하는 법이다.

학계가 여러모로 변화해왔다는 점도 기쁜 마음으로 언급하고 싶다. 노스웨스턴대학교에서 불편한 날들을 보낸 지 수년 만에 나는 현장의 경험을 인정받아 조지타운대학교 맥도너경영대학원 교수로 부임했고 내 여정의 한 단계를 마무리했다. 지금도 그곳에서 즐겁게 학자와 실무자들을 만나고 있다.

나 자신이 걸어온 여정은 이 책에 등장하는 기업들의 여정과 비슷하다. 탄탄대로가 아니었다. 다른 사람들의 여정과도 다르다. 의혹, 불안, 성공이 뒤섞인 길, 그렇지만 어려움을 감내하기에 충분히 가치 있는 감사한 길이었다. 쉽지 않았지만 피해야 할 길이었다고는 한 번도 생각해본 적 없다. 늘 필요한 길이었다.

. . .

기업에 DEI를 진지하게 다루기를 요구하는 이 시대에 당신은 그저 막막하다고 느낄지도 모르겠다. 불평등과 불의를 인식하고 변화를 이루고 싶지만 그럴 능력이 없다고 느낄 수 있다. 어디서부터 시작해야 할지 모를 수도 있다.

이 책의 이야기들은 그런 당신에게 희망을 줄 것이다. 여정의 각 단계를 통과해가는 회사들의 이야기, 모든 구성원이 번영하도록 환경과 구조를 계속 만들어가는 이야기, 실수와 성공, 오류와 승리를 모두 겪는 인간의 이야기가 등장한다. 여기서 당신이 힘을 얻기를 희망한다.

동시에 이 이야기가 교훈과 실질적 도움을 주었으면 한다. 실무 연구자로서 내 목표는 당신에게 기업에서 어떻게 변화를 만들어낼지 아이디어를 안겨주는 것이다. 각 이야기에 담긴 전술, 프레임워크, 전략은 해당 기업의 DEI 여정을 도왔듯 당신에게도 유익할 것이다.

마지막으로 각 이야기가 동일하게 마무리된다는 점을 언급해두 겠다. 시간을 내서 솔직한 경험을 털어놓은 리더들에게 나는 마지막 질문으로 "직장 유토피아가 어떤 모습이라 생각하는가?"를 물었다. 성공과 이뤄내고자 하는 더 나은 미래를 그려보는 일이 중요하다고 생각하기 때문이었다. 유니콘 같은 상상 속 무언가를 추구해야 한다는 얘기가 아니다. 우리는 살면서 직장에서 보내는 시간이 아주 많다. 따라서 그 공간에서 진정으로 번영하는 것이 인간적 권리라고 여기기 때문에 던진 질문이었다. 더 나아가 그 질문을 통해 리더들이 직장의 개선 방향을 꿈꾸길 바랐다. 이는 과거 대학원생 시절, 남들과는 다른 직장 유토피아를 깨달았던 내 경험과도 상통한다. 나는 학문의 깊숙한 세계가 아닌, 실무와 연구가 결합되어 DEI를 개선해나가는 곳을, 당시로서는 누구도 상상하지 않았던 곳을 꿈꾸었다. 당시 나는 절벽 위에서 평야를 내려다보고 가야 할 길을 찾았다. 동료들 대부분이 보지 못하는 길이었다. 나는 가야 할 여정을 밟았고 오늘도 걸어가고 있다. 나는 내 일터 유토피아가 무엇인지 안다. 이 책의 독자인 당신이 자신의 일터 유토피아가 무엇인지 질문을 던지기를 바란다. 다양성과 형평성, 포용성이 갖춰진 일터가 어떤 모습일지 크게 꿈꾸는 일을, 그리고 그 꿈을 실현하기 위한 행동을 시작하길 바란다.

1

다양성·형평성·포용성(DEI),
뉴노멀 비즈니스 경쟁력

DEI가
걸어온 여정

시작은 차별에 대한 반대

본격적으로 이야기를 풀어놓기 전에 DEI가 거쳐온 역사를 개념과 규범으로 이해해보면 도움이 될 것이다. 길게 설명하지는 않으려 한다. 때로 1980년대나 1990년대로 거슬러 올라가는 DEI의 뿌리도 알아두면 도움이 된다.

2020년의 DEI 열풍을 새롭다고 느끼는 이들이 많겠지만 '다양성 관리diversity management'라는 개념(1980년대에 생겨난 용어다)은 벌써 40년 이상 연구된 분야이다. 그 토대를 놓은 것은 1950~1960년대의 시민 권리 운동이다. 1961년 케네디 대통령의 행정명령 10925는 차별을 끝내기 위한 적극적 우대조치affirmative action를 연방정부 계약자들에게 요구했다. 적극적 우대조치란 차별 관행의 종식뿐 아니라 과거와 현재의 차별을 교정 혹은 보상하고 미래의 차별을 예방하려는 모든 조치를 말한다.[1]

1964년 민권법은 15인 이상을 고용한 고용주가 인종, 피부색, 종교, 성별, 출신 국가를 이유로 고용, 해고, 승진, 직무 훈련, 취업 조건이나 혜택 등에서 피고용인을 차별하는 것을 불법으로 규정했다.[2] 이 법에 따라 미국평등고용기회위원회 US Equal Employment Opportunity Commission:EEOC 가 만들어졌고 법 이행 감시와 불법적 고용 차별 폐지가 진행되었다.[3] 이후 법 적용 범위가 확대되어 임신을 이유로 한 차별이 불법이 되었고 2020년 6월에는 성적 지향과 성 정체성 또한 보호 대상에 포함되었다.[4]

적극적 우대조치를 반대하는 목소리도 나왔다. 역차별, 우대조치, 수혜자에 대한 낙인, 능력 원칙 침해 등으로 논란이 벌어졌다.[5] 하지만 모두가 반대한 것은 아니었다. 일부 고용주는 적극적 우대조치의 윤리적·도덕적·비즈니스 측면을 검토하고 적극 수용할 계획을 세웠다. 예를 들어 제록스Xerox 는 적극적 우대조치를 받아들였다. 1968년 제록스의 조셉 윌슨Joseph C. Wilson 회장은 회사의 모든 관리자들에게 편지를 보내 아프리카계 미국인 고용을 늘리라는 파격적 지시를 내렸다.[6] 같은 해, 제록스는 사상 최초의 직원 커뮤니티인 직원 리소스 그룹employee resource group:ERG 도 만들었다.

1980년대에는 레이건 대통령이 적극적 우대조치를 축소하며 반대 의견을 공개적으로 밝히기도 했다.[7] 그럼에도 뛰어난 경영자들은 정부 정책 변화와 무관하게 적극적 우대조치 프로그램을 계속하겠다고 했다. 법 개정을 계기로 1985년 〈포춘〉 선정 500대 기업을 대상으로 이루어진 한 연구를 보면 '정부 요구가 없더라도 여성과 소수자 직원 비중을 늘리는 수치 목표를 유지하겠다'고 밝힌 경우가 95% 이상이었다.[8] 1년 뒤 동일한 기업을 대상으로 실시한 조사에서는 적극적 우대조치 프로그램을 그대로 유지하겠다는 경우가 88%, 더욱 강화하겠다는 경우가 12%였다.[9]

적극적 우대조치를 따른다는 것은 이른바 '다양성 관리'라 불리는 구조가 필요하다는 뜻이다. 이 구조는 노동부 장관 윌리엄 브록William Brock 의 요구로 1987년 수행된 '일자리 2000Workforce 2000 ' 연구 이후 현실화되었다. 허드슨 연구소가 수행한 이 연구는 20세기 마지막 몇 년 동안의 노동과 경제 동향을 살피고 21세기 글로벌 시장에서 미국의 경쟁력을 유지하려는 목표에 따라 진행되었고[10] 조사 대상 기업은 645개로 사상 최대 규모였다.[11] 연구 보고서는 고용에서 백인 남성의 비중이 점차 줄어 2000년이 되면 신규 취업자의 85%가 소수자와 여성일 것이라고 예측했다.

미래의 미국 노동 시장이 더욱 다양해질 것이며 다차원의 다양성을 포용해야 한다는 점도 연구 보고서에 명시되었다. 노동력 고령화, 직장과 가족 돌봄을 병행해야 하는 여성의 특징, 흑인과 히스패닉 노동자 채용 등이 여기 포함되었다. 제조업 일자리 감소 충격을 줄이고 기술 및 전문직 고용 수요를 충족하기 위한 교육 개선 방법도 다뤄졌다.[12] 이와 관련해 레이건 대통령도 공식 연설에서 "노동부의 '일자리 2000' 연구는 직무 훈련 교육이 중요하다는 점을 알려줍니다. 이런 상황은 역사적으로 노동 시장에 들어오지 못했던 이들에게 특별한 기회를 제공할 것입니다"[13]라고 미래의 노동 시장 문제를 언급한 바 있다.

당시로서는 충격적인 연구 결과였다. '일자리 2000'은 미래의 노동력 구성 및 다양성 보장에 대한 기업들의 시각을 완전히 바꾸어주었다.[14] 이 연구 전까지 다양성은 법령 준수 차원에서 이루어졌다. 백인 남성 중심의 직장 문화에 여성과 소수자가 동화되도록 돕는 프로그램이 대부분이었던 것이다.[15] 하지만 이 보고서가 나온 후 기업들은 정책이나 요구사항을 준수하는 차원을 넘어서, 인구학적 현실에 대응하는 다양성 관리를 진지하게 필요로 하게 되었다. 다양성을 위한 노력은 기업의 생존 문제였다. 직장 다양성 연구의 선구자인 루스벨트 토머스 주니어 Roosevelt Thomas Jr.가 1990년 〈하버드 비즈니스 리뷰〉에 실은 다음 글에 나오듯 말이다.

> 적극적 우대조치는 핵심적 역할을 맡아 훌륭히 수행해냈다. 수많은 기업과 조직은 아직도 그 역할을 수행하고 있다. 하지만 적극적 우대조치는 경영자들이 불균형, 불의, 실수를 교정하도록 기회를 주는 인위적이고 임시적인 개입이었다. 일단 여러 실수가 바로잡히고 난 후에까지 적극적 우대조치만으로 (백인 남성을 포함한) 모든 사람의 상향 이동성이 장기적으로 유지되리라 기대하기 어렵다. (중략)
> 우리가 다양성 관리를 배워야 하는 이유가 여기 있다. 이는 적극적 우대조치를 폐기하기 위해서가 아니라 한 차원 높이기 위함이다.[16]

다양성 관리는 이렇게 탄생했다. 다양성을 확보한 팀의 성과를 분석하고(창의성과 문제해결력 향상도 여기 포함된다) 잠재력을 극대화하기 위한 심리적 측면을 다루는 연구들이 이루어졌다.

다양성을 넘어 형평과 포용으로

21세기가 시작되면서 주변화된 집단의 직장 내 지위가 대폭 개선되었다는 인식이 나타났다. 예를 들어 21세기의 첫 10년 동안은 최초의 흑인 대통령 버락 오바마 당선(2008년)으로 포스트 인종 차별 시대가 열렸다는 논의가 활발했다. 고위직에 오르는 여성이 급증하면서 남녀 평등이 실현되었다는 주장도 나왔다. 2010년, 〈포춘〉 선정 500대 기업에서 여성 임원은 14.4%였고 최고 수준 연봉 수령자의 7.6%가 여성이었으며 여성 임원이 한 명 이상인 기업은 전체의 3분의 2를 넘었다.[17]

하지만 언론 보도 내용과 주변화된 집단의 실제 경험 사이에는 불일치가 존재하는 법이다. 전반적인 개선에도 불구하고 21세기 초의 현실은 오늘날과 비슷했다. 백인 남성은 미국 인구의 35%지만 기업 임원진에서는 과다 대표되어 있다. 2000년, 〈포춘〉 선정 500대 기업 최고 경영자 중 96.4%가 백인 남성이었고 20년이 흐른 후에도 그 비중은 여전히 85.8%에 머물렀다.[18] 다양성 관리 노력으로 조직의 말단 신입 직원 구성은 다양해졌지만 조직도의 상단으로 올라갈수록 여성과 소수민족 비율이 극적으로 줄어들었다. 이런 분포는 오늘날까지 여전하다.

다양성 관리는 인구학적 다양성을 높이는 데 초점을 맞추었고 다양한 환경을 이끄는 문화적 요소에는 신경을 쓰지 못했다. 더 나아가 기업들이 초기 노력을 감수성 훈련sensitivity training 에 치중하는 바람에

여타 비즈니스 활동과 다양성을 통합하는 데 실패했다.[19]

포용-inclusion이라는 개념은 누구든 이질적 문화에서 생존을 넘어 번영할 수 있도록 환경을 조성해야 한다는 의미로 2000년경부터 사용되었다. 기업들은 다양성과 관련된 노력을 '다양성과 포용-diversity and inclusion:D&I'이라 고쳐 불렀다. 2010년대에는 몇몇 기업이 여기에 형평equity이라는 말을 덧붙였다. 모두에게 공정한 환경을 만들기 위해 과정과 정책에 체계적 변화가 필요하다는 인식 덕분이었다. 2020년 말에는 상당수, 아니 대부분 기업이 다양성, 형평, 포용을 합쳐 DEI라 부르게 되었다.

그리하여 오늘날 가장 보편적인 용어는 DEI이다. 하지만 소속감, 정의, 참여, 인종 평등 같은 다른 용어들이 합쳐지기도 하고 기업마다 나름대로 작명을 하기도 한다. DEI와 DEJ(다양성, 형평, 정의) 사이의 차이점을 규명하려는 이들도 있다.

하지만 단어는 반드시 의미를 지녀야 한다. 특별한 의미나 행동을 덧붙이지 않고 용어만 바꾼다면 실상 변화가 거의 없는 셈이다. 실무자 입장에서 나는 회사가 사내외 관련자들에게 가장 호소력 높은 용어를 사용하도록 독려한다.

이 책에서는 DEI와 함께 각 회사가 사용하는 표현이 등장한다. 하지만 어떤 용어를 쓰든 그 용어를 통해 어떤 행동과 결과를 기대하는지 분명히 해두는 것이 중요하다. DEI를 이루는 세 개념에 대해 이 책은 다음과 같은 일반적 정의를 사용하고자 한다.

- 다양성: 사람 간 관계와 상호작용에 영향을 미치는 실재하거나 인식된 차이. 인구학적 다양성뿐 아니라 모든 측면을 포괄한다.

- 형평성: 사회의 모든 구성원이 동등한 지점에서 평등하게 출발하지 않았다는 것. 따라서 모두가 성공할 기회를 만들려면 체계적 변화가 필요하다는 것을 이해하는 바탕에서 마련된 공정성과 공평성.

- 포용성: 모두가 성공할 수 있는, 그리고 가치 있고 환대받고 존중받고 지원받는다는 감정을 경험할 수 있는 환경의 적극적 조성. 행동과 감정, 즉 실천과 결과는 진정한 포용을 실현하는 두 가지 핵심 요소이다.

앞서 DEI의 역사를 살필 때 미국의 기업 상황을 주로 소개하였다. 하지만 DEI는 전 지구적인 개념이고 그 접근법은 각국의 역사, 체제, 문화적 맥락에 크게 좌우된다. 미국의 경우 DEI는 민권운동에서 시작되었고 인종과 성별을 중심으로 한다. 반면 카스트 제도의 문제가 첨예한 인도 같은 나라에서는 사회 계층의 서열이 DEI의 핵심이다.[20] 유럽은 시민권과 이민자 지위가 쟁점이다. 그래서 유럽의 조직 수행 연구를 보면 이민자 구성원의 영향을 다루는 일이 많다.[21] 사우디아라비아 같은 곳에서는 남성의 보호하에 살아야 하는 여성 권리가 DEI의 초점이다.[22]

글로벌 기업은 각 지역 색채를 통합하면서도 전체적으로 일관된

DEI 전략을 수립하는 데 어려움을 겪는다. 또한 글로벌 동료들과 협력해야 하는 각 지역 직원들은 상대 국가의 DEI 문제(예를 들어 인종)에 문화적이고 역사적인 이해가 미흡한 경우가 많다. 2020년 여름, 내가 직장 내 흑인의 경험을 주제로 토론을 이끌었을 때 영국 회사원들은 영국과 미국의 직장에서 흑인의 경험이 다를 수 있다는 점을 도무지 이해하지 못했다.

미국은 기업의 공식적 DEI 노력에 있어 분명히 선두에 서 있지만 미래의 일터는 글로벌하다. 그러니 DEI도 글로벌한 시각을 가져야 한다. 이 책에는 글로벌 관점에서 DEI를 도입한 소덱소Sodexo와 인포시스Infosys의 사례가 포함되어 있다. 다국적 기업이 아니라고 해도 문화와 지역에 따라 역사, 언어, 규범, 직장의 포용 문제는 크게 달라질 수 있다. DEI는 직장에서 인간성을 고양하는 일이다. 이 가치 있는 목표는 모든 조직에게, 그 조직 내 모든 개인에게 적용된다.

DEI 성숙 모델로 진화하다

이 책에 담긴 모든 이야기는 기업이 DEI 여정의 어디에 위치하는지 보여주는 단순한 프레임워크를 사용한다. 이 프레임워크는 앞서 소개했던 리더들의 두 질문, 현재 자신의 DEI 여정이 어디쯤에 있고 다른 회사들과 여정을 비교할 방법은 무엇이냐는 질문에 답하는 데도 도움이 된다.

DEI 여정을 이어가는 개인이나 기업은 다섯 단계 중 하나에 놓인

그림 I-1

다양성, 형평, 포용(DEI) 여정의 다섯 단계

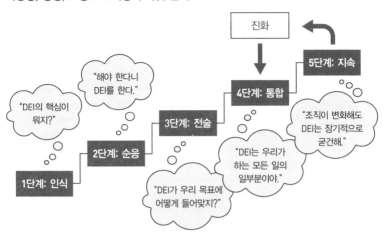

다(그림 I-1 참고). 이들 단계에 대한 이해는 이 책의 이야기들을 읽어나가고 자신의 여정을 생각하는 데 도움을 줄 것이다.

1단계: 인식

첫 단계에서 기업은 DEI가 무엇이고 왜 중요한지 알게 된다. DEI에 의도가 부재했음을 깨닫기에 앞서 일단 깨어남의 단계를 거쳐야 한다. '일자리 2000' 보고서가 그런 깨어남의 계기가 될 수 있다. 조지 플로이드 사건도 계기일 수 있다.

이 단계의 기업과 리더는 "DEI의 핵심이 뭐지?"라고 물을 수 있다. 새로 설립된 기업, 특히 스타트업도 빠른 혁신을 이어가면서 이런 질문을 던질 수 있다. 초기에 생존에 집중해야 하는 스타트업 기업은 인력 구조 관행까지 미처 의도를 담지 못하는 경우가 많다. 내가 만나본 1단계의 많은 기업은 좋은 의도를 지닌 것과 의도적인 실천까지 나아가는 것의 차이를 인식했다. "우리는 늘 가치가 굳건했지만 지금까지 의도적으로 DEI 노력을 기울이지는 못했습니다"라는 말이 나온다. 인식 단계에서 답해야 할 질문은 "DEI가 무엇이고 우리에게 무엇을 의미하는가?"이다.

2단계: 순응

인식 단계를 거친 기업은 이제 업계와 정부의 여러 요구를 충족시켜야 한다. 미국의 평등고용기회위원회(이하 EEOC) 법을 비롯한 법적 기준을 충족하고 차별 금지법 관련 소송을 피해 가는 것은 썩 유쾌한 부분이 아니긴 해도 DEI에서 중요하다. 다양한 산업계와 국가마다 서로 다른 규칙을 요구한다.

이 단계에서는 대개 '해야 한다니 DEI를 한다'라고 생각한다. 2010년대에 나는 DEI 성숙 모델을 공유하면서 리더들에게 기업이 여정의 어디에 있다고 생각하는지 솔직하게 알려달라고 했다. 대개의 리더들은 2단계 순응에서 별로 나아가지 못했다고 답했다. 이런 평가가 얼마나 널리 퍼져 있는지 확인하기 위해 기업 임원과 MBA 학생 1,000명 이상을 대상으로 확인해보니 순응 단계라는 답이 62%나 되었다.

2단계를 최종이라 여기는 기업들도 있다. 예/아니오 체크가 끝났고 '법을 준수했으니 이제 아무 문제 없다'는 식의 사고이다. 많은 기업이 이렇게 여기는 데는 역사적인 배경이 있다. 1990년대에 〈포춘〉 선정 50대 기업의 70%가 다양성 정책을 도입했는데 이때는 EEOC의 소송과 벌금이 최대치를 찍은 시기이기도 했다. 다음이 몇 가지 사례이다.

> 1995년 6월 퍼블릭스 슈퍼마켓, 8150만 달러
>
> 1996년 11월 텍사코, 1억 7200만 달러
>
> 2000년 11월 코카콜라, 1억 9250만 달러[23]

당시 차별법으로 처벌받은 기업들, 즉 코카콜라, 텍사코, 마이크로소프트, 제록스(이들 기업은 심지어 1969년에 이미 다양성 여정을 시작한 선구자다), 그리고 존슨앤존슨 등이 다양성 정책과 프로그램을 안정적으로 시행하던 상태였다는 점에 많은 사람이 충격을 받았다.[24] 하지만 정책과 프로그램만으로는 충분하지 않았다. 기업들은 다양성 관리의 여러 가능성을 탐색하지 못했다. 잘못된 상황이 벌어질까 봐 두렵고 걱정스러웠기 때문이다. 그리하여 순응 단계에 머물렀고 DEI 접근법을 성숙해나가지 못했다.

순응이 DEI에 나쁜 것은 아니다. 결국 기업은 인지와 순응이라는 토대 단계에서 출발해야 한다. 하지만 다양성 관리가 등장한 후 30년이 넘도록 대부분의 기업이 거의 진전을 보이지 못했고 심지어 일부는 후퇴했다. 2014~2019년 15개 국가의 대기업 1,000군데 이상을 대상으로 한 맥킨지앤컴퍼니Mckinsey&Company의 조사를 보자. 임원진의 성별이나 인종 다양성에서 진전을 보인 기업의 경우에도 여성 1%, 인종

그림 I-2

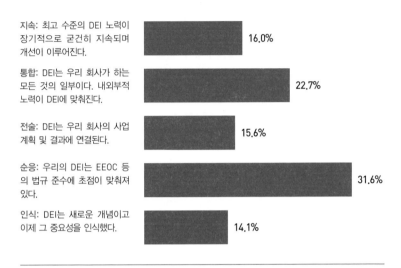

여전히 대부분의 기업이 DEI 2단계(순응)에 머물고 있다

Q. 당신 회사의 DEI를 가장 잘 설명하는 말은 무엇입니까?

지속: 최고 수준의 DEI 노력이
장기적으로 굳건히 지속되며
개선이 이루어진다.   16.0%

통합: DEI는 우리 회사가 하는
모든 것의 일부이다. 내외부적
노력이 DEI에 맞춰진다.   22.7%

전술: DEI는 우리 회사의 사업
계획 및 결과에 연결된다.   15.6%

순응: 우리의 DEI는 EEOC 등
의 법규 준수에 초점이 맞춰져
있다.   31.6%

인식: DEI는 새로운 개념이고
이제 그 중요성을 인식했다.   14.1%

다양성 2%의 비율 변화가 전부였다.[25] 2018년에 있었던 DEI 관련
한 회의에서 인사 담당 임원들은 DEI에 자원을 투입했음에도 20년
동안 뚜렷한 성과가 없었다는 사실을 가장 큰 걱정거리로 언급했다.

차별 관련 소송이 줄어든 오늘날에도 대부분 기업은 여전히 순응
단계에 있다. 2021년 11월 슬랙 퓨처 포럼Slack's Future Forum과 공동
으로 진행한 한 연구를 보면 1만 명 이상의 노동자들 중 소속 기업이
순응 단계라고 본 비율은 31.6%로 가장 많았다(그림 I-2).[26] 기업이 진
정한 내부 문화 변화를 이루고자 전력을 다하지 않는 상황에서 이는
놀랄 일이 아니다.

3단계: 전술

3단계에서 기업의 관심은 "규범을 준수하고 있나?"에서 "DEI가 우리 목표에 어떻게 들어맞지?"로 바뀐다. 소비자를 끌어오는 데 DEI가 어떻게 도움이 될지, DEI 정책이 구체적인 비즈니스 성과와 어떻게 연결될지 생각하는 단계다. DEI 리더 기업이 되면 대중 인식이 좋아질 것이라고, 특히 DEI가 뉴스에 오르내리는 상황이라면 그럴 것이라고 믿기도 한다. 이러한 DEI 노력은 칭찬받을 만하고 대개 선의에 바탕을 둔다.

하지만 이 단계에서도 전체 비즈니스를 염두에 두는 전략적 DEI 접근은 결여되곤 한다. 그리하여 노력은 분절되어 진행된다. 각각은 성공적일지 몰라도 결국 DEI가 기업의 핵심이 아닌 말단에 놓이고 만다. 조직의 한 부분에서는 DEI를 추구하고 다른 부분에서는 아닐 때 이런 분절 상황이 문제가 된다. 이 단계에서는 직원 두 명이 DEI 상태를 완전히 다르게 느낄 수도 있다.

전술 단계 기업의 고전적 사례가 나이키이다. 전면에 나서 사회 정의를 옹호했던 역사를 지닌 바로 그 기업 말이다. 나이키의 DEI 역사는 인종, 성별, 스포츠 관련 뿌리 깊은 편견을 언급한 '그냥 해봐Just Do It' 캠페인과 함께 1988년에 시작되었다. 나이키 최초의 텔레비전 상업 광고였던 이 캠페인은 영감을 주는 메시지와 함께 나이, 성별, 신체 특성에 무관히 모든 고객의 활동적인 삶을 독려했다. 초기 제작 광고 한 편에는 나이에 대한 고정관념을 깨뜨린 80세 마라토너 월트 스택Walt Stack 이 등장했다.[27] '그냥 해봐'는 나이키의 상징 문구가 되었고 나이키는 수년 동안 사회적 의식을 일깨우는 광고를 진행했다. 에이즈 확산이 최고조이던 1995년에는 동성애자로 HIV-양성 판정을 받은 릭 무뇨스Ric Muñoz 선수가 광고 모델이 되었고, 같은 해 체육이 소녀들에게 미치는 효과를 조명한 '운동을 하게 해준다면If you let me play' 광고도 제작되었다.[28] 2007년에는 휠체어 농구선수 매트 스콧Matt Scott 이 광고에 나왔고 2017년의 '사람들이 무어라 말할까?What will they say about you?' 광고는 사회규범을 벗어나 권투나 스케이트보드 같은 스포츠에서 성공한 아랍권 여성 다섯 명을 주인공으로 삼았다. 2018년 나이키는 인종 차별과 폭력 경찰에 항의하며 시위를 벌였다는 이유로 리그에서 배제되어 소송을 제기한 미식축구 선수 콜린 캐퍼닉Colin Kaepernick 을 지지하는 과감한 발언을 내놓았다.[29] 또한 조지 플로이드 사건 이후 나흘 만에 '이번만은 하지 마라For Once, Don't Do It' 라는 문구를 내놓으면서 가장 먼저 공개적으로 반응해 미국 인종주의에 경종을 울린 것도 나이키였다.[30] 이후 며칠 후 나이키는 흑인 사회를 지원하겠다며 4000만 달러를 내놓았다.[31]

한 기업의 기록치고는 대단하다. 하지만 여러 해 동안의 기발하고 시의적절한 마케팅과 달리 나이키는 외부 홍보와 내부 현실을 일치시키는 데 어려움을 겪었다. 1991년, 미국의 노동운동가 제프리 밸린저Jeffrey Ballinger 는 나이키 인도네시아 공장의 최저임금 미지급, 아동노동, 끔찍한 노동 환경을 폭로하는 보고서를 냈다.[32] 2003년에 나이키는 관리자들이 흑인 고객과 직원에게 인종적 욕설을 사용하고 흑인 직원의 절도를 의심하며 승진을 막았다고 주장하는 직원 400명의 인종 차별 소송으로 760만 달러를 배상했다.[33] 2018년에는 여성 임금 불평등과 성희롱을 용인해온 근무 환경을 이유로 성차별 소송을 당했다.[34] 조지 플로이드 옹호 입장을 밝힌 이후 몇 주가 흘렀을 때 '나이키의 흑인#blackatnike'이라는 인스타그램 계정이 등장해 익명의 전·현직 직원들이 인종 차별 경험을 올리는 일도 있었다.[35] 2020년 6월 최고경영자 존 도나호John Donahoe는 "더 나은 사회를 만들고자 애쓰는 한편, 우리의 가장 중요한 우선순위는 내부 질서를 잡는 것"이라며 내외부의 격차를 인정하는 메시지를 내면서 "나이키는 조직된 집단 그 이상이 되어야 한다. 지난 몇 년 동안 어느 정도 성과를 이루었지만 앞으로도 가야 할 길이 멀다"라고 덧붙였다.[36]

나이키는 전략 단계의 분절된 DEI 노력이 어떻게 정체성 위기를 낳을 수 있을지 잘 드러내준다. 특히 고객과 대면하는 측면에서 나이키는 대단히 탁월했다. 하지만 다른 면으로는 엄청나게 뒤처졌다. 여정에서 이 전술 부분을 넘어서려면 내부와 외부의 DEI 노력이 조화되어야 한다. 그 조화는 위에서 내려오는 동시에 아래에서 올라가야 한다.

4단계: 통합

이렇게 할 수 있는 기업, 즉 내부와 외부의 DEI 노력을 조화시키고 위와 아래에서 변화가 이루어지는 기업은 여정의 통합 단계에 도달한 것이다. 이 단계에서 기업은 영향력이 미치는 모든 범위에 DEI를 포함시키고 "DEI는 우리가 하는 모든 일의 일부분이야"라고 진정으로 말할 수 있다. DEI 전략을 명확히 규정하고 직원, 고객, 파트너, 공급업자, 주주, 경쟁자, 지역공동체 등 내·외부의 모든 관련자에게 DEI가 어떻게 영향을 미치는지 살핀다. 통합 단계의 기업이 공통적으로 보이는 특징은 겸손인데, 이는 그 위치에 가기까지 오랜 시간 효과적인 방법을 찾아 다양한 경험을 했기 때문이다. 오래 지속되는 훌륭한 DEI 프로그램을 갖춘 기업은 전략 가운데 일부가 효과가 없거나 추가로 필요한 부분이 있을 경우 얼마든지 경로를 수정할 만큼 겸손해야 한다. 앞으로 이 책에서 그런 기업들을 만나볼 것이다.

DEI와 연결된 기업 영향력의 전체 범위는 통합 단계의 기업을 차별화하는 요소이다(그림 I-3과 그림 I-4). 기업마다 영향력 범위는 서로

그림 I-3

영향력 범위 모델

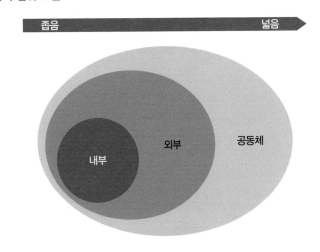

그림 I-4

DEI의 영향력 범위

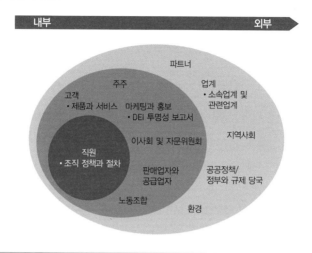

다르다. 수십만 직원을 거느린 거대한 글로벌 기업이 있는가 하면 지역사회 범위를 벗어나지 않는 소규모 기업도 있다. 규모 차이는 중요하지 않다. 통합 단계의 기업은 자신의 영향력 범위 전체에 걸쳐 차이를 만든다. 기업의 사회적 책무를 요구하는 소리가 커지는 시대에 DEI의 내부적 영향력만 고려하는 전략으로는 불충분하다. 시작점으로는 훌륭하지만 기업이 성장하면서 더 큰 영향력을 행사하기 위한, 추구하는 가치와 행동을 내·외부적으로 일치시키기 위한 노력이 반드시 필요하다.

통합 단계의 기업은 아직 완벽한 DEI를 이루지 못한 상태이고 이를 알 만큼 겸손하다. 하지만 이들 기업은 자신의 DEI 노력에 대해 계속 고민하고 진보하고자 전략적 계획을 수립하며, 비즈니스 필수 요소와 DEI를 연결하고 장기적 책임을 다하고자 노력한다.

5단계: 지속

5단계에서 기업은 경기순환, 전략, 그리고 가장 핵심적으로는 리더십 측면에서 일어나는 자연스러운 변화에도 지속되는 체계와 구조를 갖추는 데 초점을 맞춘다. DEI 노력에 성공하는 기업은 리더 한 명의 열정과 헌신에 힘입거나 우수한 경영 실적을 토대로 충분한 자금을 투입하는 경우가 많다.

2015년, 인텔의 최고경영자였던 브라이언 크르자니크Brian Krzanich 는 5년 동안 3억 달러를 투입해 2020년까지 기업 인력을 '인구 대표성에 걸맞게' 구성하겠다고 발표했다. 그는 "이제 한 단계 올라서야 할 시간입니다. 다양성을 존중한다고 말할 뿐 실제로는 능력 있는 여성과 소수자를 회사와 업계에 충분히 포함하지 못하는 상황은 어떻게 보든 긍정적이지 않습니다"[37]라고 말했다.

그는 과소 대표된 집단의 고용을 늘리기 위한 다양한 장기적 노력을 시작했다. 직원 추천 보너스 4,000달러, 오클랜드 통합교육구 소재 고등학교 컴퓨터 교육 협력지원금 500만 달러 등이 여기 포함되었다. 같은 해, 인텔은 이러한 노력의 효과를 분석한 15쪽짜리 보고서를 냈다. 불과 6개월 만에 여성 및 소수자 연간 고용 수치가 애초 목표치의 40%를 넘어섰다는 내용이었다.[38] 2017년 버지니아 샬로츠빌의 백인 우월주의 폭력 사태 이후 크르자니크는 2020년으로 예정했던 다양성 목표치를 2년 앞당겨 이루고자 노력하겠다고 발표했다.[39] 그의 주도 아래 과소 대표 집단의 고용은 31% 증가했다. 여성 인력도 43% 가까이 늘어났다. 인텔의 DEI 정책은 기업 내부를 넘어서 지역사회 협력으로 영향력 범위를 확대했다. 인텔은 하이테크 산업에 공급되는 인력을 다양화하기 위해 조지아공대에 500만 달러를 투자하기도 했다.[40]

크르자니크는 2018년에 사임했다. 리더 교체는 이전 리더가 추진하던 DEI 시대의 종말을 의미할 수 있다. 하지만 대표이사 바통을 이어받은 로버트 스완Robert Swan이 야심찬 DEI 목표를 계속 수립함으로써 인텔은 지속가능한 DEI 체계를 갖춘 기업으로 자리매김했다. 2020년, 인텔은 2030년까지 기술직 여성 인원을 40% 선으로 높이고 상급 직위의 여성 및 소수자 수를 두 배로 늘리겠다고 선언했다.[41]

인텔은 지속가능한 DEI를 위한 노력을 보여준 한 사례이다. 그런데 지속가능성은 강력한 리더십 이상을 필요로 한다. 비즈니스가 어려운 시기에도 노력을 계속 이어나가야 하기 때문이다. 2020년 초, DEI 관련 일자리는 60% 줄었는데 이는 전체 일자리 감소의 두 배에 달하는 수준이었다.[42] DEI 관련 일자리는 대개 인사관리 부서에 속하고 이 분야는 경기 후퇴의 타격을 크게 받기 때문이다. 아무리 그렇다고 해도 불황을 예상하는 기업들이 다른 분야에 비해 DEI 인력을 이토록 신속하게 포기하는 상황은 충격적이었다.

한편 팬데믹이 최악이던 2020년 6월 DEI 관련 일자리가 50% 급증하고 같은 해 7월 DEI 임원 및 관리직 자리가 2.6배 늘어난 것은 더욱 당혹스럽다.[43] 경제 상황에 따라, 불평등이나 불의에 대한 뉴스의 빈도에 따라 얼마든지 변동 가능한 DEI는 진지한 노력에서 비롯되었다고 볼 수 없다. 기업이 DEI를 자신의 미션과 결합된 핵심 비즈니스 요소로 인식하게 하는 것, 이것이 목표이다. 이렇게 되면 DEI 노력이 다른 비즈니스 전략과 마찬가지로 여러 변화 속에서도 굳건해진다. DEI가 문화의 일부가 되는 것이다.

다섯 단계는 기업이 가야 할 여정의 개괄적인 모습, 그리고 이정표를 보여준다. 기업이 이 다섯 단계를 모두 거쳤다 해도 업무가 완수되는 것은 아니다. 시간이 흘러 기업이 성장하고 세상이 변하면서 전략과 사업이 재평가될 때 DEI도 지속적으로 개선되어야 한다. 인도에 최초로 사무실을 열었다면 새로운 DEI 도전이 시작될 것이다. 그전까지 미처 몰랐던 불평등을 드러내는 국제적 사건이 터졌다면 그것과 관련해 필요한 DEI 노력이 드러날 터다.

DEI 여정에서 한참 멀리 나아간 기업이라 해도 계속 진화해야 한다. DEI의 중심은 인류애이고 이를 일터에 도입하는 일은 늘 도전이다. 새로운 세대가 들어오고 이전 세대가 물러난다. 기술 발전으로 업무 현실이 바뀐다. 사회는 비즈니스의 역할을 새로이 규정해간다.

전 세계를 덮친 팬데믹 사태는 현재와 미래 일터의 모습을 극적으로 바꾸었다. 출근 시간에 회사에 들어가야 직장에서의 정체성이 확인되는 것이 아니다. 집에서 근무할 수도, 자녀나 노부모를 돌보면서 일할 수도 있다. 자주 부정되던 이 사실이 드디어 분명해졌다. 직장은 우리의 인간성을 인정하고 핵심으로 여겨야 한다. DEI는 이 과정의 일부이다.

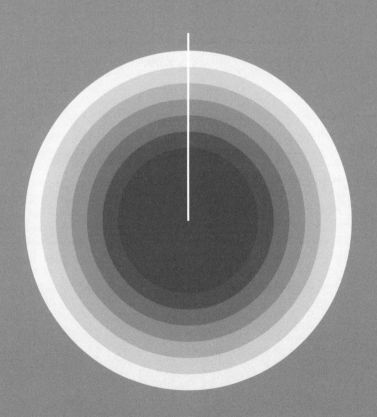

스타트업의 분권을
적극 활용하다

슬랙

회사명: 슬랙(Slack)

여정의 단계: 전술

최고의 실천: 회사 전체의 DEI 책임감 수용, 하향식과 상향식 이니셔티브, 외부 DEI 노력을 전사적 전략 내에 통합, 직원의 정신 건강 관리를 위한 혜택

핵심적 한마디: "모든 리더들이 DEB(다양성, 형평, 소속감belonging)를 확실히 지원한다는 점을 분명히 하고 싶습니다. 리더들이 '위에서 시키니까 하는 일'이 아니라 '스스로 믿기 때문에 하는 일'이라고 말하게 되었으면 합니다."

— 슬랙의 다양성과 포용 프로그램 담당 이사 주네 사이먼Jeunée Simon

'감정 휴가'를
권고할 줄 아는 회사

메신저 및 프로젝트 협업 툴 제공 회사 슬랙의 경험 전문가 글로벌 매니저이자 산업 및 조직 심리학 박사 레이철 웨스터필드Rachel Westerfield는 2020년 5월 조지 플로이드 사건 이후 자신의 경험을 이렇게 표현했다. "한 주 동안은 침대에서 일어나기도 힘들었어요. 다른 흑인 동료나 부하 직원들에게 연락을 취해 저만 이렇게 숨쉬기가 힘든지 물어보기도 했습니다. 다들 울음을 터뜨리더군요. 아무 생각도 할 수 없고 업무가 손에 잡히지 않는다고 했어요." 조지 플로이드 사건은 미국의 흑인들이 400년 동안 견뎌온 고통의 무게를 드러냈고, 세계는 비로소 미국에서 흑인으로 살아간다는 것의 고통을 알아차린 듯 보였다.

　조지 플로이드 사건은 이토록 충격적이었지만 대부분의 기업에서 흑인 직원들은 마치 전장의 병사인 양 평소의 업무를 해야 했다. 하지만 슬랙은 달랐다. CEO 스튜어트 버터필드Stewart Butterfield는 흑인과 유색인종 직원을 대상으로 사내 성명을 내고 공감과 애도를 표현하며 심리상담 기회와 회사만의 복지 혜택을 내놓았다.

웨스터필드를 비롯한 직원들은 슬랙의 '감정 휴가'라는 유급 휴가 혜택을 받았다. 감정적으로 힘든 시기에 치유를 위해 주어지는 이 휴가가 얼마나 소중했는지에 대해 웨스터필드는 이렇게 말했다. "팀원들에게 감정 휴가를 쓰라고 권고할 수 있는 것, 누가 감정적으로 취약해 제대로 업무를 하지 못한다는 낙인을 찍지 않아도 된 것이 정말 고마웠습니다."

하지만 웨스터필드는 여기서 그치지 않고 CEO 버터필드의 배려에 대해 다음과 같은 공개적인 글을 올렸다.

스튜어트, 내가 여기서 일하는 이유 중 하나가 바로 이거예요. 내가 한 주 내내 울며 지냈다는 것, 그래서 줌 회의에서 카메라를 켜지 못했다는 것을 당신도 알죠? 지금 이 글을 읽는 이들이, 함께 회의했던 이들이 모두 내게 괜찮냐고, 왜 카메라를 안 켜느냐고 물어볼 엄두도 내지 못했을 거예요.

그건 마음이 나빠서도 아니고, 내 걱정을 하지 않아서도 아니라는 걸 알아요. 다만 그들은 TV 소리를 죽이면 잠시라도 다 잊어버릴 수 있다는 걸 말하고 싶어요. 무음으로 해둔 동안에는 아무 일 없게 되니까요, 그렇죠? 어떻게 생각할지 모르겠지만 나는 도저히 그렇게 할 수가 없네요.

웨스터필드의 진솔한 글은 슬랙 내부에서 많은 대화를 촉발했다. 웨스터필드는 버터필드가 공개된 플랫폼에서 대화의 문을 열어준 것에 감사했다. 버터필드는 인종 평등 문제에 회사가 무엇을 더 개선할 수 있을지 직원들에게 계속 의견을 올려달라고 했다.

"CEO가 앞장서 회사 안팎에서 일어나는 일을 공개적으로 비판한다는 생각에, 직원들은 온전한 자신으로서 진정한 감정을 느낄 수 있는 안전지대를 실감하는 듯했습니다." 웨스터필드는 말했다. "상황을 실시간으로 진정 경험할 수 있다면 치유에 더 가까워질 수 있다고 생각합니다. 치유까지는 아니라 해도 다음 단계로 뭘 해야 할지 파악할 수 있죠. 그저 억누르며 나중으로 미뤄버리는 대신에요."

웨스터필드는 2년 전 슬랙에 입사했는데, 이전에 업계 4위 안에 드는 컨설팅 회사에서 10년 이상 일했고 여러 가지 DEI 노력을 지켜본 경험이 있었다. 컨설팅 업계를 떠나 스타트업 회사를 택한 이유에는 진정성이라는 측면도 있었다.

"슬랙에 끌린 이유는 여기서는 늘 진정한 나 자신일 수 있겠다는 느낌이 있어서였습니다. 팀원들 앞에서든, 임원진 앞에서든, 고객 앞에서든 매일 하루 종일 저는 레이첼 자체인 거죠. 그게 좋았어요. 2020년의 그 사건이 일어났을 때도 마찬가지였답니다. 전 제 느낌을 감출 필요가 없었어요."

당시 웨스터필드와 동료 직원들이 한 경험, 즉 CEO와 직접적이고 자유로운 대화를 할 수 있었던 경험은 상대적으로 아주 희귀한 것이었다. 웨스터필드는 이런 대화를 통해 편안함을 느꼈지만, 내가 컨설팅을 했던 많은 회사는 완전히 다르게 접근했다. CEO가 직원들의 답변이나 대화를 차단하고자 최종 발언과 같은 메시지를 전달하려

했던 것이다. 예를 들어 2020년 여름, 회사 전체 차원의 좌담회를 연회사는 많았지만 막상 청중들에게 질문을 받기는 꺼렸다. 그 결과 사전에 준비된 대본에 의지할 뿐 청중이 질문할 기회는 주지 않는 식으로 행사가 진행되었다. 참석했던 직원들은 행동에 나서는 듯하면서도 의미 있는 대화를 허용하지 않는 회사의 모습에 한층 실망할 수밖에 없었다.

슬랙은 달랐다. 이는 탈집중화된 DEI 접근에 힘입은 바가 컸다. 웨스터필드의 긍정적 경험은 슬랙 리더들이 만들어온 문화의 소산이었다.

시켜서가 아니라, 믿어서 하는 일

CEO 버터필드와 슬랙은 가야 할 여정에서 여러 이점을 누렸다. 슬랙이 2014년에 창립된 신생 회사라는 점도 그중 하나였다. DEI 프로그램과 문화적 전환이 이미 등장한 후였다. 수십 년 혹은 수백 년 전통을 지닌 회사와 신생 회사는 상대적으로 다른 도전을 받는다. 신생 회사는 출발선에서부터 형평과 포용을 자기 문화에 심을 수 있다. 버터필드는 슬랙을 바로 그런 회사로 만들고 싶었다. DEB(다양성, 형평, 소속감) 담당 이사 주네 사이먼Jeunée Simon은 슬랙의 여정이 시작된 배경을 설명했다. 그는 업계가 온통 백인 남성으로 채워져 있고 직장 문화나 채용 과정도 결국 백인 남성을 고용하고 승진시키는 방향으로 이어지고 있다는 점에 CEO가 주목했다고 말했다. 회사를 이끌

지위였던 만큼 버터필드에게는 선택의 여지가 있었다. 방향을 유지하느냐 깨뜨리느냐의 선택이었다. 그는 후자를 원했다. 이를 위해서는 도움이 필요하다는 점을 깨닫고 그는 창업하면서부터 DEI 전략 회사와 협력하기로 했다.

업계 다른 회사들과 마찬가지로 슬랙에도 다양성을 담당하는 단일 책임자가 없었다. 다양성과 포용의 선임 프로그램 매니저인 사이먼이 최고인사경영자, 인사담당부사장, 그리고 채용·법무·소통 등의 담당팀 리더들과 협력해 DEI 문제를 다루는 일종의 위원회가 존재했다. 이런 전략은 다양성과 포용이 회사 핵심 전략에 일찍부터 포함되어 모두의 업무가 되었던 방식, 그리고 슬랙의 탈중앙화된(많은 경우 아래에서 올라오는) DEI 접근 방식이 반영된 것이다. 사이먼은 조직 내의 다양한 소통 경로를 통해 회사의 DEI 책임이 공유된다는 점을 이런 전략의 장점으로 들었다. "최고다양성책임자, 즉 CDO Chief Diversity Officer 가 없기 때문에 우리는 결정을 내려야 할 때 서로 솔직할 수 있습니다. 탈중앙화를 생각할 때 저는 '리더들을 어떻게 여기 끌어들이지?'라는 질문을 던집니다. 리더들에게 어떤 목표가 있는지, DEB가 그 목표에 어떻게 맞춰질 수 있는지도 고민합니다. 그건 수치 목표일 수도 있고 발전 목표일 수도 있어요. 중앙화된 프로그램을 만든다 해도 위에서 지시를 내린 업무라고 느끼지 않으면서 이를 지지해줄 사람이 회사 전체적으로 필요합니다."

사이먼은 현재의 회사 구조가 계속 진화하는 중이고 필요에 따라 미래에 변화할 수 있다는 점을 인정했다. 더 많은 회사가 무엇이 효과적이고 효과적이지 않은지 판단한 후 선택해야 한다. 탈중앙화 과정이 오늘날 잘 작동해도 향후 슬랙은 최고다양성책임자(이하 CDO) 채용을 고려하게 될 수 있다. 다른 회사의 경우에도 현재의 필요, 문화, 의사결정 방식을 감안할 때 CDO를 두는 것이 최선인지 고민해야 한다. 실제로 CDO 채용 전에 그 필요성을 충분히 검토하지 않는다면 오히려 DEI 노력이 약화되고 새로운 CDO가 고위 임원진의 지원을 받지 못하는 역풍을 맞을 위험이 있다. DEI는 성장과 진화를 위한 여정이지 과거의 구조, 수치, 더 이상 유용하지 않은 의사결정에 매달리는 것이 아니다.

슬랙의 DEI 여정의 두 번째 강점은 회사의 상품이 곧 전략의 토대 도구로 사용된다는 점이다. 이 도구가 커뮤니티와 포용을 향한 슬랙의 탈중앙화 접근 형태를 결정했다. 슬랙은 자사의 그룹 채팅과 생산성 플랫폼을 직원 리소스 그룹Employee Resource Groups, 즉 ERG를 위해 사용한다.

"슬랙에서 정말 흥미로운 점은 플랫폼 자체가 커뮤니티를 만들어준다는 거죠." 사이먼이 말한다. "커뮤니티를 찾기도 쉽습니다. 아프리카계 흑인 직원을 위한 '마호가니 커뮤니티'도 있죠. 이런 커뮤니티 덕분에 정체성을 인정받고 자기 생각을 털어놓을 공간이 만들어집니다. 여러 커뮤니티에서 들어온 요청을 전달하고 서로 연결하는 일도 쉽습니다. 직원 리소스 그룹(이하 ERG)은 창립 때부터 회사의 핵심이었습니다."

직원 커뮤니티를 비즈니스의 핵심으로

현재 슬랙에는 직원 ERG가 일곱 개 있다. 모두 직원들이 시작한 것이다.

- 어빌리티 Ability – 장애 disability를 지닌 직원들의 커뮤니티
- 어스톤 Earthtones – 유색인종 직원들의 커뮤니티
- 푸에고 Fuego – 라틴계 히스패닉 직원들의 커뮤니티
- 마호가니 Mahogany – 아프리카계 흑인 직원들의 커뮤니티
- 아웃 Out – 성소수자 직원들의 커뮤니티
- 베테랑 Veterans – 다양한 국가 군인 출신 직원들의 커뮤니티
- 위민 Women – 여성 혹은 제3의 성인 직원들의 커뮤니티

회사 내에 이런 공간을 만드는 것은 그 자체로도 훌륭하지만, 연구에 따르면 비즈니스와 연결되는 ERG는 더욱 성공적이라고 한다.[1] 슬랙에서 다양성, 형평, 포용을 증진하는 주된 경로가 ERG이므로 회사는 이를 비즈니스 전략과 연결하기 위해 노력을 기울였다. 사이먼은 이 과정에서 슬랙이 거친 네 가지 스텝을 소개했다.

1) 의사소통으로 리더십 확보하기

리더십 없이는 아무것도 되지 않는다고 사이먼은 말했다. "리더가 제대로 없다면 결국 헛수고일 테고 그럼 차라리 애초부터 에너지를 쓰

지 않는 편이 낫습니다." ERG의 장점을 설명하면서 사이먼은 리더십 확보가 의사소통에서 온다고 설명했다. 회사는 커뮤니티 생성과 활용을 독려해야 한다. 그 이점을 설명하고 커뮤니티를 발전시키되, 원치 않는 방식으로 통제하려 들지 말아야 한다. 풀뿌리 본성이 만개할 수 있도록 해야 한다.

2) 피드백 순환 만들기

리더들은 ERG 대표와 매달 만난다. 이런 관행은 양쪽에 모두 유익하다. 리더들은 어떤 일이 벌어지는지, 직원들이 어떤 우려를 하는지를 듣는다. ERG 커뮤니티들은 회사의 변화 방향을 미리 파악하고 영향을 미칠 수 있다. ERG는 새로운 아이디어의 시험대이기도 하다. "피드백 과정이 있는 경우 일단 커뮤니티의 피드백을 받아 보고 전체에 확대할지 여부를 결정할 수 있습니다."

더 나아가 이런 피드백 체계는 회사의 새로운 사내외 활동이 가져올 예상 밖의 효과를 고려하도록 도와준다. 문화적 둔감함으로 오류를 저지르는 회사에 대해 사람들은 "어떻게 사전에 문제를 파악하지 못했지?"라거나 "대체 누가 저런 결정을 내린 거야?"라며 의아해하곤 한다. 펩시의 2017년 광고가 실수를 저지른 예다. 모델 켄달 제너Kendall Jenner가 경찰관에게 콜라 캔을 건네면서 시위를 끝내는 모습의 광고는 '흑인의 생명도 중요하다Black Lives Matter' 운동을 폄하했다는 거센 비판에 직면해 하루 만에 사라졌다.[2] 주된 비판 가운데 하나는 당시 펩시 광고 제작 팀이 다양성을 확보하지 못했다는 지적이었다.[3] ERG 커뮤니티 등에서 피드백을 받는다면 펩시 광고 같은 실수를 사전에 바로잡을 수 있다.

3) 고위 임원을 스폰서로 만들기

임원진과 ERG를 연결해주는 스폰서는 슬랙이 ERG 목표를 만들어 나가도록 돕는다. 사이먼은 스폰서들이 큰 역할을 한다고 설명한다. "가장 손쉬운 방법으로 목표를 달성하도록 도와주죠. 장애물이 나타났을 때는 방패 역할을 해주고요." 나도 고객에게 고위 임원 스폰서를 ERG 구조의 공식 요소로 포함하라고 권고한다. ERG 활동이 회사 전체에 더 잘 노출되어 성공 가능성이 높아지기 때문이다. 성공을 위한 책임도 ERG와 고위 리더가 공유할 수 있다.

4) 단순하게 하기

슬랙의 ERG가 매우 효율적으로 진화해온 이유는 무엇이었을까? 처음부터 완벽한 모습이 되려고 하지 않았다는 점도 하나의 이유일 수 있다. 사이먼은 말한다. "한 가지 목표를 정하세요. 커뮤니티로 모이는 이유가 무엇인지, 어떻게 해야 커뮤니티에 최선일지 분명히 하세요. 그리고 ERG 효과를 보여줄 한 가지에 집중하세요." 마호가니의 전 리더 알렉스 킹은 커뮤니티의 탄생 과정을 다음과 같이 설명했다.

마호가니는 사적 모임으로 출발했어요. 공통의 정체성을 중심으로 모여 친목 도모나 고위임원의 공식 지원 등 필요한 활동을 했죠. 본사

근무 첫 주에 복도에서 만난 엔지니어링 임원이 제게 "흑인 직원 모임에 들어올 생각 있나?"라고 묻더군요. "당연히 있고말고요!"라고 대답했죠. 그렇게 대화의 장이 마련되었고 우리는 서로 조언을 주고받으며 ERG 이전부터 커뮤니티를 이루었어요. 이런 유대 목적은 마호가니에서도 유지되었습니다.

실리콘밸리와는 다른 채용방식

탈중앙화를 유지하는 상황에서도 ERG는 스폰서와 임원 지원을 받아 채용과 같은 기본적 업무 과정에 포용 관행을 넣을 수 있다. 예를 들어 슬랙의 탈중앙화 채용 과정은 실리콘밸리의 경쟁 회사들과 퍽 다르다. 슬랙은 여성 대상 코딩 캠프나 흑인 및 라틴 프로그래머 양성 프로그램을 적극 운영한다. 스탠포드나 MIT 같은 전통 인력 풀과는 전혀 다른 채용 경로이다. 2015년 슬랙은 구인정보 솔루션 스타트업 텍스티오Textio와 협력해 채용 공고를 최대한 포용적으로 수정했다. 채용 담당자들은 지원자의 학력이 아닌 능력을 고려하도록 특별 훈련을 받는다. 면접 과정도 편향성을 최소화하도록 설계되었다.[4] 소프트웨어 분야 채용 과정에서 전통적으로 활용된 화이트보드 리뷰(현장에서 화이트보드를 사용해 실시간으로 코딩 문제를 풀도록 하는 방식을 말한다-옮긴이)가 아닌 블라인드 리뷰가 이루어진다. 지원자가 집에 가서 문제를 해결하게 하는 방식으로, 결과물은 신원 관련 정보가 모두 삭제된 상태에서 엄격한 기준에 따라 평가된다.

그러나 2017년에는 이런 방식이 돌봄 노동 등의 이유로 집에서 문제를 해결할 수 없는 지원자에게 불리하다는 의견이 대두되었다. 슬랙은 지원자가 원하는 경우 사무실 공간을 제공해 문제를 해결하도록 선택권을 제공하기 시작했다.

이후로도 탈중앙화 채용의 보완책은 계속 마련되어야 했다. 탈중앙화는 슬랙의 다양화에 크게 기여했지만 모든 인구 집단을 동일한 기준으로 채용하지는 못했고 이는 잠재적 불평등을 야기했다. 슬랙은 현재 인구 집단 간 통일된 방식을 시도하고 있다.

"채용 과정에서 형평성을 확보하는 방법이 무엇일지 늘 고민합니다. 우리가 사용하는 언어에서 DEB를 실제적 토대로 세우고자 새로운 포용적 채용 가이드라인을 만들었습니다. 실제 사용되었는지의 여부는 중요하지 않아요. 지금도 탈중앙화 토대를 마련하는 작업은 여전히 진행 중입니다. 여기서부터 출발해 각 부서에 정착시켜야 하죠. 각 부서의 직급 관계에 포용적 피드백 과정이 자리 잡도록 해야 하는데 우리는 아직 그 상태에 가지는 못했습니다."

슬랙의 경우 탈중앙화에 약간 제동을 걸면서 다양성이 높아지기도 했다. 인터뷰 질문을 표준화해 어떤 직무에서든 인터뷰어가 누구든 상관없이 지원자가 동일한 인터뷰를 거치도록 하자 기술직의 여성 인력 수가 1년 동안 거의 5% 증가했던 것이다.[5]

직원에게 발행하는 뉴스레터

DEI 전략 수립이 ERG 직원들에게서 이루어지는 식으로 탈중앙화되어 있다면 정보가 계속 교환되어야 한다. 슬랙은 일찍부터 직원 참여에서 이 부분이 필요하다는 점을 깨닫고 회사가 DEI를 수행 하면서 지속적으로 의사소통할 도구를 만들었다. 각 부서 대표 직원들과 함께 분기별 뉴스레터를 발행한 것이다. 외부적으로는 연간 보고서를 발표하며 공적 책임을 유지하고 있다.

공개 외부 보고서가 나가는 경우 내부 뉴스레터가 더욱 중요해진다. "직원들이 보고서에서 처음으로 수치 정보를 접하게 되지 않았으면 했습니다." 사이먼의 말이다.

슬랙은 보고서에 담는 데이터를 계속 늘려갔다. 2017년 다양성 보고서에는 장애를 지닌 직원의 비율 정보가 포함되었는데 이는 다른 회사의 경우 거의 넣지 않는 내용이었다. 2018년에는 평등고용기회 자료인 EEO-1 리포트를 최초로 공개했고 다음 해에도 같은 방식으로 투명성을 더 높이겠다고 공약했다. 또 보수와 진급 비율에서 3년 연속으로 성차별이 없었다는 점도 확인되었다.[6] 2019년, 슬랙은 기업 공개를 진행했고 직원 수 2,000명이 넘는 회사로 성장했다. 2021년에 발표된 데이터의 다음 수치는 주목해볼 만하다.[7]

- 전 세계적으로 슬랙의 여성 직원은 전체 인력의 44.5%를 차지하며 직무별 비중은 다음과 같다.

- 기술직의 34.0%

- 관리직의 45.2%

- 부서장과 고위직의 33.3%

■ 미국에서는 슬랙의 인력 가운데 13.5%가 과소 대표된 인종 혹은 문화 출신이다.

- 기술직의 14.2%

- 미국 관리직의 11.9%

- 미국 부서장과 고위직의 10.2%

■ 슬랙 미국 인력의 6.1%, 관리직의 6%는 성소수자다.

■ 슬랙 미국 인력의 1.5%는 장애인이다.

■ 슬랙 미국 인력의 1.6%는 퇴역 군인이다.

중간 리더 전폭 지원하기

슬랙과 같이 DEI 접근이 탈중앙화된 곳에서는 DEI 대상자가 그 업무를 맡는 경우가 많다. 이때 지원을 받아야 하면서 동시에 업무를 담당하는 이들이 부당하게 책임을 질 가능성이 생긴다.

"이 일에서는 겸손함이 중요합니다. 슬랙에는 여성, 유색인종, 퇴역군인, 장애, 성소수자를 위한 ERG가 있는데 살펴보면 결국 사람이 프로그램을 좌우하더군요. 그 일부가 되는 겸손한 순간에 저는 더욱 깨닫습니다. 우리가 이 개인들을 어떻게 인식하는지에 초점을 맞춰야 한다는 것을요." 사이먼의 말이다.

사이먼은 DEI를 확립하는 이들이 지는 무거운 책임을 알기에 임원진이 그 노고를 가능한 한 크게 인정하도록 압박을 가한다고 설명했다. "ERG 모든 리더에게 그곳에서의 일을 성과 보고에 포함시키라고 말합니다. 예를 들어, 형평을 이야기하기 위해, 여성 및 유색인종 중심의 대화를 하기 위해 회사로 누군가를 초빙한다면 그로 인해 우리는 서로를 더 잘 이해하고 공동체가 더 잘 연결되도록 일을 진행시켜 나갈 수 있을 테니까요."

누가 DEI 부담을 지고 있는지, 조직이 어떻게 이들을 인정할지 등의 문제에서 임원들은 입장이 명확해야 한다. 사이먼의 DEI 노력으로 슬랙은 지원 및 인정 방식을 여러 가지로 만들어냈다. 예를 들어 각 ERG에 리더를 두 명씩 두고 이들에게는 코칭과 스폰서십 기회를 제공한다. 월 1회의 코칭 세션에 더해 슬랙은 새로운 ERG 탄생을 촉발하고자 커뮤니티 인큐베이터 프로그램을 운영한다. 여성 리더의 경력 성장을 지원하는 여성 리더십 커뮤니티도 있다. 6개월의 공식 스폰서십 프로그램 '라이징 타이드Rising Tides'는 경력 개발 코칭 등을 접할 기회가 없던 신진 리더들을 대상으로 한 과정이다. 참여자는 슬랙 임원진의 특별 코칭과 일대일 스폰서십을 받고 서로를 도와주는 동료 집단도 형성하게 된다. '2020 코호트cohort'는 미국의 유색인종을 위한 ERG인데 특히 시니어급으로 리더 역할에 진입하고 있는 과소 대표된 여성 및 성소수자에 초점을 맞춘다.[8]

슬랙과 사이먼은 피드백도 중시한다. ERG 리더들이 힘든 노력을 인정받는다고 느낄 수 있도록 정기 피드백과 특별 피드백이 이루어진다. 이는 리더 자신이 불안감이나 소진, 지원 부족을 느끼는 경우 드러내 말할 기회가 되기도 한다.

리더 외에 ERG 커뮤니티 자체도 DEI 문화를 만들어가는 힘겨운 부담에 대해 지지와 인정을 받아야 한다. 슬랙은 감사 문구를 넣은 기프트 카드와 특별 보너스 등의 형태로 직접적 보상을 제공해 리더들이 각자의 커뮤니티에 배분할 수 있도록 한다.

마지막으로 슬랙은 힘든 일을 감당하는 ERG 멤버들의 가시성을 높인다. 사이먼은 이렇게 설명한다. "스폰서와 ERG 회원들, 관리자, CEO 버터필드가 포함된 그룹 메시지를 만듭니다. 코칭을 통해 모든 리더를 인정하면서도 (회사 최상층부에) 그들의 역할을 드러내보일 방법을 고민합니다."

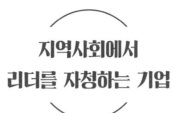

지역사회에서
리더를 자청하는 기업

어떤 회사든 DEI 여정의 한 요소가 된다는 것은 내부적 노력을 넘어서 지역사회나 더 큰 체계의 형평성을 높이겠다는 결정이다. 슬랙 또한 회사 밖에서도 리더로 활동하는 모습을 보였다. 기술업계에서 전통적으로 과소 대표된 집단을 늘리고자 '슬랙 포 굿Slack for Good' 프로그램을 시작한 것이다. 이 프로그램 가운데 하나인 '넥스트 챕터Next Chapter'는 교도소 출소자들이 기술 분야에서 장기적 일자리를 찾고 사회의 낙인이나 편견에 맞서도록 돕는다. 넥스트 챕터의 견습생 세 명은 이제 슬랙의 정식 엔지니어가 되었고 슬랙은 다른 회사가 유사한 프로그램을 진행할 수 있도록 지원한다.[9]

효과가 있는 방식을 남들과 기꺼이 나누려는 의지와 능력은 DEI 여정의 핵심 요소이다. 회사들이 경쟁우위를 놓칠지 모른다는 걱정에 비즈니스의 모든 부분을 재산권으로 묶어두려고 하는 오늘날의 경향과는 다른 방향이다.

슬랙에서는 이러한 대중 대상 활동조차 탈중앙화되어 있다. "넥스트 챕터를 시작하기 전까지 저는 이런 편견에 대해 이야기를 나눠본 적이 별로 없었습니다." 사이먼은 ERG들이 이런 대화를 주도하면서 회사가 사회적으로 낙인찍힌 집단을 지원하도록 만들었다고 언급했다. "저는 회사가 직원에게 책임을 다하는지 내부적으로 확인하는 데 집중합니다." 회사가 넥스트 챕터와 같은 장으로 나아가도록 주도한 주체는 ERG였던 것이다.

DEI 확산을 위한 비영리 활동

슬랙의 가장 혁신적인 DEI 노력은 비영리 부문인 '퓨처 포럼Future Forum'을 만든 것이다.[10] 이 포럼은 업계 리더들이 데이터와 대화를 매개로 업무를 다시 설계하고 인간 중심 디지털 미래를 만들도록 돕는다. 출범 이후 포럼은 전 세계 1만 명 이상의 지식 분야 직원을 대상으로 분기별 조사를 실시하고, 분야별 전문가의 컨설팅을 받아 정책결정자들이 실세계의 도전에 대처하는 데 의사결정을 돕고자 자료집을 만들어 공개했다.

나도 분야 전문가로 참여해 수집한 직장 데이터를 바탕으로 추출한 DEI 경향을 알려주었다. 데이터는 특히 업계 전반, 회사 규모, DEI 여정 단계에서 더 포용적인 업무 환경을 만드는 요소에 대한 혁신적 통찰력을 제공했다. 발견된 몇 가지 결과는 다음과 같다.[11]

- 백인 직원은 흑인 직원에 비해 소속감 점수가 25% 더 높았고 라틴계 직원에 비해 각종 혜택 점수가 21% 높았으며 스트레스와 불안 관리

점수는 아시아계 직원보다 두 배나 높았다.

■ 2021년 6월 기준, 흑인의 80%, 히스패닉의 78%, 아시아계의 77%
응답자가 원격이든 하이브리드 형태든 유연 근무를 원했으며 이는 백인
직원에 비해 모두 높은 비율이다.

■ 흑인 직원은 원격 근무에서 소속감이 높아졌으며 유연 근무를 특히 선호
했다.

 - 유연 근무를 원한다는 흑인 응답자는 81%로 백인 응답자 75%보다
  높았다.

 - 근무 시간과 관련해서는 흑인 응답자의 66%, 백인 응답자의 59%가
  완전한 유연 형태를 원한다고 답했다.

유연 근무 방식이 직원경험 employee experience 을 전반적으로 개선
하는 것으로 나타나지만 원격 근무의 긍정적·누적적 효과는 특히 흑
인 지식 인력에게서 높았다. 이들의 직원경험 점수가 2020년 8월과
2021년 8월 사이에 급속히 올라갔던 것이다. 흑인 남성은 미국의 모
든 인구 집단 중에서 직원경험 점수 상승 정도가 가장 높았다. 다음
은 해당 질문에 흑인 응답자들이 2021년 8월과 2020년 8월에 답한
비율의 격차를 보여준다.

■ "나는 동료 직원과의 관계를 높이 평가한다.": 76% vs 48%

■ "나는 직장에서 공정한 대우를 받는다.": 73% vs 47%

■ "경영진은 협조적이다.": 75% vs 43%

사이먼은 이런 작업의 중요성을 더 광범위하게 설명했다. "퓨처 포럼은 업무의 미래 모습을 내다봅니다. 여러 차례의 조사 결과 직원들이 안정감, 배려, 소속감을 느끼고, 다양성을 활용하면서 최고의 업무 성과를 내려면 다른 무엇보다도 포용이 필요하다는 점이 드러났습니다. 인력 구성이 다양한지, 직원이 소속감과 목적의식을 느끼는지 늘 점검하는 것은 직장의 기본을 다지는 일입니다."

작은 시작, 끊임없는 소통이 중요하다

슬랙은 이미 모든 것을 해냈다는 생각이 들지도 모르겠다. 상향식, 탈중앙화 접근으로 DEI 여정에서 주목할 만한 성취를 이루었으니 말이다. 영향력의 범위를 지역사회와 업계로 넓히고 있으니 이제 통합 단계로 들어섰다고 여길 수도 있다. 하지만 다른 많은 회사가 그렇듯 슬랙도 전술 단계를 벗어나 온전한 통합 단계로, 모든 DEI 노력이 조화롭게 이루어져 'DEI가 우리가 하는 모든 일의 일부'라고 진정으로 말할 수 있는 단계로 가기 위해 고군분투하는 중이다.

현재 슬랙은 탈중앙화 접근은 제대로 되었으나 회사가 이를 적절히 관리해야 하는 상황이다. 이는 중앙에서 조정이 이루어지지 않으면 어려운 일이다. 사이먼이 설명했듯 슬랙은 올바른 메시지, 올바른 정서를 지녔고 시작 단계부터 이를 회사 문화에 포함시킬 수 있는 행운을 누렸지만 "정서나 좋은 행동은 객관적 파악이나 관리가 안 되는데 이를 어떻게 시스템과 과정 안에 설계해 넣을 수 있을까요?"라는 질문과 마주한 것이다.

슬랙은 탈중앙화와 관리 사이의 긴장 지점을 제대로 파악했다. DEI에 도약을 가져온 요소들을 유지하는 동시에 더 큰 성장을 위해 DEI 노력을 관리할 수 있을까? CDO 없이 지속할 수 있을까? 회사 전체를 총괄하는 정책이 필요하지는 않을까? 여정의 다음 단계로 가려면 어떻게 해야 할까?

사이먼은 CDO가 아니지만 휘하에 지원 팀을 두고 있다. 하지만 모두가, 특히 모든 관리자가 책임을 지지 않는다면 성공은 없다는 점을 임원진에 분명히 밝혀왔다. 관리자는 탈중앙화된 DEI 전략에서 DEI 목표를 달성하는 데 가장 중요한 역할을 하는 존재이다. 많은 회사가 관리자 집단을 활성화하려 애쓴다. 중앙화된 하향식 리더십이 강력한 회사인 경우에도 그렇다.[12] 탈중앙화 상황에서는 관리자 참여를 이끌어내기가 한층 어렵다. 그럼에도 사이먼은 이것이 가능하다고 믿는다. 사이먼은 포용적 가치와 행동을 관리자들의 목표로 만들고자 한다. "각 부서에서 리더들은 포용적 행동을 보여야 합니다. 이러한 문화적 측면의 중요성을 확실히 하고자 평가 피드백 과정에도 포함시켰습니다. 그렇지만 직원들의 생각을 더 정확히 알고 싶죠. 관리자가 포용 가치를 어떻게 달성했는지, 어떻게 달성하지 못했는지에 대해서요."

중앙화 방식은 이런 질문의 답을 측정하고 구하기에 최선일 것이다. 슬랙의 리더들은 중앙화 방식이 없는 상태에서 계속 여러 그룹을 돌아다니면서 지속적으로 피드백과 지침을 제공하고 다양성을 유지

해야 한다는 압박을 받는다. 레이철 웨스터필드의 말을 보자. "탈중앙화는 좋습니다. '하나, 둘, 셋! 자, 이제 다양성이 확보되었어'라고 말할 책임을 누구 한 사람에게 지우지 않으니까요. 하지만 그저 따라가는 것으로 충분한 시스템이 없는 탓에 저를 비롯한 모두가 늘 다양성을 의식적으로 촉진하고 실천해야 합니다."

슬랙의 경험 전문가 글로벌 매니저인 웨스터필드는 회사 규모가 커짐에 따라 높아지는 중앙화 요구와 기존의 탈중앙화 접근 방식 사이에서 어떻게 균형을 잡아야 할지 계속 고심한다. "기존 방식은 공식적인 노력이 꼭 필요하다고 보지 않으므로 각 리더는 팀 내에서 책임을 져야 합니다. 하지만 하향식 의사소통이라고 하면 다양성을 위한 공동의 노력을 요구한다는 느낌입니다. 우리는 다양성을 다양한 기술로서 정의하려 합니다. 줌 회의에 참여해 인종과 문화의 다양성을 확인하는 식의 다양성이 아니고요."

웨스터필드의 이 말은 탈중앙화 접근 방식이 얼마나 비공식적으로 보일 수 있는지 보여준다. 아마 다른 관리자들도 비슷한 생각일 것이다. 탈중앙화는 스타트업 환경에서 의미를 지닌다. 유연한 사고 방식이기 때문이다. 하지만 비즈니스의 여타 운영 측면과 마찬가지로 규모가 커지면 공식 절차와 질서가 필요해진다.

이러한 노력의 선구자로서 사이먼은 슬랙이 탈중앙화 DEI 접근을 계속 유지하면서 CDO를 두지 않는 경우, 임원들의 적극적 역할 수행이 필요하다고 본다. 뒤따라갈 구조도 필요하고, DEI가 하향식 지시가 아니라고 느낄 자유도 필요하다. 따라서 관리자들에게 목표를 주어야 한다. 수치 목표든 팀이 함께 수행할 발전 기회 목표든 좋다. 관리자들에게 자기 팀에서 다양성이 무엇을 의미하는지 물어봐야 한다. 그리고 그 답변이 회사의 목표와 전략 범위에 들어가는지 확인해야 한다.

회사 규모가 커지면 중앙화된 일부 프로그램이 다양한 관리자들의 상향식 노력과 조화하는 데 도움이 되리라는 게 사이먼의 생각이다. 슬랙은 개별적 노력을 계속 북돋우면서 이들 노력이 보다 통합적 생태계를 만들 미래를 기대한다.

사이먼은 탈중앙화된 DEI 접근이 회사 전체적으로 공통된 모습을 지니도록 할 몇 가지 팁을 공유해주었다. "시작은 작게 하세요." 사이먼의 조언이다. "회사 전체적으로는 초점을 맞출 하나의 목표를 설정하는 겁니다. 예를 들어 직원 발전 및 보유에 초점을 맞추겠다고 합시다." 다음은 탈중앙화 집단 각각에서 초점을 구체화할 차례이다. "하나의 초점이 영업 팀에서는 이렇게 나타나고 엔지니어링 팀에서는 저렇게 나타날 겁니다. 전사적 목표를 기저에 두고 각 팀은 거기서 시작하는 겁니다."

이제 다음 단계가 추가된다. "각 팀에서 배울 만한 것들을 잘 포착해야 합니다. 거기서 얻을 것이 아주 많거든요. 영업 팀과 마케팅 팀이 똑같은 방법으로 성과를 얻었다 해도 엔지니어링 팀은 전혀 다른 방법으로 같은 목표를 달성한다는 사실을 알 수 있죠. 모두에게 하나의 메시지를 주기보다는 각 개인의 역할과 소통 방법을 배우는 겁니다."

슬랙이 결국은 CDO와 D&I(다양성과 포용) 팀을 갖춘 중앙화 방식으로 가게 될지는 아직 확실하지 않다. 당분간은 사이먼이 현재까지의 DEI 노력을 주도해온 상향식 문화와, 더 크고 문화적으로 더 다양한 조직을 향한 과정에서 요구될 새로운 조건 사이에서 연결고리 역할을 할 것이다.

사이먼은 더 많은 변화가 필요하다는 사실을 알고 있으며, 적응할 준비를 갖췄다. DEI에 완료란 없으며 여정을 지속하기 위해 애써 노력해야 한다는 것, 그러다가 전략적 단계에 도달해 전술적 문제를 해결하면 더 큰 그림을 볼 수 있다는 것을 안다.

겸손한 마음으로 접근해야 합니다. 항상 사각지대가 있으니까요. 포함되지 못한 사람이 늘 있습니다. 제 관점으로 표현하자면 "완벽한 수행이 아니라 책임에 초점을 둔다는 사실을 어떻게 분명히 알릴 수 있을까?"라고 질문하는 겁니다. 신뢰를 구축하려면 진정으로 경청해야 하고 상대가 말한 내용을 현실에 반영해야 합니다.

가장 큰 과제는 이거죠. "내가 신뢰를 구축하고 경청하고 있다는 걸 어떻게 분명히 할 수 있을까? 다 결정된 내용을 가스라이팅한다고 생각하지 않도록 만들 방법은 무엇일까?" 우리가 이 여정을 계속하리라는 것, 포용과 형평을 느끼며 일할 수 있도록 계속 나아가리라는 것을 분명히 인식시켜야 합니다.

아직 우리는 원하는 곳에 도달하지 못했습니다. 그런 날은 영원히 오지 않을지도 모릅니다. 현재 단계에서 더 나아 보이는 무언가가 항상 존재할 것이기 때문입니다. 구조를 무너뜨리려면, 더 큰 영향을 미치려면 시간이 걸립니다. 우리가 영리를 목적으로 하는 세계에 있기 때문에 더욱 그렇습니다. 어떻게 이 현상 유지를 깨뜨릴 수 있을까요? 시간이 필요합니다. "우리 위치는 여기, 피드백 순환 안에서 우리가 하고 있는 일은 이것, 시도했던 것은 이것입니다. 효과가 없었으므로 앞으로는 다른 것을 시도하려 합니다"라고 말하는 겸손함이 필요합니다. 이것이 우리를 앞으로 나아가게 하는 동력이자 책임 있는 자세라 생각합니다. 책임감을 인정하는 일은 매우 중요합니다. 설사 그것이 자기 상태를 확인하고 "자, 계속 나아가야 하는군"이라고 말하는 정도에 그친다 해도 그렇습니다.

슬랙의 직장 유토피아가 무엇이냐는 질문을 던지자 레이철 웨스터필드는 한참 동안 침묵하다가 아름다운 그림을 그려보였다.

제가 침묵했던 이유는 일이 삶의 반영이라고 생각하기 때문입니다. 이렇게 보면 회사는 세상의 축소판이 됩니다. 또 제가 침묵했던 이유는 회사 바깥에 이토록 잘못된 것이 많은 상황에서 안쪽에만 진정한 유토피아를 만들 수 있을 것 같지도 않았기 때문입니다. 평등과 조화 개념에 대해 말해볼 수 있겠습니다. 줌 회의나 대면 회의에서 세계의 인구 구성을 그대로 반영해주는 얼굴들을 보면 좋겠습니다. 평등을 향한 정서적·지적 추구가 우리 모두의 어깨에 동등하게 놓였으면 합니다. 흑인과 유색인, 그리고 흑인도 유색인도 아닌 직원 모두가 누구든 인간으로 대접받는 모습을 보고 싶어 했으면 합니다.

채용이 더 공정했으면 합니다. 흑인이나 유색인이 20년 동안 관리직에서 일할 기회가 차단된 상황에서 관리직 경험 20년을 요구하는 관행은 중단되어야 합니다.

억압적인 조직에 묶이지 않고 성공할 수 있도록 도와주는 더 지혜롭고 전략적인 대화가 이루어졌으면 합니다. 늘 리더십 책임에 대해 이야기하게 됩니다. CEO 버터필드의 행동을 보고 싶습니다. CEO의 행동이 그 아랫사람, 다시 그 아랫사람에게 반영되는 모습을 보고 싶습니다. 이렇게 변화의 물결이 흘러내리는 모습을 정말로 보고 싶습니다. 이러한 대화로 직원 한 명 한 명이 힘을 얻었으면 합니다.

그리고 저는 이 모든 것이 업무 자체만큼이나 중요해지기를 바랍니다. 우리는 하루 근무가 끝날 때면 성과와 결과물을 생각해야 하는 비즈니스입니다. DEI가 우리 회사의 일부가 되기를, 그리하여 편견을 지녔거나 억압을 암묵적으로 허용하거나 희망하는 이들은 회사에서 편안함을 느끼지 못하기를 바랍니다. 그런 사람들이 결국 회사를 떠나게 되기를 바랍니다. 왜 떠났느냐는 질문을 받을 때 대답하면서도 편안함을 느끼지 못하기를 바랍니다.

그림 2-1

사람들이 더 단순하고 더 즐겁게, 더 생산적으로 일할 수 있도록 만드는 것이 슬랙의 미션이다. 슬랙은 채널 기반 메시지 플랫폼으로 사람들의 의사소통, 협력, 작업을 지원한다.

'슬랙 포 굿'은 기술 산업에서 전통적으로 과소 대표되어온 인구 집단 출신을 늘리겠다는 목표다. 2018년에 공동 출범한 '넥스트 챕터'는 8개월의 견습 교육 프로그램으로 교도소 출소자들이 첨단 기술 엔지니어가 될 수 있도록 돕는다. 현재까지 이 과정을 거쳐 세 명이 슬랙의 정직원이 되었고 슬랙은 다른 회사들이 동일한 프로그램을 진행할 수 있도록 청사진을 공유한다. 현재까지 줌과 드롭박스가 이 프로그램을 도입했고, 2020년에 여덟 명이 참여했다.

슬랙은 관리자와 리더를 위해 분기별 내부 투명성 보고서를 발간하고 책임을 다하고자 연례 투명성 보고서를 외부에 공개한다.

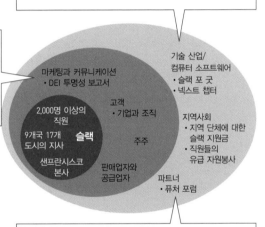

마케팅과 커뮤니케이션
• DEI 투명성 보고서

2,000명 이상의 직원

9개국 17개 도시의 지사

샌프란시스코 본사

고객
• 기업과 조직

슬랙

주주

판매업자와 공급업자

기술 산업/컴퓨터 소프트웨어
• 슬랙 포 굿
• 넥스트 챕터

지역사회
• 지역 단체에 대한 슬랙 지원금
• 직원들의 유급 자원봉사

파트너
• 퓨처 포럼

2020년, 슬랙은 새로운 경제에서 번영하는 데 필요한 변신을 돕는 컨소시엄 '퓨처 포럼'을 출범했다. 퓨처 포럼은 업계 및 학계와 협력해 연구, 사례 분석, 보고서를 발표해 일의 미래 모습에 대한 논의를 이끌고 최선의 관행을 만들어내도록 돕는다.

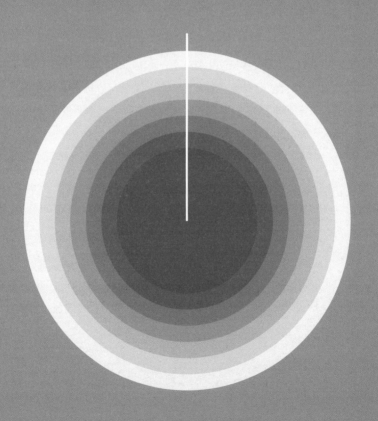

3

훌륭한 미션만으로는
불충분하다

○

아이오라 헬스

회사명: 아이오라 헬스(Iora Health)

여정의 단계: 인식

최고의 실천: 비전 수립, DEI 감사, 비즈니스 영향력과의 조율

핵심적 한마디: "우리는 다양한 환자 집단에 서비스를 제공하기로 선택했습니다. 다양성 덕분에 직원과 환자가 서로에게서 배운다는 점이 좋습니다. 덕분에 우리는 더 좋은 회사가 됩니다."

– 공동 창업자 겸 CEO, 의학박사 루시카 페르난도풀Rushika Fernandopulle

혁신의 출발은
직원의 마음을 여는 것

아이오라 헬스는 2010년, 혁신 의지와 함께 창립되었다. 새로운 1차 의료를 도입함으로써 망가진 의료 체계를 전환하겠다는 의지였다. 아픈 환자로 돈을 버는 대신 아이오라 헬스는 환자의 건강 유지를 돕고 그 대가를 받는, 가치에 기반을 둔 접근을 했고 이를 위한 기술에 투자하며 환자를 중심에 두었다. 그 결과 입원이 40% 이상 줄었고, 환자 참여와 전반적 건강이 개선되는 효과가 나타났다.[1]

아이오라 헬스의 알렉산더 패커드Alexander Packard 사장은 공동 창업자 겸 CEO 루시카 페르난도풀Rushika Fernandopulle 과 함께 회사의 태동 시점부터 자리를 지켜왔다. 두 사람은 '헬스케어의 인간성 회복'이라는 미션을 진지하게 수립하고 실현해나갔다. 보스턴에서 출발한 이 스타트업은 계속 성장을 이어왔다. 2017년, 이 회사는 더 많은 사람에게 더 나은 헬스케어를 제공하고자 1차 의료 기관을 확장하는 데 7500만 달러를 썼다.[2] 뜻을 함께하는 이들이 합류했고 혁신적 행보에 투자하는 이들도 늘었다. 아이오라 헬스는 2020년 2월, 1억 2600만 달러의 펀딩을 이루어냈고 그해 7월 기준, 1차 의료 혁신을 이끄는 회사로 인정받아 미국 10개 주에서 48개 진료소를 운영하며 수만 명에게 서비스를 제공하고 있다.

동료들과의 속깊은 첫 대화

페르난도풀과 패커드는 사람들이 가장 행복하고 건강하게 살아가도록 모두가 헌신하는 회사를 만드는 데 열성을 다했다. 성공을 거두고 긍정적인 영향을 미쳤음에도 패커드는 자신과 회사가 DEI에 적극적으로 내부 문화를 조성하는 데 소홀했다는 느낌을 지울 수 없었다. 2020년 5월 29일 금요일 밤, 그는 특히 괴로웠다. 미국은 미니애폴리스에서 조지 플로이드가 경찰에게 살해당한 사건으로 들끓었다. 그날 그는 당시 상황이 회사에 큰 영향을 미치고 있음을 깨닫고 충격을 받았다. 그는 직원들이 보이는 감정적 폭발에 대처할 준비가 되어 있지 않고 슬픔과 불안의 순간에 동료들을 지원할 방법도 알지 못했다. 패커드는 자신이 갈림길에 섰음을, 그의 표현을 빌리면 '강력한 자아 탐색 과정'에 놓였음을 깨달았다. 그는 '세상의 불의 앞에서 회사는 어떤 역할을 해야 하나?'라는 질문을 스스로에게 던졌다.

불확실한 느낌에 그저 압도되어 버릴 수는 없었다. 그리하여 머릿속에 떠오르는 온갖 생각, 잘못된 말을 뱉을지도 모른다는 커다란 불안감, 무엇을 마주할지 모른다는 불확실성을 안은 채 그는 회사의 흑인 대표자 네 사람과 대화의 장을 마련했다. 친밀한 인간관계를 유지하는 리더라고 늘 자부해온 그로서는 직원과 한 번도 나눠보지 않은 민감한 대화 주제가 있다는 사실을 깨닫는 것조차 고통스러웠다. "제가 사는 집 안에서 문을 열어 보니 있는지도 몰랐던 방들이 나온 셈이었어요. 자신이 무심하고 무책임했다고 느꼈습니다. 하지만 좋은 일이었어요. 깨닫는 경험이었죠. 취약한 위치에 스스로 놓이는 것은 중요합니다. 제가 모르는 영역에 대해 이야기하는 것도 중요하고요. 그 불편함과 대면하는 일 자체가 엄청난 경험입니다."

당시 일대일 대화에서 그가 얻은 배움, 그리고 이후 페르난도풀 CEO와 공유한 깨달음은 아이오라 헬스의 여정을 영원히 바꿔놓았다. 고귀한 미션이 힘겨운 DEI 노력을 회피할 핑계는 못 된다는 점을 패커드가 처음 깨달은 순간이었다. 아무리 강력한 미션이라 해도 그것만으로는 DEI에 충분히 연결될 수 없다. 회사는 직원들의 DEI에 주의를 충분히 기울이지 않았다. 직원들과의 대화는 아이오라 헬스가 자신의 DEI 여정을 시작하는 데 핵심적 역할을 했다.

외부 전문가의 도움을 절감하다

환자를 위해 세상을 개선한다는 미션 중심 회사로서 아이오라 헬스는 성공을 거두었다. 하지만 인종 차별 문제가 부각되자 DEI가 충분하지 못했다는 점이 드러났다. 패커드와 페르난도풀은 분석적으로 사고하는 이들이었고 따라서 이러한 깨달음으로 수정 계획을 수립하는 데 나섰다. 변화를 위한 첫 단계는 DEI 여정에서 자신들의 위치가 어딘지 이해하는 것이었다.

아이오라 헬스는 정확한 자기 인식을 수행했고, 도움이 필요하다고 판단했다. 모든 기업이 이렇지는 않다. 외부인을 들이기 싫어하는 기업도 많다. 컨설턴트가 너무 밝은 빛을 들이댈까 봐 두려워서, 혹은 스스로 문제를 해결할 수 있다고 생각해서 등이 이유다. 페르난도풀은 그런 착각을 하지 않았다. "저희는 바로 말했습니다. '전문가가 필요해. 우리는 마음을 먹었고 주의를 기울이고 있어. 하지만 이건 우리가 업으로 삼은 일이 아니야'라고요."

아이오라 헬스는 내가 운영하는 DEI 전략 회사에 전체 임원진과 직원 포커스 그룹(인터뷰, 좌담회 등 그룹 면담을 통해 의견을 수집하는 정성조사 방식-옮긴이)을 대상으로 한 관련자 인터뷰를 포함해 기업 인프라나 내부 정책, 과정, 의사소통 등을 검토하는 총괄적 감사 업무를 맡겼다. 이러한 감사 과정은 힘들지만 가치가 매우 크다.

기업은 DEI 감사를 거치면 스스로 몹시 취약하다고 느끼곤 한다. 외부에서 온 누군가에게 객관적 평가를 부탁하고 아픈 지점을 찾아내라고 요청하는 셈이니 말이다. 대표이사가 열성을 보인다 해도 임원들이 시간과 자원을 들일 필요가 있느냐고 의문을 제기하는 일이 많다. 환자와 직원의 인구학적 특징을 상세히 정리해둔(물론 개인정보는 완벽히 보호된다) 아이오라 헬스 같은 회사도 직원이 일상 업무에서 포용과 형평을 어떻게 경험하는지는 미처 보지 못했으니 말이다. DEI가 수치 놀음에 그치지 않는다는 점을 이해하지 못하는 임직원은 특히 걸림돌이 된다. 감사를 처음 해볼 때에는 팀 구성원들이 DEI 관련 이야기를 터놓기 어려워한다는 점도 저항 요소가 된다. 이런 대화를 해온 기존 문화가 없을 경우에 더욱 그렇다. 당연하게도 직원은 포커스 그룹이나 조사에서 털어놓은 이야기가 나중에 불리하게 작용할까봐 걱정한다.

감사가 성공하려면 임원진이 적극적으로 감사를 지원해야 한다. 감사 진행자는 수집된 정보가 전체적으로만 제시될 뿐 개인 출처가 드러나지 않으며, 공유된 정보를 바탕으로 조치 행위가 있으리라는 점을 확신시켜줘야 한다.[3] 2020년 여름 동안 의견을 청취할 기회를 마련했던 많은 회사가 안타깝게도 유의미한 후속 조치를 하지 않았다. 직원들은 고통을 털어놓음으로써 기업 운영진의 기분만 좋게 만들었을 뿐 변화는 전혀 끌어내지 못했다고 느꼈다. 직원 참여로 알게 된 것을 바탕으로 행동할 의지가 없다면 직원의 마음을 아예 알려고 들지 말아야 한다. 최근 이루어진 조사에서도 직원의 80%가 리더들은 직원 참여 조사에서 드러난 문제를 해결하지 않을 것이라 생각한다고 답했다.[4] 설문, 포커스 그룹, 일대일 대화 등 여러 방법으로 직원이 진솔한 경험을 털어놓을 때에는 드러난 문제에 대해 조직이 무언가 행동하리라는 암묵적 약속이 존재한다. 약속이 이행되지 않으면 직원은 더 이상 입을 열지 않는다. 이후의 평가 과정에는 참여조차 꺼릴 것이다.

아이오라 헬스 감사 결과 대부분의 직원이 업무를 진정으로 즐기고 있음이 분명히 나타났다. 참으로 인상적인 결과였다. 가치를 기반으로 하는 회사인 만큼 아이오라 헬스는 환자만큼이나 직원에게도 초점을 맞추고 있었다. 예를 들어 10주년에 발간한 보고서는 직원들의 업무 동기, 가장 크게 배운 교훈, 코로나 팬데믹이 개인적, 그리고 업무적으로 미친 영향 등 회사 생활의 경험을 담고 있었다. 회사의 직원 돌봄 문화는 곳곳에서 나타났다.[5] 직원들의 자부심은 아이오라 헬스 대상으로 수집된 데이터와 인터뷰로도 볼 수 있다. 예를 들어 직원들은 다음 다섯 가지 중에서 가장 선호하는 기업 가치를 골라 달라는 요청을 받았다.

- 우리는 열정적으로 일한다.
- 우리는 겸손하게 봉사한다.
- 우리는 공감을 느낀다.
- 우리는 창의성을 도입한다.
- 우리는 용기를 발휘한다.

이 중에서 가장 많이 선택받은 가치는 '우리는 겸손하게 봉사한다'와 '우리는 공감을 느낀다'였고 이 문구는 아이오라 헬스가 만들고 강화해온 문화를 잘 드러내준다.

하지만 우리의 감사 결과, 직원들이 가치를 부여하는 바로 그 장점이 DEI와 관련된 의미 있는 대화, 특히 인종이라는 주제를 억누른다는 문제도 드러났다. 회사는 직원과 환자의 인구학적 정보를 관리하기 위해 초기 투자를 했지만 다양한 배경의 인재 공급망을 확보하거나 직원 다양성을 도모하는 집단 활동 기회를 마련하는 일, 일선 직원들이 겪는 DEI의 어려움을 배려하는 일 등에는 특별한 노력을 기울이지 못했다. 다시 말하지만 기업 문화 자체는 훌륭했다. 미션도 고귀했다. 하지만 DEI 관련 구조가 없었고 패커드가 직원 네 명과 솔직하고 깊은 대화를 하기 전까지 경영진은 도약의 필요성을 깨닫지도 못했다.

다양한 고객이
단단한 기업을 만든다

감사 직후 나는 아이오라 헬스가 가야 할 여정을 시작하기 위한 '4스텝 계획'을 수립했다. 이 단계는 당신의 조직에도 좋은 모델이 될 수 있다. 혹은 노력을 시작하기 위한 동기 부여라도 될 것이다.

스텝 1: 비전 수립을 위한 일대일 대화

아이오라 헬스는 본격적으로 DEI 여정에 나서기에 앞서 우선 DEI 세계에 어떤 모습으로 자리 잡고 싶은지 명확한 비전을 세워야 했다.[6] 아이오라 헬스가 출발선에 선 2020년 6월, 미국의 거의 모든 기업이 인종 차별에 반대하는 목소리를 내고 불평등 관행을 청산할 행동 계획을 발표하라는 압박을 받고 있었다. 예를 들어 오랫동안 사회적 정의를 옹호해온 아이스크림 회사 벤앤제리스Ben&Jerry's는 "백인 우월주의를 철폐해야 한다"라고 선언했다.[7]

충분히 감동적이었던 이 선언은 그때까지 사회 정의 문제에 공개 발언을 한 적이 없고 DEI 지평의 어디에 들어가야 할지 모르는 상태이던 아이오라 헬스 같은 회사를 다소 주춤하게 만들기도 했다. 각 회사가 나름의 DEI 접근법을 결정해야 하는 상황이었다. 모두가 벤앤제리스가 될 수는 없다. 그럴 필요도 없다. 다른 회사의 문화를 모방하려 드는 것은 진정성이 없다. 하지만 그렇다고 이를 행동하지 않을 핑계로 삼아서는 안 된다. "우리는 벤앤제리스 같은 발언을 하는 회사가 아니다"라고 말하고 말 수는 없다. 자신이 믿는 바가 무엇인지 파헤치고 이를 가장 잘 표현할 방법을 찾아야 한다. 회사마다 나름의 비전을 고민하고 어디서부터 DEI 노력을 시작할지 결정해야 한다.

다른 여러 회사와 협력했을 때처럼 나는 아이오라 헬스 임원진 모두와 일대일 대화 시간을 잡았다. 모두의 관점을 파악하기 위해서였다. 진정한 문화적 변화를 끌어내려면 회사 문화도, 개인의 의견도 알아야 한다. 대화 결과 임원진 모두가 회사의 미션에 깊이 헌신하고 있으며 페르난도풀의 리더십을 완전히 신뢰하는 것으로 확인했다. 임원 대부분이 회사의 DEI 여정이 인식 단계라는 점에도 동의했다. 당연한 일이지만, 그럼에도 DEI를 위한 이상적 방법론에 있어서는 각각 다른 견해를 보였다. 각 리더는 개인적인 DEI 여정과 회사를 위한 최선의 여정에 한꺼번에 당면한 상태였다. 함께 DEI 여정에 나서려면 통합 비전에 합의할 시간을 따로 확보해야 했다.[8]

나는 리더들에게 다음과 같은 질문을 던졌다. 당신이 인식 단계라면 이 질문이 공유 비전을 만들어나가는 과정에 도움이 될 것이다.

1. 관계자들에게 우리의 DEI 노력이 어떻게 인식되기를 바라는가?

2. 다음 목표의 우선순위는 어떻게 되는가?

　① 팀 구성원을 다양하게 만들기

　② 업무 과정의 형평성을 평가하고 개선하기

　③ 소속감과 포용의 문화 조성하기

3. 회사가 이들 목표를 달성하지 못한 요인은 무엇일까?

DEI 비전에 대한 이 대화는 리더들이 소리 내어 의견을 교환하는 첫 경험이 되었다. 참여자들이 의견을 조정해나가면서 다양한 대화를 필요로 하는 경우가 종종 있어 후속 대화를 나눌 시간과 공간도 충분히 마련했다.

아이오라 헬스 임원진은 DEI 미션과 관련해 두 부분으로 대화를 나눴다. 첫 부분에서는 인종과 관련된 각자의 경험을 털어놓고 DEI를 어떤 의미로 이해하고 있는지 이야기했다. 인종 및 특권 문제를 거의 생각해보지 않은 임원이 있는가 하면 성장 과정에서, 혹은 업무를 하면서 개인적으로 경험한 인종 문제를 진지하게 나누는 임원도 있었다. 페르난도풀은 거의 10년 동안 함께 일해온 임원진과 이런 대화를 한 번도 해보지 않았다는 점을 새삼 깨닫고 놀랐다. 패커드 또한 간혹 동료들의 인종적 배경이 궁금하긴 했지만 물어볼 용기가 없었다고 언급했다. 이런 대화는 임원들이 경계심을 내려놓고 서로의 인간적인 모습을 접할 중요한 기회였다. 임원들이 서로 속을 터놓기 어려운 상황에서 팀원들과 DEI 관련 대화를 하면서 취약한 모습을 드러내기란 불가능에 가깝다. 더욱이 각자 마음속으로 DEI를 나름대로 정의하고 있는 상황이었으므로 회사 전체를 위한 DEI를 정의할 필요가 있었다.

두 번째 대화에서는 비전 논의가 이어졌다. 임원들은 아이오라 헬스의 DEI가 어떤 모습이어야 하는지, 비전을 실현하고자 감수해야 하는 것은 무엇인지 논의했다. 예를 들면 회사가 맡은 모든 환자를 위해 봉사하는 것과 인종주의자 환자와 상호작용하는 직원을 보호하는 것의 균형점을 어떻게 잡을 것인가 같은 문제를 토론했다. 임원진은 직원을 심리적으로 보호하면서 개인적 견해가 다양한 환자들을 가능한 한 많이 보살피는 것의 경계선을 어디에 그을지 의문을 제기했다. DEI를 우선시하는 벤앤제리스 사례를 보면서 페르난도풀은 헬스케어 회사로서 아이오라 헬스의 기준은 더 높아야 한다는 의견을 냈다. "벤앤제리스는 인종주의자가 자사 아이스크림을 사 먹지 않아도 괜찮겠지만 우리는 아니다. 모든 환자를 돌보는 것이 우리 사명이다."

페르난도풀이 제기한 또 다른 도전은, 과소 대표된 집단 출신이 근무하거나 돌봄을 받고 싶은 회사가 되는 동시에 소규모 기업으로서 재정적 성공을 이루어야 한다는 점이었다. "우리는 수익을 기부할 입장이 못 됩니다. 실적을 올리는 방향으로 DEI 목표 설정이 가능할까요?" 열띤 브레인스토밍 토론이 진행되었다. 한 임원은 "수익을 기부할 수는 없다 해도 유급 휴가 같은 다른 자원을 기부하는 방법이 있을 것 같습니다"라는 의견을 냈다. 비즈니스를 바라보는 각 임원의 시각은 자기가 맡은 역할에 바탕을 두고 있었지만 토론을 거치자 전체 임원진이 DEI 노력을 회사의 비즈니스 목표(직원 지원과 환자 돌봄을 포함해)와 조화하고 싶어 한다는 점이 분명해졌다.[9] 토론을 거쳐 임원들은 공유된 비전을 실현하고자 상향식과 하향식으로 실천할 수 있는 일을 공유했다.

미래 비전과 DEI 우선순위가 임원진에서 일단 결정되었으므로 비전 실현을 위한 실제 작업이 시작될 수 있었다.

스텝 2: 현 상태 진단을 위한 컨설팅

비전이 분명해졌다면 다음 스텝은 회사의 현 상태 평가가 되어야 한다. 목표는 향후 진보를 측정할 기준선 마련이다.

많은 회사가 현 상태 평가 없이 미래 성공을 위한 수치 목표 세우기에 급급해한다. 현 상태 평가를 빼먹는다면 DEI 여정의 효과가 여러모로 감소한다. 첫째, 기준선이 느슨하게 잡히거나 아예 이해가 미흡한 사태가 발생한다. 마야 안젤루Maya Angelou가 말했듯 "어디서 출발했는지 모른다면 어디로 가는지도 모를 수밖에 없다." 현 상태가 어떤지 모른다면 개선된 상태가 어떤 모습인지 어떻게 알겠는가? 둘째, 현 상태 평가는 현 상태의 이유를 설명해준다. 회사 문화의 이유를 이해하는 것은 더 잘 대처하는 데 도움을 준다. 실제 상황과 제대로 연결되었는지 알 수 없는 일반적인 목표 주변만 서성이는 것보다는 도움이 된다.

예를 들어 아이오라 헬스의 페르난도풀은 데이터 수집으로 이 단계에서 현실을 확인할 수 있으리란 점에 주목했고, 전 임원진에게 현 상태 관련 가정에 의문을 제기하라고 요청했다. "감사를 해봅시다. 우리가 편견 없이 고용을 잘한다고 생각해왔지만 정말 그럴까요? 우리가 하지 않고 있는 일이 뭔가 있지는 않을까요?"

현 상태 평가가 효과적으로 이루어지려면 공식·비공식 과정과 절차, 행동 모두를 신중하게 분석해야 한다. 객관적인 평가가 가능하도록 훈련받은 DEI 전문가 같은 외부 인력을 쓰라고 추천하고 싶다. 내부 평가를 수행하고 싶다면 편향되지 않고 결과를 솔직하게 밝힐 인력을 잘 선별해야 한다. 자기 내부를 들여다보고 편견을 인정하며, 무의식 중에 유지하고 있는 불평등 체계를 잡아내기란 결코 쉽지 않다. 하지만 회사의 현 상태를 이해하고 원하는 비전을 향해 나아가려면 반드시 해야 하는 일이다.

회사의 현 상태를 평가할 때 길잡이가 되는 질문들은 다음과 같다.

- 공식적 DEI 정책, 절차, 과정은 어떠한가?
- 회사 문화에서 비공식적으로 일이 처리되는 방식은 무엇인가?
- 현재의 접근법은 DEI 목표에 부합하나?
- 직원들은 회사 문화를 어떻게 경험하는가?
- 고객과 외부 관계자들은 회사를 어떻게 경험하는가?

아이오라 헬스 임원들은 앞의 다섯 질문에 답하면서 개선이 필요한 DEI 영역을 추출했다.

- 채용
- 신규직원 교육과 훈련
- 내부 승진 기회
- 환자와의 상호작용

이들 영역에서 여러 제언이 나왔다. 현재 아이오라 헬스 직원들이 아이비리그 출신이고 공석이 생겼을 때 투명성이 부족하다는 인식을 바탕으로, 더 다양한 지원자를 확보할 새로운 방식을 모색할 필요성이 제기되기도 했다.

헬스 코치의 승진 체계를 명료화해야 한다는 의견도 있었다. 승진 상한선이 존재한다는 인식 때문이다. 중간 관리자의 경우 업무에서 온전히 역할을 다할 수 있도록 교육 같은 도구를 제공하자는 제안도 나왔다.

전체적으로 우리 컨설팅 팀은 27가지 제안을 정리했다. 아이오라 헬스 임원진은 바로 이 제안들의 우선순위를 결정했고 회사의 변화 의지를 보여줄 전략을 수립했다.

스텝 3: 전략 설정을 위한 우선순위 결정

비전을 수립하고 현재 상태도 파악했다. 전략은 비전과 현 상태 사이의 격차를 줄이는 데 집중되어야 한다. 이런 접근은 상황에 맞는 전략을 세우도록 한다. 범용 DEI 수치 목표를 단순 선택하는 것이 아니라 파악된 격차를 좁히는 것이다.

지금까지의 과정은 DEI 여정의 전술 단계였다. 이제 전략을 수립하고 실행함으로써 전술 단계를 넘어서 통합 단계로 나아갈 기회가 마련된다. DEI 전략을 성공적으로 수행하면 영향력의 범위가 넓어질 긍정적 가능성이 커진다. 예를 들어 아이오라 헬스 내부 전략의 성공적 수행은 환자, 파트너 기관, 전반적 헬스케어 산업에 이르기까지 DEI를 개선하는 효과를 낳을 수 있다.

다른 전략과 마찬가지로 DEI 전략도 정책, 행동, 결과의 변화를 명확히 규정해야 하고, 각 요소의 진보를 정확히 측정할 방법을 포함해야 한다. 전략을 논의하다 보면 단번에 모든 것을 해치우고픈 마음이 들 수 있지만, 새로운 전략을 가장 잘 실현하는 회사들은 장·단기 목표와 연결된 몇 가지 우선순위에 제한해 집중하곤 한다. 총체적인 분석과 평가의 결과로 임원진에서 쏟아지는 제안과 우선순위는 아주 많게 마련이다. 그러므로 회사의 필요에 가장 잘 부합하는 구체적인 전략부터 추출해야 한다. 외부 전문가의 도움을 받는다 해도 효과적인 DEI 전략을 수립하려면 내부 관계자의 조율이 필요하다.

임원진을 더 잘 알게 된 후 나는 돌봄 업무를 맡은 직원을 지원하는 일이 가장 시급함을 깨달았다. 리더들은 돌봄 업무를 맡은 직원이 인종주의나 성차별 발언을 하는 환자와 만나서 겪는 어려움을 알고 있었다. 이런 상황은 직원에게 엄청난 감정적 비용을 요구했다. 이 문제는 아이오라 헬스 특유의 난관이었다. 많은 회사가 전혀 겪지 않는 일이었으니 말이다. 하지만 아이오라 헬스의 경우 직원을 지원하면서 동시에 최상의 환자 돌봄이라는 고귀한 미션을 추구하고자 했기에, 직원과 환자 사이 이 어려운 상호작용은 회사 고유의 DEI 과업이 되었다. 이 과업을 해결하려면 회사에 가장 중요한 것이 무엇인지를 명확히 해야 했다.

일선 직원들에게 정보를 수집하면서 드러났듯 이는 유난히 어려운 과업이기도 했다. 돌봄을 제공해야 하는 입장에서 폭력적 언어 및 행동과 대면하는 경우 어떻게 최선을 다할 수 있을까? 또한 환자를 비즈니스 중심에 두는 회사 입장에서 고객인 환자가 늘 옳지 않다는 것, 직원이 고객의 특정 행동은 참지 말아야 한다는 것을 어떻게 받아들일 수 있을까? 패커드는 진퇴양난 상황을 이렇게 표현했다.

헬스케어 서비스 제공자는 남의 성격을 판단할 권리가 없습니다. 하지만 그렇다고 해서 환자가 신뢰를 저버리고 폭력, 무례, 무시, 공격 등의 행동을 할 수 있는 환경을 만들고 싶지는 않았습니다. 어디까지 선을 그어야 할지 정해야 했습니다. 선을 긋는 지점은 다른 회사들과 달라야 했습니다. 우리가 만들고 싶은 문화, 우리가 유지하고 싶은 프라이드가 있었으니까요. 직원들이 신뢰를 바탕으로 자신 있게 일할 수 있도록 하는 것이 우선순위였습니다.

아직도 우리는 문제를 해결하는 중이라고 생각합니다. 우리는 "앞으로도 다양한 시각의 환자들에게 서비스를 제공해야 해. 우리와 전혀 다른 시각도 있을 거야. 하지만 무례하고 위험하고 폭력적으로 우리 직원을 대하는 행동은 참아줄 수 없어"라고 말해왔습니다. 그런 행동은 용인하지 않습니다. 이것이 우리 회사의 기본 방침입니다.

전략 개발에 이르기까지의 논의를 요약하면 다음과 같다.

1. 비전 수립
2. 현 상태 평가
3. 전략적 우선순위 결정
4. 각 우선순위에 대한 단기와 장기 목표 설정
5. 목표 수치와 책임자 결정
6. 전략의 상향식 및 하향식 실행 방법 결정

스텝 4: 전략 실행을 위한 피드백

모든 준비가 끝났다고 성공이 보장되지는 않는다. 누가 전략을 실현할지 명확히 정해지지 않는다면 최고의 전략도 실패하고 만다. DEI를 담당하는 팀이 잘 갖춰진 회사도 있지만 대부분은 직원의 풀뿌리 참여와 임원진의 적극성이 있어야 지속적인 문화와 행동의 변화를 이룰 수 있다.[10]

아이오라 헬스에는 DEI 인프라가 부재했다. 회사 규모가 작기 때문이다. 그리하여 세 명으로 구성된 업무 팀을 새로 만들어 전략을 실행하고 성과에 대해 직원 피드백을 받았다. 업무 팀은 분기별로 목표 달성률을 임원진에 보고해 관심이 유지되도록 했다. 진전 상황을 보여주는 분기 보고는 책임감을 강화했다. 전략 실행 방법이 무엇이든 대변자, 선도자, 그리고 제대로 되고 있는 일과 아닌 일에 대한 지속적 피드백은 필요하다.

다양성 조화의 비결은 솔직함

아이오라 헬스는 의도적 DEI 전략의 초기 단계에 있었으나 기존의 문화적 요소가 장기적 여정에 긍정적으로 작용했다. 예를 들어 2020년에 시작된 문화 설문조사는 직원들이 해마다 피드백을 제공할 기회로 자리 잡았다. 회사는 인종 차별적 고객과 상호작용하는 직원에게 즉각적 도움을 제공하고 채용 기회가 생길 때마다 후보군에 여성과 과소 대표 소수자 집단이 포함되도록 체계를 갖추었다.

초기에는 개선이 빨랐지만 다른 회사들도 그렇듯 아이오라 헬스의 DEI 여정도 비즈니스 상황의 변화에 영향을 받았다. 2021년 회사는 21억 달러에 매각되어 원 메디컬One Medical에 합병되었다.[11] 페르난도풀은 원 메디컬의 최고혁신책임자chief innovation officer가 되었다. 아이오라 헬스는 원 메디컬이 설정한 전략과 투자 우선순위에 기존 전략을 합쳐 넣어야 했다. 이런 합병은 최근 몇 년 동안 이루어온 성과를 허사로 만들기도 하지만, 아이오라 헬스와 원 메디컬의 DEI 팀은 기업 문화를 융합하는 일뿐 아니라 모두가 환영받고 편안하게 느끼는 새로운 회사를 만드는 데 힘을 합쳤다.[12]

페르난도풀에게 직장 유토피아가 어떤 모습이겠냐는 질문을 던지자, 고객이 다양한 만큼 회사도 다양성을 확보하는 데 초점을 두어야 한다는 대답이 나왔다.[13] 고객의 다양성이 직원과 리더의 다양성과 조화를 이룰 때, 그리고 DEI 여정의 어려운 면을 솔직하게 논의할 수 있을 때 그 직장은 유토피아가 된다는 말이었다.

"우리는 백인 부자에게 서비스하는 봉사 창구가 아닙니다." 페르난도풀은 말했다. "우리는 좋은 의료 서비스를 받기 어려운 이들 곁에 있습니다. 서비스를 무료로 제공할 수 있다면 흥미로운 비즈니스 모델이 만들어질 테지만 이건 어려운 일입니다. 우리는 다양한 환자 집단에 서비스를 제공하기로 선택했습니다. 다양성 덕분에 직원과 환자가 서로에게서 배운다는 점이 좋습니다. 덕분에 우리는 더 좋은 회사가 됩니다."

페르난도풀을 인터뷰할 당시 회사는 커다란 DEI 과제를 안고 있었다. 환자들에게 코로나 19 백신 접종을 독려해야 했던 것이다. 하지만 페르난도풀은 이 과제를 직장 유토피아에 가까워지는 길이라 표현했다. "환자들에게 곧 백신을 접종해야 합니다. 아시다시피 소수자 집단이 의료 시스템을 불신하는 데는 역사적인 이유가 있고 바로 그렇기 때문에 다양한 배경의 직원이 필요합니다. 다양한 배경의 직원 없이는 환자들과 진지한 대화를 할 수 없을 겁니다. 상대의 시각을 이해할 수 없을 테니까요." 다행히 회사는 대화를 통해 공감과 이해를 나누었고, 환자들은 백신 접종을 받아들였다.

"우리가 지금 상태를 유지하는 것, 그리고 여기서 더 개선해나가는 것이 바로 유토피아가 아닐까요."

그림 3-1

아이오라 헬스는 믿음직하고 역동적인 1차 의료를 제공하여 헬스케어 부문에서
인간성을 회복하고자 한다.

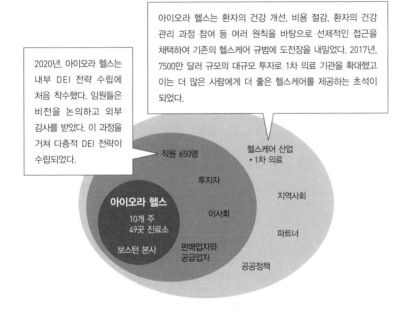

아이오라 헬스는 환자의 건강 개선, 비용 절감, 환자의 건강
관리 과정 참여 등 여러 원칙을 바탕으로 선제적인 접근을
채택하여 기존의 헬스케어 규범에 도전장을 내밀었다. 2017년,
7500만 달러 규모의 대규모 투자로 1차 의료 기관을 확대했고
이는 더 많은 사람에게 더 좋은 헬스케어를 제공하는 초석이
되었다.

2020년, 아이오라 헬스는
내부 DEI 전략 수립에
처음 착수했다. 임원들은
비전을 논의하고 외부
감사를 받았다. 이 과정을
거쳐 다층적 DEI 전략이
수립되었다.

직원 650명

헬스케어 산업
• 1차 의료

투자자

지역사회

아이오라 헬스
10개 주
49곳 진료소

이사회

파트너

보스턴 본사

판매업자와
공급업자

공공정책

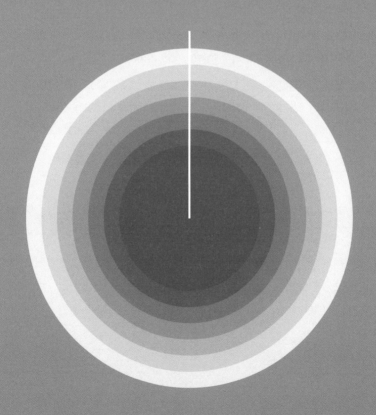

4

현상 유지 상태에
의문을 제기하다

PwC 컨설팅

회사명: PwC(프라이스워터하우스쿠퍼스)

여정의 단계: 지속

최고의 실천: 불가피한 실수 인정, 투명성, 사람들을 내치는 대신 끌어들이기, 공정성이라는 어려운 문제에 정면 돌파하기

핵심적 한마디: "우리는 모든 사람이 동등한 토대에서 자신의 잠재력을 최대한 실현할 수 있다고 느끼게 만들고자 합니다. 제가 생각하는 유토피아는 모두가 자신의 100%를 발휘할 수 있는 곳, 그리고 그렇게 했을 때 무한한 기회를 얻는 곳입니다."

– 팀 라이언 Tim Ryan, PwC 미주 대표이사

이 정도면
잘하고 있다는 착각

2016년 7월 8일 금요일은 팀 라이언 Tim Ryan 이 PwC 미주 대표이사라는 새로운 직함을 맡은 지 닷새째 되는 날이었다. 그는 PwC 비즈니스 모델 변경, 기술 개선, 및 기타 다양한 프로그램으로 회사의 매출을 높일 100일 계획을 실현할 생각으로 활기찬 아침을 맞았다.[1] 하지만 하루가 시작되었을 때, 미국 전역은 경찰 총격으로 7월 5일 루이지애나주 배턴루지에서 알톤 스털링 Alton Sterling 이 사망한 사건, 다음 날인 7월 6일 미네소타주 팰컨 하이츠에서 필란도 카스틸 Philando Castile 이 사망한 사건으로 소란스러웠다.[2] 7월 7일 흑인을 향한 경찰 폭력에 분노한 흑인 퇴역군인이 경찰 다섯 명을 죽이면서 혼란은 절정에 이르렀다.[3]

그날 라이언은 회사의 미주 직원들 5만 5,000명에게 이메일을 보냈다. 이메일의 주제는 용기였다. "여러 사건으로 마음이 무거울 것을 잘 압니다. 우리는 용기 있게 앞으로 나아가야 합니다."

'평범한' 이메일에 따른 반응은 특별했다. 답신 수백 통이 쏟아졌다. 한 직원은 "이메일을 보내주어 고맙습니다. 회사가 오랫동안 다양성과 포용을 강조해온 것을 알고 있지만 오늘 아침 출근했을 때의 침묵은 충격적이었습니다"라고 썼다. 이 내용은 미국 전역을 들끓게 한 부당함에 회사가 충분한 목소리를 내지 않는다고 느낀 직원들의 감정을 대변해주었다.

뼈아픈 각성을 마주하다

팀 라이언의 이메일에 대한 반응은 CEO와 그의 100일 계획에 결정적 역할을 했다. 그는 PwC의 DEI 접근 방식을 완전히 바꾸었다. "100일 계획은 창밖으로 내던져 버렸습니다. 당시 젊은 CEO였던 저는 야심찬 비즈니스 계획을 세웠고 물리적으로 거기에 100% 집중했습니다. 하지만 정신과 마음으로는 100%가 아니었죠. 그랬던 제게 터닝 포인트가 찾아온 셈입니다. 진정으로 성공을 거두려면 정신과 마음을 온전히 바치는 사람이 필요합니다. 저희한테는 없던 부분이었지요."

이미 20년이나 된 PwC의 DEI 여정에 근본적 요소가 빠져 있었다는 사실, 즉 인종 문제를 편하게 대화할 수 없는 현실이 그 순간 드러났던 것이다. 다른 회사들과 비교할 때 PwC는 DEI 전략에서 상당한 진전을 이뤘지만 여전히 인종에 대한 대화는 가능한 한 피하고 있었다. 라이언은 임원들이 인종에 대한 대화를 어떻게 생각하고 있었는지 알려주었다. "2016년, 대부분 백인으로 구성된 임원들이 모인 자리에서 흑인이나 아프리카계 미국인이라는 단어를 사용해야 할 경우 불편함을 느끼는 사람은 손을 들어보라고 했습니다. 저를 포함해 절반 이상이 손을 들었지요. 저는 이제 대표이사로서 옳은 일을 시도하려 하지만 아직도 불편함을 완전히 극복하지 못한 것 같습니다."

인종에 대한 대화, 불편하지만 필요한 그 대화를 하려면 충분히 용기를 내야 했다. "자신의 객관적인 모습을 거울에 비추어 봐야 했습니다. 방어적인 태도로 '우린 다양성 전문 매체 〈다이버시티 DiversityInc〉에서 최고 평가를 받았고 상도 수없이 탔잖아'라고 말하는 대신 '우리는 우리가 생각하는 만큼 훌륭하지 않아'라고 말해야 했습니다. 결국 우리는 방어적인 자세를 버리고 아주 명확하고 구체적인 목표들을 세웠습니다." 라이언은 업무를 멈추고 회사 전체와 대화하기로 결정했다. 12일 후 PwC는 인종 문제를 주제로 종일 토론을 진행했다. PwC 규모의 회사에서, 더욱이 고객 서비스를 포기하고 하루를 온전히 비웠다는 점에서(수백만 달러 매출을 포기하는 상황이었으므로) 이는 몹시 이례적인 일이었다.

〈포춘〉 선정 500대 기업 중 많은 기업이 DEI 노력을 기울인다고는 해도 PwC의 장기적 노력은 현상 유지에 의문을 제기한 선구자급 사례로 여겨진다. 대부분 직장에서 흑인이라는 단어조차 금기시되던 2016년에 과감하게 인종 관련 토론을 벌였고 2020년 10월에는 업계 최초로 '다양성, 포용, 투명성 Diversity and Inclusion Transparency' 보고서를 발간하면서 PwC는 DEI 노력을 사업 전략의 통합 요소이자 우선순위로 인정하는 커다란 진전을 이루었다.

시작은 빨랐으나 발전이 더딘 이유

PwC는 다른 많은 회사가 의도적 DEI 노력을 시작하기 전인 1990년 대에 이미 선도자로 나섰다. 여정의 초기 단계에서 PwC는 양성 평등에 집중했다. 직원들이 파트너로 성장하는 길을 포기하지 않으면서도 파트타임으로 일할 수 있도록 하는 새로운 방식을 실험했던 것이다. 1993년, 파트타임으로 일했던 여성 직원 두 명이 파트너로 올라가면서 이 프로그램은 성공을 인정받았다. DEI와 관련된 노력 덕분에 PwC는 워킹맘을 위한 최고의 100대 기업 중 하나로 선정되었다. PwC는 이어 성소수자 커뮤니티 지원에 나섰다. 관련 법령이 만들어진 2013년보다 훨씬 앞선 1999년, PwC는 동성 동거 커플에게 가족 혜택을 제공한 최초 회사 가운데 하나였고 이는 이후 세대에까지 미 역사에 회자될 혁신적 결정이었다.[4] PwC는 1990년대에 이미 말뿐 아니라 말을 실천하는 모습까지 보였던 것이다. 과소 대표되고 사회적 차별을 받는 직원들을 지원하고 격려하고자 행동에 나서기도 했다.

PwC의 이러한 노력은 21세기의 첫 10년에도 계속되었다. 2001년, 여성 파트너가 최초로 이사회에 들어갔고 최초의 최고다양성책임자, 즉 CDO가 임명되어 2003년에 최고경영자급으로 승진했다. CDO의 존재는 PwC가 전 세계적으로 일관되게 DEI에 접근하고 DEI 전략을 추진하게끔 했다. 당시 만들어진 다른 핵심 이니셔티브를 몇 가지 소개하면 다음과 같다.

- 성소수자 파트너 자문 위원회(2004): 성공적인 게이 역할 모델의 가시성을 높이려는 이니셔티브다.[5] 각 지역 이사가 성소수자 전문직 네트워크 Out Professional Employee Networks ; OPEN 를 이끌며 상호 네트워킹, 경력 개발, 연합 결성 및 지역사회 봉사 활동을 했다. 이 프로그램은 현재 샤인 Shine 이라 불린다.

- 뱅가드 Vanguard (2010): 흑인 신입 사원을 위한 1년의 리더십 개발 프로그램이다. 현재는 흑인 및 라틴계 신입 사원을 위한 2년의 혁신 경험 프로그램 스라이브 Thrive 로 진화했다. 스라이브는 문화 워크숍, 네트워킹, 리더십 참여를 진행하며 성공적 커리어의 토대를 놓아준다.

- 스타트 인턴십 Start Internship (2004): 전문가 서비스 산업에서 인종과 민족이 다양한 인구 집단 출신(흑인, 라틴계, 아메리칸 인디언 또는 알래스카 원주민, 하와이 원주민 또는 기타 태평양 섬 주민, 두세 인종의 혼혈), 퇴역군인 혹은 장애인인 대학 2학년생을 대상으로 한 PwC의 다양성 하계 인턴십 프로그램이다.[6]

2015년까지 PwC는 DEI계의 찬란한 스타였다. 그해에는 장애인 고용지표인 장애평등지수 Disability Equality Index 에서 100%를 받기도 했다.[7] 다음 해인 2016년에는 회사 역사상 가장 다양한 배경의 경영진을 구성했다.

하지만 이러한 모든 성과와 찬사, 그리고 지속적인 노력에도 불구하고 팀 라이언이 미주 대표이사가 된 2016년, PwC는 여전히 DEI

여정의 전술 단계에 머물렀다. 인식 단계와 순응 단계를 지났고 특정 상황과 장소에 많은 DEI 프로그램을 도입했다고는 해도 전 직원의 경험을 바꾸어야 한다는 더 큰 그림은 놓치고 있었다. 직원 다수가 백인(59.9%), 남성(51%) 그리고 이성애자(58%)인 상황에서 PwC의 DEI 노력은 직원들이 매일 경험하는 더 깊숙한 문제를 본격적으로 다루지 못했다.[8]

PwC 경계 밖에 미칠 수 있는 DEI의 잠재적 영향력을 충분히 고려하지 못했다는 면에서도 회사는 아직 전술 단계였다. DEI의 통합 및 지속 단계로 나아가려면 더 광범위한 외부적 조망이 필수적이었다. 2016년에 라이언이 전 직원에게 보낸 이메일은 전환점이 되었다. 수치와 프로그램이 훌륭하다 해도 그것만으로는 충분하지 못하다는 점을 회사가 깨달은 것이다. 목표 및 포용 최고책임자chief purpose and inclusion officer 섀넌 스카일러Shannon Schuyler 는 회사가 직원의 경력 경로 전반에 걸쳐 몇몇 의도적 지점들에서, 특히 다양한 인종과 민족 배경의 인력 커뮤니티를 대상으로 교육을 진행함으로써 모두를 지원하고자 했다고 설명했다. 하지만 DEI 전략에서 여전히 누락된 요소들이 드러났다.

저는 지난 20년 동안의 성과를 살펴보았습니다. 다양성과 포용에 상당한 노력을 기울였더군요. 하지만 다른 많은 회사와 마찬가지로 다양성과 포용을 프로그램으로만 생각했습니다. 다양한 직원에게 교육을 제공해 성공하도록 돕는다는 것이었죠. 다수에 속하지 않는 이들만 교육시키고 다수는 교육하지 않는다면 소속감 문화를 제대로 만들 수 없습니다. 우리의 교육은 지식 중심이었고 감정의 측면을 담지 못했습니다. 바로 이것이 결정적인 발견이었습니다. 감정적인 결정을 내리게 되는 이유, 그 결정이 업무뿐 아니라 삶에까지 영향을 미치는 방식에 대해 깊이 있게 대화해야 한다는 점을 깨달았습니다.

평등은 프로그램 너머에 있다

PwC 직원의 실제 경험을 알아야 한다는 인식에서 회사 전체 차원의 대화 필요성이 대두되었고 2016년, 인종을 주제로 한 일련의 솔직한 대화가 진행되었다. 라이언과 임원진에게 이 경험은 프로그램과 교육 훈련 너머가 필요하다는 점을 분명히 알려주었다. 그들은 흑인 전문가가 얼마나 복잡한 업무 경험을 하는지 알게 되었다. 예를 들어 흑인 직원들은 자기 자녀에게 오로지 피부색을 이유로 경찰에 끌려갈 수 있다는 점을 알려주고 그 공포 상황에서 어떻게 대처해야 할지 가르쳐주어야 한다고 설명했다. 자신도 그렇게 끌려갈 수 있기 때문에 늘 PwC 명함을 소지해 자동차를 소유할 만큼 수입이 있다는 사실을 증명한다고도 털어놓았다. 유색인종이라면 다들 공감할 수 있는 경험이다. 흑인 여성인 나 역시 밤에 혼자 외출할 때면 조지타운대학교 교수 신분증을 챙긴다. 혹시라도 경찰에 붙잡힐 경우를 대비해서 말이다.

뉴욕에서 일하는 PwC의 흑인 전문가들은 맨해튼 사무실 복도를 걸어갈 때 감시를 받는다고 느끼고 소속감을 온전히 경험하지 못했다고 말했다. 라이언은 이를 가슴 아프게 받아들였다. 그런 사실을 전혀 몰랐다는 점에 당황하기도 했다. 첫 번째 대화가 끝났을 때 그는 강한 확신을 갖게 되었다. "직원들이 마음속 생각을 안심하고 말할 수 없다면 우리는 원하는 비즈니스도, 원하는 방식의 고객 서비스도 절대 하지 못할 것이라는 확신이었습니다."[9]

인종을 주제로 한 2016년의 대화는 PwC에게 자랑스러운 순간이었지만 라이언은 회사가 DEI 영향력을 최대한으로 발휘하지 못했다는 현실을 직시해야 했다.

인종을 주제로 종일 토론한 후 저는 사무실을 나섰습니다. 저녁 여덟 시였습니다. 애틀랜타에서 시작해 뉴욕에서 끝난 피곤한 하루였죠. 사무실 앞에서 만난 흑인 전문가 간부가 고맙다고 인사를 하더니 덧붙였습니다. "그런데 회사 밖에서 PwC의 역할은 무엇입니까?"

"일단 좀 쉬면 안 될까요?"라고 말하고 싶더군요. 방금 역사적인 대화를 해냈으니까요. 숨 돌릴 틈을 가져도 되지 않겠습니까? 하지만 그날 밤 몸을 뒤척이던 나는 그가 옳다는 것을 알았습니다. 우리는 PwC라는 유명 브랜드입니다. 고객이 수천 명이고요. 우리는 더 큰 역할을 해야 마땅합니다. 흑인 간부의 말을 듣고 CEO 수십 명과 이야기를 나눈 후 새로운 연합체를 만들기로 했습니다. 자발적으로 협력해 더 나은 비즈니스 커뮤니티를 만들어보자고 요청했던 겁니다.

PwC와 여덟 개 회사 CEO가 공동 설립한 새로운 연합체는 '다양성과 포용을 위한 CEO 행동CEO Action for Diversity & Inclusion'이었다. 직장의 D&I 개선을 위해 측정 가능한 조치를 함께 취한다는 것이 목표였다. 변화가 경영진 수준에서 시작되어야 한다는 판단에 따라 'CEO 행동'은 세계 굴지의 기업과 비즈니스 조직 CEO를 참여시키고자 했다. 이는 직장 D&I에 대한 최대 규모의 CEO 주도 조직이었다. CEO와 회장들은 직원, 지역사회 및 사회 전반을 위해 보다 포용적인 직장을 만들겠다고 맹세했다. PwC에게 연합체의 창립은 전술 단계를 넘어 통합과 지속 단계의 여정으로 나아가는 중요한 계기였다.

PwC라는 강력한 브랜드에도 불구하고 초기에는 연합 참여 CEO를 모으는 일이 무척 어려웠다고 라이언은 고백했다. "CEO들이 언급하기 불편하지만 개선하고 싶은 문제를 인식하고 자발적으로 D&I 노력을 기울이도록 요청해야 했습니다." 'CEO 행동'은 2017년 CEO 112명으로 시작되었다. 첫 몇 년 동안 회원 수가 꾸준히 증가하긴 했지만 2020년 하반기에 400개 이상의 회사가 합류하면서 진정한 도약이 찾아왔다. 팬데믹 사태가 전 세계를 강타하고 조지 플로이드 사건이나 변화를 요구하는 시위가 일어나면서 회사들이 무언가 해야 한다는 압박을 느꼈던 것이다. 그중 일부는 인종 차별 문제에 정면으로 맞서 시스템을 바꾸고 소외 집단 금융 지원책을 마련했다. 이것은 많은 CEO에게 새로운 상황이었다고 스카일러는 설명했다. "자기 역할의 핵심을 주식 가격 상승에 두어온 CEO들은 사회적 문제에 목소리를 내야 한다거나 중립지대 없는 시기를 헤쳐가야 하리라는 생각을 하지 못했을 겁니다. 오늘날 CEO는 비참여를 선택할 수 없습니다. 그랬다가는 자신이 사회적 문제가 될 판이니까요."

그럼에도 2020년, 과거와는 달리 DEI 노력을 과감하게 시도했던 많은 회사가 역풍을 맞았다. 이들의 노력이 DEI 본래의 가치에 충실하지 않고 사회적 자본을 늘리기 위한 과시적 행동에 불과하다는 비난을 받았기 때문이다. 하지만 라이언은 이들 회사의 행동이 상황에 따른 반응이었음을 인정하면서도 과시적 측면보다는 마침내 행동에 동참했다는 사실 자체에 주목했다. "회사들이 나서서 지역사회, 주민, 여타 이해 관계자(투자자, 이사회, 정책입안자 등)에게 귀를 기울인 것은 훌륭한 일입니다. 물론 얼마나 지속될지는 시간이 흘러야 알겠죠. 제가 'CEO 행동'을 좋아하는 이유 중 하나는 사람들을 같은 배에 태우는 전략이기 때문입니다. 일단 배에 오르면 우리는 서로를 북돋아 건강한 경쟁을 하게 됩니다."

PwC의 비전과 리더십 덕분에 '다양성과 포용을 위한 CEO 행동'은 꾸준히 성장했고 2021년 단 한 해 만에 회원 수가 40% 이상 늘어 CEO와 대학 총장을 2,000명 넘게 보유했다. 2021년에 벌인 활동은 1,700개 이상이다. 이 연합은 85개 이상의 산업과 1300만 명 이상의 직원을 망라한다. 코앞의 일들 너머를 바라보고 세상에 더 큰 영향을 미치고자 하는 선구자, 앞서 나가는 조직이다.

'오EO행동,'
공공정책을 향하다

2020년, 팀 라이언은 무엇을 더 할 수 있을까 하는 질문에 다시 직면했다. 2016년과 비슷한 상황이었지만 이번에는 CEO 동료들이 질문을 제기했다.

조지 플로이드 사건 이전까지 'CEO 행동'은 회사 내에서 무엇을 더 잘할 수 있을지에만 집중했습니다. 조지 플로이드 사건은 미국이라는 나라의 공공정책에 문제를 제기했습니다. 그 이후 CEO 수백 명이 "'CEO 행동'을 통해 함께할 수 있어 기쁩니다. 무엇을 더 할 수 있을까요?"라고 말해주어 무척 자랑스러웠습니다. 한 주 동안 토론이 이어졌고 PwC는 본격적으로 공공정책 측면에서 노력을 기울이기로 했습니다. 그 결과 '인종 평등을 위한 CEO 행동 CEO Action for Racial Equity' 이라는 단체가 출범했는데 이는 대규모 공공정책으로 인종 평등을 이루려는 최초의 시도였습니다.

'인종 평등을 위한 CEO 행동'을 구성하며 'CEO 행동' 연합은 정부나 정책 결정 바깥에 머무르려는 미국 기업의 현상 유지 경향에 다시금 도전했다. 2020년, 100곳이 넘는 연합 기업의 인력과 자원을 결합해 출범한 '인종 평등을 위한 CEO 행동'의 목표는 공공정책을 통한 인종 평등 실현에 기업이 기여하는 것이었다. 기존의 '다양성과 포용을 위한 CEO 행동'을 발판으로 삼은 '인종 평등을 위한 CEO 행동'은 다양한 산업 및 지역에 걸친 회사를 동원해 입법 및 규제 변화를 일으킬 것이다.[10]

2020년, PwC는 DEI 관련 진전 상황을 공개하며 현상 유지 경향에 계속 도전했다. 스카일러의 주도로 '다양성, 포용, 투명성' 보고서를 만들고, 업계 최초로 D&I 데이터와 전략을 공개했다. 보고서에는 회사의 직급별 인구학적 통계, 그리고 모든 직급의 대표성 및 형평성 향상을 위한 세부 전략이 담겼다. PwC의 비즈니스와 관련된 데이터도 14종이 포함되었는데 이는 미국 인력 현황, 신규 인력, 파트너, 미국 파트너 이사회, 미국 임원진, 스타트 프로그램 출신을 포함한 인턴, 승진, 신규 파트너, 〈포춘〉 500대 기업의 국제 파트너, 공급업자, 성소수자 커뮤니티, 퇴역군인, 장애인에 관한 것이었다.

이 보고서는 매우 중요하다. 2020년 7월 기준으로 DEI 데이터를 공개한 기업은 상장기업의 4%뿐이었다. 이 낮은 비율은 이제 점점 바뀌고 있다. 2021년 1월, 미국 대기업의 6.3%가 평등고용기회위원회 EEO-1 보고서로 도출되는 다양성 데이터를 공개했다. 그럼에도 러셀 1000 지수Russell 1000 Index에 포함된 회사의 68%가 여전히 사내 인력의 인종 문화 구성 데이터를 전혀 공개하지 않는다.[11] 심지어 인구학적 데이터를 내부에 공유하기조차 두려워하는 회사가 많다. 한 회사의 최고인사책임자는 DEI 컨설턴트인 내게 "데이터를 공개하고 나면 어째서 숫자가 그렇게 나오느냐는 곤란한 질문에 답해야 하는데 아직 우리는 그런 대화를 할 준비가 되지 않았습니다"라고 말한 적이 있다.

결국 핵심은 바로 여기 있다. 직면하기를 거부한다면 현상 유지에 어떻게 도전한다는 말인가? 곤란한 대화는 회피해야 할 장애물이 아니라 우리의 목적지이다.

'다양성, 포용, 투명성' 보고서를 공개한 PwC의 역량과 결단은 그 자체로 책임을 지겠다는, 곤란한 대화를 나누겠다는 의지와 헌신을 보여준다. 다른 회사가 두려워하는 일을 PwC는 어떻게 할 수 있었을까? DEI 노력의 초기 성공이 한 가지 대답이 될 것이다. 20년 동안 이어진 PwC의 DEI 여정은(2016년 이전까지는 큰 진전이 없었다는 자체 평가가 있다고는 해도) 여러 사건이 터지고 문제와 정면대결하면서 결국 어려운 순간을 헤쳐 갈 수 있는 능력을 안겨주었던 것이다. PwC의 보고서 공개 결정에 대해 스카일러는 다음과 같이 설명했다. "우리는 20년을 투자했습니다. 그중 18년 동안은 CDO, 즉 최고다양성책임자도 있었고요. 우리가 아무것도 숨기지 않는다는 사실을 모두에게 알리는 일이 정말로 중요했습니다. 채용이나 급여 평등에 대해 말만 할 뿐 아니라 올바르게 실천해왔다는 걸 보여주고 싶었습니다. 물론 생각만큼 잘하지 못한 부분도 있습니다만 그조차 솔직히 인정해야 합니다."

2021년, PwC는 D&I의 18개 척도를 담은 '목표, 포용성, 투명성 Purpose and Inclusion Transparency' 보고서를 공개했다.[12] 채용, 교육 훈련, 기술, 환경 지속가능성에 초점을 맞춘 새로운 계획도 발표했다. 이 계획의 일환으로 PwC는 '액세스 유어 포텐셜 Access Your Potential'이라는 프로그램을 개편해 흑인 및 라틴계 대학생 2만 5,000명에게 1억 2500만 달러를 투자함으로써, 기회 격차를 좁히고 더 공평한 미래를 지원하기로 했다. 그리고 2026년까지 흑인 및 라틴계 학생 1만 명을 채용하고자 한다.[13]

미래를 내다보면서 PwC는 '뉴 이퀘이션 New Equation'이라는 새로운 글로벌 전략을 실행했다. DEI 노력의 강화, 지속가능한 방식의 책임 있는 운영, 인간 주도의 기술 기반 접근을 내용으로 하는 전략이다. 라이언의 설명은 이렇다. "우리는 문제 해결 인력이 예상치 못한 방식으로 모인 공동체입니다. 구성원들의 힘, 능력, 기술을 결합해 고객의 신뢰 구축 및 비즈니스 성과를 지원하고자 합니다."[14]

무엇을 더 할까? 왜 안 될까?

PwC의 여정을 살펴보면 아직 끝이 아니라는 점을 알 수 있다. 회사는 현상 유지 경향에 도전함으로써 앞으로 나아갈 수 있었고 지금까지 30년 동안 긍정적 발전을 지속하고 있다. 수많은 돌파의 순간마다 회사는 해본 적 없는 일, 혹은 비즈니스 측면에서 하지 말아야 할 일을 해야 했다. 자녀를 키우는 파트타임 여성에게 파트너가 될 길을 열어준다는 결정은 당시 다른 회사들이 하지 않는 일 혹은 필요하다고 생각하지 않는 일이었다. 동거인에게 주어지는 가족 혜택은 21세기 전까지 극도로 희귀했다. 형평과 포용을 논의하겠다며 하루 동안 업무를 중단하는 일 또한 재정적 측면에서는 생각하기 어려웠다. 회사들은 세계적 사건에 대해, 그리고 공공정책에 대해 보통 어느 정도 중립적인 자세를 취했다. 하지만 PwC는 매번 현상 유지 고수를 거부했다.

현상 유지에 의문을 제기하기, 바로 이것이 PwC의 여정에서 얻을 수 있는 첫 번째 긍정적 교훈이다. 즉 깨뜨리는 것, 왜 안 되느냐고 묻는 것이다. 이제 다른 교훈도 살펴보자.

1) 모두가 동의하지는 않는다

DEI가 조직의 일로 늘 환영받을 수는 없다. 오히려 많은 조직이 DEI 노력에 심각하게 저항해온 역사가 있고 일부는 오늘날에도 그렇다. 라이언도 PwC에 변화를 일으키려 할 때 저항에 직면했다. 저항에 대한 그의 기억은 이렇다.

> 리더의 역할은 겸손하게 경청하는 것이지만 결국 최종 결정은 리더의 몫입니다. 다른 모든 사람의 생각을 고려하다 보면 늘 머릿속이 혼란스러우리라는 걸 전 일찌감치 깨달았습니다. 회사 내의 절친한 동료들이 다가와서 "팀, 이렇게 하라고 우리가 당신을 뽑은 게 아니에요. 엉뚱한 곳에 집중하고 있네요"라고 말한 적도 있었습니다. 마음이

상했지만 전 귀를 기울였고 그들의 의견을 고맙게 받아들였습니다. 하지만 그렇다고 해야 할 일을 미루지는 않았죠. 전 화내는 대신 웃는 얼굴로 그들과 시간을 보내고 설득을 시도했습니다. 제가 옳다고 생각한 일을 양보하지는 않았고요.

리더로서 라이언은 다양한 관점 수용에 우선순위를 두었다. 자신에게 연락해온 직원에게 응답하는 일은 반드시 직접 했다. 사회적 불의에 대한 팀의 사내 메시지 때문에 마음고생을 하고 있다는 관리직 여성이 보낸 사연은 다음과 같았다.

저는 회사가 취하는 행동에 전반적으로 공감하고 감사한 마음입니다. 하지만 제 상황이 좀 특별해 알려드리고 싶습니다. 남편이 미니애폴리스 경찰이거든요. 남편이 야간 근무를 설 때면 두 아이를 재운 후 출근하는 남편을 배웅합니다. 우리 도시의 폭력 사태로 볼 때 남편이 과연 무사히 돌아올 수 있을지 늘 불안하죠. 그렇지만 아이들에게는 애써 그 걱정을 숨깁니다. 남편도 조지 플로이드가 당한 일을 가슴 아프게 느낍니다. 그 사건이 잘못된 일임을 알고 있어요. 그러나 모든 경찰이 나쁘지는 않다는 점을 직원에게 좀 알려주실 수 있나요? CEO의 도움이 필요합니다.

라이언은 이 관리직 여성을 포함해 여러 명의 의견을 경청하면서 더 나은 리더가 될 수 있었고 메시지를 조정하게 되었다고 했다.

더 좋은 의사소통을 위해 남들이 제언을 해줄 때 저는 방어하려 하지 않고 경청합니다. 덕분에 저는 더 나은 리더가 되었습니다. 물론 우리가 너무 멀리 왔다고 말하는 사람도, 제 메시지가 모든 직원을 비난한다고 오해될 수 있다고 말하는 사람도 있었습니다만, 전 늘 귀를 기울였고 그럼으로써 더 잘 해낼 수 있었습니다.

2) 실수를 받아들이기

실수는 항상 일어나는 법이다. 그러니 실수를 전진의 방법으로 이용하도록 하라. 라이언이 회사 전체에 돌린 이메일을 생각해보자. 직원들이 그동안 제대로 배려받지 못했다고 느꼈음을 알리는 답신이 쏟아졌을 때 라이언은 그냥 덮어버릴 수 있었다. "할 수 있는 일은 다 했어"라고 말해버린 후 큰 기대를 걸었던 발전 계획을 밀어붙일 수 있었다. 하지만 그러는 대신 그는 한 차례의 이메일만으로는 충분치 않다는 사실을 깨닫고 더 광범위한 대화를 열었다. PwC가 DEI 노력에서 무엇을 놓치고 있는지 알게 된 결정적 순간이었던 것이다.

리더로서 라이언은 단번에 완벽에 이르려 하는 대신 지속적으로 개선해나가야 한다는 점을 배웠다. "우리는 PwC를 아주 빨리 발전시켰는데 그 과정에서 80%는 옳았고 20%는 틀렸다고 할 수 있습니다. 그렇다고 방어적인 태도를 취할 필요는 없습니다. 문제를 해결하고 계속 나아가면 됩니다. 성공적인 조직은 바로 그렇게 움직여 간다고 믿습니다."

스카일러는 실수를 받아들이고 거기서 배우는 과정이 직원, 고객 및 기타 이해 관계자의 신뢰를 얻는 방법이라고 말했다. 실수를 저지르면 어차피 모두가 알게 된다. 신뢰를 얻기는 어려우나 잃기는 쉬운 현재와 같은 시점에 기업은 신뢰를 구축해야만 한다. 신뢰에 초점을 맞추는 것이 PwC의 미래 전략인 '뉴 이퀘이션'의 핵심이다. 라이언은 "우리의 새로운 전략은 고객을 비롯한 이해 관계자에게 끊임없이 집중하며 신뢰를 구축하고 그들이 비즈니스 성과를 내도록 돕는 것입니다"라고 말한다.[15] 새로운 전략의 일환으로 2021년에 출범한 PwC 트러스트 리더십 연구소Trust Leadership Institute 는 1만 명 이상의 비즈니스 리더에게 현실의 상황과 미래에 닥칠 도전에 맞서 신뢰를 구축하는 법을 알려줄 것이다. 이 연구소는 현재와 미래 세대의 기업 고위 임원진, 즉 우리 사회에서 가장 신뢰받는 조직을 이끌어갈 이들을 대상으로 만들어졌다.[16]

3) 투명성은 변화에 필수다

회사는 DEI 노력이 어디쯤에 위치하는지, 목적지는 어디인지 공개함으로써 책임지는 자세를 취하고 이해 관계자와 더 큰 신뢰를 구축할 수 있다. 투명성은 엄청난 용기(그리고 현상 유지 경향에 대한 도전)를 요구한다. 회사는 가능한 한 내부 정보를 공개하지 않으려 한다. "대부분의 리더뿐 아니라 다양성과 포용 업무를 맡은 직원조차 절대 그러지 말라고 말릴 겁니다." 스카일러가 말했다. "우리가 진전을 이루지 못했음을 알리는 일이니까요. 하지만 가장 먼저 솔직하게 밝혀야 합니다. 수치부터요."

물론 공개된 수치는 진전을 보여주지 않을 수도, 목표 미달을 드러낼 수도 있다. 괜찮다. 자기 평가와 공개는 무엇이 잘못되었고 어떻게 조정할지 보여주는 신호에 불과하다. 반면 투명성 결여는 책임감을 없애버린다. "향후 5년 동안 수치를 공개하지 않는다면 그 수치를 개선하지 못할 겁니다."

이 여정에서 완벽은 우리 목표가 아니다. 완벽은 불가능하기 때문이다. 그보다는 회사가 늘 겸손하게 노력하는 모습을 유지하는 편이 훨씬 더 중요하다.

4) 사람을 내치는 대신 끌어들이기

스카일러는 PwC에서 이루어진 DEI 관련 토론의 분위기를 강조했다. "비난이 되어서도, 사과가 되어서도 안 됩니다." DEI에 맞선 회사가 어째서 자신이 부족한지, 무엇이 잘못되었는지, 누구 잘못인지에 대해서만 대화하는 함정에 곧잘 빠진다는 말이다. 2020년에 여러 회사에서 수없이 열린 토론회에서 많은 리더가 공개 질문을 피했다. 현장에서 DEI 정책 관련 지적이 나올까 봐 두려웠기 때문이다. 하지만 공개 질문을 피한다고 해서 직원들의 비난이 사라지지는 않았다. 작은 규모의 집단에서 부정적인 감정은 계속 퍼져나갔고 결국 직원들은 회사가 DEI에 진정성을 갖지 않는다고 확신했다.

리더라면 어려운 대화를 피하지 말고 현재의 한계를 솔직히 인정해야 한다. 그리고 모두와 힘을 합쳐 상황 개선에 나서야 한다. 결정적으로, 참여하고 상황을 바꿔나가는 데 필요한 도구를 적절히 제공해야 한다. "맞아요, 우리는 리더가 책임을 져야 한다고 생각합니다. 하지만 동시에 리더가 전체의 일부로 참여하기를 바랍니다." 스카일러의 말이다.

사람들을 내치는 대신 끌어들이면 회사 또한 외부로 확장된다. 라이언은 DEI 리더라는 사명이 남들에게 어떤 영향을 미치는지 보아왔다.

우리의 목표는 업계가 최선의 모습이 되도록 독려하는 것입니다. 이 과정에서 실수, 교훈, 금융 및 인적 자산을 공유함으로써 업계 전체를 더 포용적이고 좋은 환경으로 변화시키고자 합니다.

사업 관련 이야기를 나누던 상대 CEO가 "우리를 더 좋은 방향으로 이끌어주는 데에, 기업계에서 발휘해준 리더십에 감사 인사를 드립니다"라고 말할 때 저는 가장 기쁩니다. 저는 현재의 우리 모습에서 더 많은 것을 기대합니다. 그리고 CEO로서 우리는 서로에게 더 많이 기대해야 합니다.

5) 껄끄러운 문제를 정면으로 마주하기

DEI 프로그램이 성과를 보이면 그 성과를 위해 자신이 희생했다고 여기는 사람이 나타난다.[17] 모두를 위한 옳은 일과 일부에게 의미 있는 일 사이에 긴장이 조성된다. 스카일러의 설명을 보자. "지난 15년 동안 저는 다음 사업을 성취해나가고자 늘 열심히 일하는 백인 남성 임원들과 오랜 시간 대화를 나누었습니다. 이제부터는 여성이나 흑인 등의 과소 대표 집단 출신과 상대할 일이 많아질 테지요. 충분히 준비되고 자격도 갖춘 이들입니다. 이런 변화에 백인 남성들은 몹시 화를 내며 불공정하다고 생각합니다." DEI에 초점이 맞춰지면서 다수파의 일부 구성원이 소외되거나 역차별 당한다고 느끼는 이런 상황은 PwC에서만 일어나는 일이 아니다.[18] 그럼에도 많은 리더가 이 껄끄러운 문제로 불편한 대화를 시작하는 대신 회피해버린다. 스카일러는 회사가 발전해온 상황을 터놓고 말하는 방식으로 접근했다. "자료를 보면서 말하는 거죠. '그러니까 지금까지 160여 년 동안 우리 회사 임원 가운데 흑인은 9%, 백인은 64%였다는 얘기를 하자는 말이지요. 자, 여기서 불공평한 건 뭘까요?' 이렇게 대화를 하고 상대의 마음을 파악한 뒤 우리가 하려는 일은 그 누구도 열등감을 느끼지 않는 문화를 조성하는 일임을 알립니다. 동등함이라는 목표에 도달하려 한다는 걸요. 그럼에도 감정적으로 힘들어하는 사람은 여전히 많습니다."

이런 대화는 쉽지 않다. 전통적으로 불평등했던 구조를 평등하게 만들면 그동안 혜택을 받아온 사람이 불편함을 느끼기 때문이다. 하지만 이는 DEI 여정에서 피할 수 없는 성장통이다. 스카일러는 이러한 결정을 회사 전체에 미치는 영향과 결합하라고 조언한다. 예를 들어 다양성은 회사를 더 강하게, 결과적으로는 더 큰 수익을 내게 만든다. (단 한 사람만 혜택을 본다는 결핍의 사고 대신) 풍부한 기회를 강조하며 포용의 기준을 용감하게 설정해야 한다. "원하는 결과를 얻지 못할지 몰라도 다른 결과를 얻게 될 겁니다. 기회는 무궁무진합니다. 그저 시각을 바꿔보는 겁니다. 우리는 다수를 동지로 만들고 싶습니다. 모든 직원이 올바른 일을 하고 싶어 하는 상태가 우리 목표입니다. 누군가 끝까지 '아니, 난 안 할래요. 내 행동을 바꾸고 싶지 않아요'라고 나온다면 우리와 함께 갈 수 없습니다." 스카일러는 더 많은 회사가 함께 DEI 가치를 추구한다면 이런 배타적 마음을 지닌 사람이 점점 줄어들 것이라 굳게 믿는다.

모두가 자기 결정에 따라 행동할 권리

팀 라이언의 제안으로 하루 종일 이어졌던 인종을 주제로 한 첫 대화, 그리고 한 해 동안 이어진 솔직한 대화는 배려와 소속감의 문화를 조성하고 직원들과 신뢰를 쌓고자 하는 PwC의 지속적인 노력에 결정적인 역할을 했다. 하지만 라이언은 그 작업이 얼마나 중요한지를 당시에는 제대로 알지 못했다.

2년 후 댈러스 PwC의 직원 보덤 진Botham Jean이 자기 집 소파에서 축구 중계방송을 보다가 목숨을 잃는 사건이 일어났다. 비번인 경찰관이 자기 집을 착각하고서 진을 침입자로 여겨 총을 쏘았다.[19]

순간적 감정 때문에 일어난 끔찍한 사고였다. 다행히 PwC는 이미 2016년에 대화의 필요성을 분명히 깨달은 상태였다. 그리하여 그때는 불의를 인정하고 대화를 권장하며 비극적 사건이 회사에 미치는 악영향을 정면 돌파할 수 있었다. 라이언은 전 직원에게 이메일을 보냈다. "댈러스뿐 아니라 우리 회사 전체가 감정에 휩쓸리지 않는 것이 중요합니다. 소외된 소수자들, 특히 우리 흑인 동료가 일상적으로 겪는 경험을 이해하도록 노력합시다. 그리하여 더 나은 동료, 친구, 한편이 되어줍시다." PwC는 또한 150개 이상의 회사가 참여한 '이해의 날Day of Understanding' 행사를 주도하면서 60만 명 넘는 직장인의 마음을 이해해주었다.

라이언은 PwC의 문화 발전을 실제로 확인했다. "무엇을 해야 할지 우리가 안다는 사실이 참으로 자랑스럽습니다. 뉴스나 소셜미디어로 접한 게 아니라 실제로 우리한테 일어난 이 비극 앞에서 우리는 무엇을 해야 할지 알고 있었습니다. 그 덕분에 전과 달리 미국 전역이 숨 막히는 침묵에 빠지는 일은 없었습니다."[20] PwC는 댈러스 지사에 진을 추모하는 공간을 만들고 진의 모교인 하딩대학교에 그의 이름으로 장학제도를 마련함으로써 그를 추모했다.[21]

PwC는 앞으로도 미래를 내다보면서 직장 및 사회 전체에서 DEI가 어떤 모습이어야 하는지 질문하고 발전해갈 것이다. 스카일러는 다양성과 포용을 구체적으로 다루는 시간을 더 많이 확보하고 싶어 한다. 이러한 회사 문화가 가족, 친구, 지역사회에 더 많은 대화를 만들어내리라 믿기 때문이다.

행동 변화가 필요합니다. 편향된 결정을 내리기에 앞서 사람들이 잠시 멈추고 그 순간에 충실해졌으면 합니다. 공감력이 충분한 사람이라면 바쁜 세상에서도 속도를 늦춰 자기의 결정을 다시 살필 수 있습니다. 물론 그런 다음에도 대학 시절부터 알고 지낸 백인 남성이 최적이라는 결정을 내릴지 모릅니다. 그렇지만 정말로 더 좋은 선택이 무엇일지 심사숙고할 시간을 가진 후 전혀 다른 의견을 내는 경우가 놀랄 정도로 많습니다. 제게 유토피아란 5만 5,000명 전 직원이 하루 내내 자기 결정에 따라 행동하는 곳입니다. 그건 우리 회사 안의 변화뿐 아니라 사회적 변화도 가져올 거대한 흐름입니다. 개인적 삶과 친구 관계 모두에 퍼져 나갈 수 있죠. 우리가 이렇게 하면 사방으로 물결이 퍼져 나갈 겁니다.

더 평등한 문화를 향한 회사의 여정에서 리더십은 물론 핵심적이다. 미래의 리더십이 DEI를 계속 추진하도록 할 방법은 무엇일까? 라이언은 체계적인 DEI 교육의 중요성을 언급한다. "모든 대학에 DEI 필수 강의가 만들어지는 것이 제 꿈입니다. 그 강의에서는 네 가지를 다루게 됩니다. 우리 사회가 어디에 위치하는지 보여주고 인재 전략과 고객 세분화 전략 등 중요한 판단의 토대를 마련해주는 인구통계학적 정보, 투자 수익이나 급여 격차를 계산하는 측정 방법, 비즈니스 세계의 핵심으로서 리더십, 그리고 마지막으로 공공 및 민간 파트너십의 가치입니다."

시대가 요구하는 리더 유형으로서 라이언이 제때 나타난 것은 PwC의 행운이었다. 수십 년 동안 지속되었던 PwC의 DEI 노력을 라이언이 한 차원 높일 수 있었던 이유는 무엇일까? 모든 리더에게 던진 "당신이 생각하는 직장 유토피아는 무엇인가요?"라는 질문에 대한 그의 답변은 이렇다.

제가 열아홉 살 때 일입니다. 대학 등록금을 벌어야 하기에 슈퍼마켓 창고에서 채소 다듬는 아르바이트를 했죠. 저와 친구들 외에 장애를 가진 아이 하나도 거기서 일했습니다. 우리는 그 아이 없는 곳에서 그를 놀려대는 농담을 하곤 했는데 제가 그 놀려대기의 리더 격이었습니다.

리키라는 매장 매니저가 지나가다 제 말을 듣더니 바로 멈춰 서서 말하더군요. "당장 입 다물어! 그 아이는 자기가 할 수 있는 100%를 다하는 중이야. 뭐가 못마땅한 거지?"

그 순간 저는 제 인생을 통틀어 가장 많은 것을 배웠습니다. 제 일은 모두가 자신의 100%를 발휘할 수 있는 환경을 만드는 것입니다. 그럼으로써 무한한 기회를 열어주는 것이죠. 그런 곳이 제가 생각하는 유토피아입니다.

그림 4-1

PwC는 보험, 세무, 컨설팅 서비스를 제공하는 세계적인 기업이다. 회사의 목표는
사회에 신뢰를 구축하고 중요한 문제들을 해결하는 것이다.

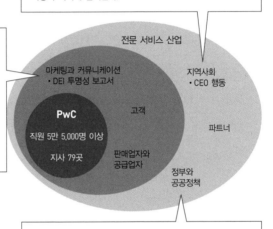

2016년, PwC CEO 팀 라이언은 직장 내 다양성과 포용성을
향상하고 사회적 인종 차별과 불의에 맞서 싸우기 위한 최대
규모의 CEO 주도 조직 '다양성과 포용을 위한 CEO 행동'을
만들었다. 오늘날 세계 선두 기업과 단체, 대학 총장 등 2,000명
이상이 여기에 참여한다.

2020년, PwC는 업계 최초로
다양성 데이터와 전략을
상세히 공개했다. 사업에
직접 관련된 데이터 14종
도 포함되었다. 이 보고
서는 매년 업데이트되어
2022년에는 18종의 수치를
담았다.

전문 서비스 산업

마케팅과 커뮤니케이션
• DEI 투명성 보고서

지역사회
• CEO 행동

PwC

직원 5만 5,000명 이상

지사 79곳

고객

판매업자와
공급업자

파트너

정부와
공공정책

2020년, 팀 라이언은 PwC 및 'CEO 행동' 참여 회사 직원을
대상으로 2년 펠로우십 프로그램을 시작했다. 인종 차별과
불의에 맞서 싸우는 데 도움이 될 정책 토론 기법을 향상시키는
프로그램이다.

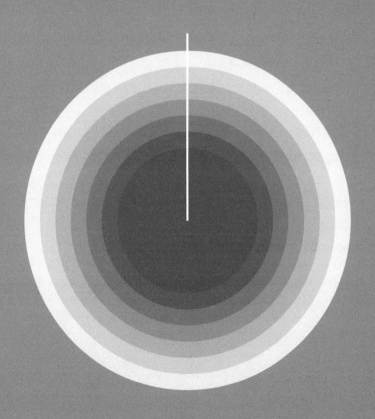

5

성별 다양성을
출발의 토대로 활용하다

○

모스 애덤스

회사명: 모스 애덤스(Moss Adams)

여정의 단계: 전술에서 통합으로

최고의 실천: 성별 다양성 프로그램, 다양한 인력 공급처 확대 프로그램, 수치 목표, 리더십의 책임성

핵심적 한마디: "데이터가 마련되었고 우리는 그것을 공유합니다. 기꺼이 외부에 공개하고 책임을 지려 합니다. 하지만 2020년의 사건은 저와 우리 모두에게 더 많은 것을 깨닫게 해주었습니다. 우리의 채용 방식, 인재 개발 방식, 리더 양성 방식 이면의 정책, 절차, 프로세스에 인종차별 요소가 존재할 수 있었습니다. 그래서 우리는 멈춰 서서 말했죠. 포용적인 조직이 되고 싶다고요. 그렇게 되려면 여러 문제를 해결해야 합니다."

– 모스 애덤스 전 CEO 크리스 슈미트 Chris Schmidt

비즈니스로 접근하는
성별 불평등

1991년, 회계법인의 파트너가 된 크리스 슈미트Chris Schmidt 는 사내 여성 인력이 너무나 적다는 사실을 바로 파악했다. 또한 모스 애덤스 뿐 아니라 회계 및 컨설팅 업계 전반에서 여성 퇴직률이 남성보다 훨씬 높다는 점도 알아차렸다.

"저는 1981년에 대학을 졸업했는데 당시 대학 강의실에는 여학생이 아주 많았습니다"라고 그는 회상했다. "취업 초기에 함께 일했던 팀원은 모두 여성이었습니다. 하지만 아무도 파트너가 되지 못했습니다. 인력 개발 과정은 분명 개선되어야 할 필요가 있었습니다. 신입 사원의 55% 이상이 여성이던 시절도 있었습니다. 똑똑하고 자신만만한 대학생들을 채용했는데 파트너 직위에서는 여성 비율이 10% 초반에 머무는 이유가 무엇일까요? 논리적인 상황이 아니었습니다."

당시 많은 기업이 리더십과 성별에 있어서 규정을 준수하는 데 그쳤다. 이는 일련의 역사적 성차별 판결에 기인한 것으로 그중 하나가 남성 직원에게는 불임 증명을 요구하지 않은 존슨 컨트롤스Johnson Controls 의 정책이 여성을 차별했다는 미국 대법원의 1991년 만장일치 판결이다.[1] 기업이 잠재적 출산을 이유로 여성의 취업 기회를 차별해서는 안 된다는 결정이었다. 여성의 직장 내 경험에 대한 관심도 커졌다. 예를 들어 대법관 지명 청문회에서 아니타 힐Anita Hill이 과거 상사인 클래런스 토머스Clarence Thomas에 대해 증언한 내용이 언론에 널리 보도된 것은 직장 내 괴롭힘을 조명해준 획기적인 사건이었다. 힐의 이야기에서 자신의 경험을 떠올린 여성뿐만 아니라 많은 대중에게도 이 증언은 충격을 안겨주었다.[2]

이후 기업은 차별과 괴롭힘 소송에서 스스로를 보호하는 일에 치중했다. 하지만 모스 애덤스와 슈미트는 다른 길을 택했다. 성별 다양성을 비즈니스 측면과 도덕적 측면 모두에서 집중하기로 한 것이다.

"우리에게는 회사의 가치 체계에 초점을 맞추고 이를 초기 DEI 이니셔티브로 전환한 진보적인 리더들이 있었습니다." 2022년 4월, CEO에서 은퇴한 슈미트가 말했다. "성별 격차를 제대로 바라봐야 했습니다. 많은 여성이 고용되어 있었고 그들이 일하기 좋은 환경에서 장기적으로 커리어를 쌓아갈 수 있도록 해야 했습니다. 우리의 가치 체계 내에서 여성이 존중받는 곳을 만들어야 했지요. 그러니 우리는 시장 상황과 리더십 덕을 본 셈입니다."

성차별보다 더 불편한 이야기들

1990년대 후반, 모스 애덤스는 리더십 개발 프로그램을 만들었고 이는 이후 '포럼 W'로 명명되어 현재까지 이어지고 있다. 초기의 포럼

W는 '프로그램 실행, 활동 개발, 여성들의 네트워크 구축에 중점을 두었다.'[3]

당시 이 프로그램이 획기적이었던 이유 중 하나는 처음부터 여성과 함께 남성이 함께했고 슈미트 자신도 초기 참여자였다는 데 있었다. 슈미트는 다음과 같이 회상했다. "유능한 여성 리더를 발굴해 그 효과를 아래로 전파해야 한다고 생각했습니다. 젊은 여성 팀원들이 커리어 구축 가능성을 읽고 소속감과 배려를 느낄 수 있도록요. 젊은 여성 직원에게는 성장과 발전을 도와줄 스폰서, 옹호자, 멘토가 주어지는 셈이었습니다."

프로그램은 성공적으로 운영되었다. 포럼 W가 시작되고 25년이 흐른 후 모스 애덤스는 성별 다양성에서 괄목할 만한 발전을 이루었다. 2020년 현재 전체 직원의 53%, 전국 사무소 임원진의 40%, 파트너의 25%가 여성으로 이는 미국의 업계 평균을 모두 상회하는 수준이다.[4] 모스 애덤스는 업계의 성 평등 선구자로 인정받고 있으며 경쟁업체들조차도 슈미트에게 조직 내 성 평등 개선 방법에 조언을 구한다.

"저한테 전화를 걸어 '여성 프로그램에서 사용하고 개발한 프레임워크를 알려줄 수 있나요?'라고 묻는 사람도 있습니다. 포럼 W를 프레임워크로 활용해온 우리 방식을 정확히 짚는, 놀랄 만큼 정확한 요청이지요. 5년 전에도 그런 전화를 받곤 했습니다. 그럼 저는 '대체 그동안 어디에 있었길래? 지금은 2016년이야. 이제 와서야 도움이 될 만한 시스템과 프로세스를 마련하려 한다고?'라고 생각했지요. 하지만 아직까지도 성별 불평등 문제에 아무 생각이 없거나 당장 다루고 싶어 하지 않는 회사가 존재합니다. 제 동료와 친구 중에도 그런 회사에 다니는 경우가 있어요. 정말 화가 납니다."

이렇게 화를 내는 이유는 모스 애덤스의 성공이 단순한 수치 개선에 그치지 않기 때문이다. 이 회사는 성별 다양성이 비즈니스에 유익하다는 실제 증거를 수집해 노력의 토대로 삼았다. DEI 여정의 초창기부터 모스 애덤스는 항상 비즈니스 케이스(비즈니스 케이스란, 기업에서 프로젝트를 추진하기에 앞서 이익 목표나 위험 요소 등 여러 타당성을 조사하고 이해 관계자에게 증명하는 구체적인 자료 일체를 통칭한다-옮긴이)를 중심에 두었으며 DEI 노력의 이유를 경영진과 전술적으로 공유했다.

DEI에서 비즈니스 케이스의 필요성은 내가 고객과 만날 때도 자주 등장하는 화제이고 학술적 논쟁의 주제이기도 하다. DEI에서 비즈니스 케이스가 인간성을 지워버리고, 옳은 행동을 또 다른 비즈니스 케이스의 일부로 변질시킨다고 주장하는 이들도 있다. 모두가 동등하게 대우받으며 직장에서 성공할 기회를 누려야 한다는 점을 어째서 비즈니스 케이스를 들어 설득해야 하느냐는 의문이다. 일면 설득력이 있지만 역사는 도덕적 신념으로서 DEI가 지닌 한계를 여러 차례 우리에게 보여주었다. 불평등 문제는 2020년에 새로이 등장한 사안이 아니다. 갑자기 늘어난 언론 보도 때문에 오해할 수 있긴 하지만 말이다. 나는 비즈니스 케이스를 바탕으로 기업들과 협업하지만, 살짝 관점을 전환해본다. DEI를 조직의 미션, 가치, 성과와 연결 지음으로써 확산성과 긴급성을 부여하는 것이다. 비즈니스 케이스만으로 DEI의 중요성을 임원진에게 설득하려 들지 않는다. 비즈니스의 핵심을 이해하지 못하는 많은 관리자와 리더가 DEI를 또 다른 처리 과제로, '진짜 책임을 다한 후 나중에 생각해도 괜찮은 문제'로 여기곤 라기 때문이다.

모스 애덤스의 인사 책임자인 제니퍼 와인Jennifer Wyne은 다양성이 비즈니스 측면에서 갖는 중요성을 이렇게 설명했다.

> 지지를 얻지 못한다고 느끼는 업계 안팎의 동료들에게 저는 이렇게 말합니다. "당신이 할 수 있는 일은 사실을 말하는 거예요. 자신의 비즈니스를 이해하고 비즈니스 케이스를 파악해야 합니다." 오늘날까지 우리는 비즈니스 케이스를 토대로 계속 이야기하고 있습니다. 왜 이 일을 하는지, 이것이 왜 중요한지 등등. 우리는 55%를 여성으로 채용하지만 12~14년이 흐르고 나면 파트너급에는 여성이 25%뿐입니다. 투자 대비 수익이 적지요. 이유가 무엇일까요? 우리는 비즈니스 언어로 말함으로써 리더들이 관심을 갖고 알아가도록 만들고자 합니다. 희망을 버리는 것은 결코 아니지만 일단은 리더들의 언어로 말해야 합니다. 많은 리더가 어떻게 해야 할지 모른다는 생각에 문제를 직시하거나 이해하려 하지 않고, 회피하니 말입니다.

DEI 여정의 전술 단계에 있는 많은 회사가 그렇듯 모스 애덤스 역시 25년 동안 DEI와 관련된 노력을 해오면서 성별에 초점을 두었다. 1997년, 미국 노동 인구에서 여성의 비율은 사상 최고치인 70%를 기록했다.[5] 2000년에는 전 세계 노동 인구에서 여성이 차지하는 비율도 39.5%로 정점을 찍었으며 이 수치는 아직까지도 최고 기록으로 남아 있다.[6] 1980년과 2010년 사이에는 관리직 분야에서 젠더 혁명이 일어나 관리직 일자리 450만 개 중 190만 개를 여성이 차지했다.[7] 노동 인구의 성별 구성 변화는 회사들로 하여금 성 평등과 포용 달성 방법을 진지하게 고민하도록 만들었다.

모스 애덤스는 성별 다양성의 선봉에 서 있었지만 여타 다양성을 확보하는 데에는 그 정도의 관심을 기울이지 못했다. 성별이 다양성 노력의 초기 과제가 되는 이유는 전 세계 인구의 약 50%가 늘 여성이기 때문이다.[8] 회사들 대부분이 일단 성별에 집중하는 이유를 간단히 설명하자면 말이다.

하지만 더 솔직한 대답은 우리 사회가 인종, 성적 지향, 성 정체성, 장애 문제보다 성별 문제를 이야기하기에 더 편하게 여긴다는 데 있다. 2020년 6월부터 2021년 4월까지 나는 500명 넘는 MBA 학생과 회사 중역을 대상으로 대화 주제에 따른 편안함 정도를 조사했다. 그 결과 직급을 막론하고 모든 사람이 다른 주제보다 성별을 주제로 한 대화를 두 배 정도 더 편안하게 느꼈다. 어째서 인종이나 성소수자보다 성별이라는 주제가 편안한지 묻자 성별 문제는 직장 인간관계, 부모 및 형제자매와의 관계 등으로 이미 익숙한 화제인 반면 인종이나 성적 지향이 다른 사람과는 친밀한 관계를 맺어본 적이 없기 때문이라는 대답이 나왔다. 성별 논의는 이미 오래된 화두이지만 인종과 성적 지향은 비교적 최근에 등장한 주제라는 인식이 일반적이었다. 인종, 성, 성 정체성, 장애 등의 문제가 직장에서 논의된 지 벌써 수십 년이니 응답자들의 인식이 역사적으로 정확하지는 않지만, 주제에 느끼는 편안함 정도가 다르다는 점은 반드시 기억해두어야 한다.

2020년 여름에 일어난 조지 플로이드 사건은 그 어느 때보다 직장 내 인종 문제를 크게 부각시켰다. 그때까지 DEI 노력을 기울이던 회사들은 대개 성별 다양성에 초점을 맞춘 상태였다. 여타 다양성은 뒷전으로 밀려나 있었다. 모스 애덤스도 그중 하나였으므로 2020년 여름, 회사 내부적으로 솔직한 성찰의 시간을 거쳐야 했다. 성별 문제에서는 꽤 진전을 이루었지만 다른 다양성 영역에서는 성과가 거의 없고 성별 외의 영역에서는 의도성도 크게 떨어진다는 점을 인식하는 시간이었다. 이와 관련해 슈미트의 설명을 보자.

조지 플로이드 사건과 뒤이은 모든 비극적인 상황을 보면서 저는 큰 깨달음을 얻었습니다. 저는 항상 제가 좋은 사람이라 생각했어요. 하버드에서 만든 무의식 편견 테스트 결과에서 저는 여성에게 편견이 없다고 나왔죠. 그때 생각했습니다. '난 괜찮은 사람이군. 지금 이대로 하면 돼. 회사에서 멘토와 리더 역할을 계속해보자고.' 2020년 여름에서야 저는 인종, 차별, 그 밖의 모든 문제를 진지하게 인식했습니다, 책을 찾아 읽었고 회사 직원들의 감정을 더 잘 이해하게 되었습니다. 하지만 그전까지는 이러한 토론을 해본 적도, 의견을 청취해본 적도 없었고 문제가 무엇인지 제대로 알지도 못했지요.[9]

슈미트에게는 리더로서의 충동을 버리는 것이 중요한 돌파구로 작용했다. "리더들은 문제를 해결하려 합니다. 하지만 문제 해결이 중요하지 않은 때가 있죠. 그저 아무 말 없이 경청하며 문제를 진심으로 이해해야 할 때 말입니다."

경청은 슈미트에게 수치 목표는 시작점일 뿐 목표 자체는 아니라는 사실을 상기해주었다.

미국 곳곳, 그리고 여기 시애틀에서 벌어지는 일들을 보면서 저는 특권이나 인종 차별 같은 문제, 모든 DEI 개념이 현실에 존재함을 절실히 느꼈습니다. 우리는 그저 질문지의 답에 체크 표시를 하는 단계를 넘어서야 한다는 사실을 깨달았고 어떤 방향으로 나아가야 할지 고민하며 수치 지표를 달리 보기 시작했습니다. 여러 해 동안 포럼 W 보고서를 통해 이러한 수치를 회사 측에 보고했는데, 이제는 보다 광범위하게 다양성을 추적하는 I&D(포용과 다양성) 보고서가 있습니다. 데이터가 마련되었고 우리는 그것을 공유합니다. 기꺼이 외부에 공개하고 책임을 지려 합니다.

하지만 2020년의 사건은 저와 우리 모두에게 더 많은 것을 깨닫게 해주었습니다. 우리의 채용 방식, 인재 개발 방식, 리더 양성 방식 이면의 정책, 절차, 프로세스에 인종 차별 요소가 존재할 수 있었습니다. 그래서 우리는 멈춰 서서 말했죠. 포용적인 조직이 되고 싶다고요. 그렇게 되려면 여러 문제를 해결해야 합니다.

해야 할 일이 더 많아졌지만 슈미트는 낙담하지 않았다. 오히려 더 집중하게 되었다. "저는 낙관적인 사람입니다. 실용적이고 현실적이지만 그래도 낙관적입니다. 이 비극적 사건을 계기로 우리가 책임져야 하는 부분이 개선된다면 모스 애덤스는 지역사회와 업계에서 훨씬 더 좋은 위치에 서게 될 것입니다."

바닷물을 한꺼번에 퍼낼 순 없다

인종 관련 노력이 성별 관련 노력에 미치지 못했다고는 해도 모스 애덤스는 인종 평등 입장을 밝힌 회사였다. 2017년 버지니아 주 샬로츠빌에서 백인 우월주의 집회가 열린 후 몇몇 회사가 그랬듯 비난 성명을 낸 것이다. 당시 많은 CEO가 반대 입장을 취하면서도 정치적 후폭풍이 두려워 입을 열지 못했다. 앤드루 소킨Andrew Sorkin 이 뉴욕타임스에 기고한 글의 "많은 CEO가 사석에서는 분통을 터뜨렸지만 대통령의 분노를 두려워했다"[10]라는 문장이 당시 재계의 정서를 잘 보여준다. 슈미트는 당시의 공개 성명이 자신과 모스 애덤스 경영진의 자연스러운 반응이었다고 말했다.

평등을 회사의 가치로 추구해온 이력이 있음에도 모스 애덤스는 2020년 '흑인 생명도 소중하다' 지지 성명을 낸 후 다른 많은 회사와 함께 후폭풍에 시달렸다. 당시 인종 차별의 부당성에 목소리를 낸 많은 회사가 인종 문제가 불거진 시류에 편승한 기회주의 집단이라는 비난을 받았다.

슈미트는 이러한 분위기에 실망했다. 모스 애덤스는 이미 2015년 부터 인종 다양성 문제에 관심을 기울였고 포럼 W의 성공을 다른 DEI 분야로 확대하려 노력해왔는데 어떻게 기회주의라는 말을 듣게 되었을까? 슈미트는 당시 상황을 이렇게 설명했다.

일단 방어적인 태도를 갖게 되더군요. 그 비극적인 사건이 아니라 우리에게 가해진 비판에 대해서 말입니다. "더 많은 것을 해야 해"라는 공격에 대해 이렇게 묻고 싶었죠. "우리가 하는 일을 보셨나요? 보고서를 읽어보셨나요? DEI 활동 전략 계획을 보셨나요?" 사람들은 비판만 할 뿐 시간을 들여 데이터를 살필 생각은 없었습니다. 우리한테는 스스로를 설명해줄 자료가 충분했는데도 말이죠. 2년치 보고서가 있었거든요. 곧 나올 3년차 보고서에는 다양성 관점에서 우리 회사가 어떤 모습인지가 담겨 있습니다. 이제 이사회는 매출 분석을 할 때 성별을 포함한 다각적인 다양성 통계도 함께 살핍니다. 그 정보를 중요하게 인식하기 시작한 거죠. 대단한 진보라고 생각합니다.

리더 역할을 맡았을 때 방어적인 태도를 취하게 되는 이유는, 최고의 모습을 원하기 때문이라고 생각합니다. 회사가 최고의 모습이기를 바라는 거죠. 라틴계, 아시아계, 아프리카계를 모두 망라해 인력 공급처를 확대하는 것이 중요합니다. 우리는 다양성이 높은 미 서부에 자리 잡은 덕분에 운이 좋았습니다. 성별을 넘어서 여러 면에서 다양한 직원을 채용하고 개발 및 지원할 수 있습니다. 하지만 우리는 여기서 더 나아가야 합니다. 더 집중적인 노력이 필요하죠. 우리는 해낼 것

입니다. 인력 공급의 토대를 확충하고 인구 대표성을 제대로 갖추고
자 우리의 역할을 다하려 합니다. 지역사회, 그리고 업계에서 우리가
지향하는 바도 같습니다.

하지만 여전히 질문이 남는다. 어째서 모스 애덤스는 DEI 여정을
시작하던 25년 전부터 더 광범위하고 의도적인 노력을 기울이지 못
했을까? 슈미트도 회사가 더 일찍 노력을 확장할 수 있었다는 점을
인정하면서도, 성별 다양성 측면의 성공 덕분에 다른 DEI 측면으로
신속하게 이동할 수 있었다는 점을 강조했다. 2020년의 조지 플로이
드 사건은 모스 애덤스가 광범위한 DEI 노력에서도 더 신속하게 움
직여야 한다는 사실을 부각해주었다고 했다.

남부 캘리포니아에서 시애틀로 옮겨왔을 때 사방이 온통 백인이라는
점에 놀랐습니다. 2003년 당시 우리 회사는 로스앤젤레스, 샌디에이고,
샌프란시스코 등 여러 도시에서 활동하고 있었기에 더욱 그러했습니다.
우리는 다양성을 지속적으로 인식하되 일단 여성에 집중하기로 했습
니다. 성별 문제에서 성과를 거두면 다른 측면을 훨씬 더 공격적으로
다룰 수 있다고 봤죠. 비판적인 사람들은 "한꺼번에 평행하게 진행
했어야지!"라고 말할지 모르겠습니다. 그럼 저는 이렇게 답하겠습니다.
"일단 성공을 거두어야 합니다. 성공한 다음에야 더 광범위하게 다른
다양성 측면에도 이를 적용할 수 있습니다."

인사책임자인 제니퍼 와인도 이러한 관점에 공감한다. "바닷물을 퍼내려 든다면 어떤 조직이든 실패합니다." 하지만 와인도 2013년에 입사하면서 전략 병행이 필요한 때임을 인식했다. 그리하여 회사의 전략 계획 내에 광범위한 다양성 노력을 치밀하게 짜 넣는 것을 목표로 삼았다. 포럼 W는 잘 구축되어 있었고 성별 다양성 관련 비즈니스 케이스에 이해도도 높았다. 다양성의 다른 측면들도 마찬가지였다.

"우리 여정에서 참 흥미로운 부분인데요, 우리는 지금도 여전히 성별 문제의 페달을 밟으며 가야 한다는 말을 합니다. 이건 인종을 포함해 여러 측면에 걸친 문제이기 때문입니다. DEI 프로그램을 확장해도 본래의 동력을 잃지 않을 것임을 직원들에게 확실히 알리는 방법이라고 할까요?"

하지만 와인은 이것이 앞으로 나아가지 않는 변명은 아니라고 언급했다. "동시에 다각적인 노력을 기울여야 성공을 가속화할 수 있습니다. 우리는 그 점을 확신합니다. 함께 여정을 걸어온 다른 이들도 깨달았을 겁니다."

와인은 포럼 W가 훌륭한 바탕이 되었다고 설명한다. "포럼 W 방식이 토대가 되어 비즈니스 케이스를 다루는 방식이 멋지게 만들어졌습니다. 왜 이런 이야기를 하는지, 어떻게 해야 할지 알게 되었죠. 여러 측면을 한꺼번에 다루면서 우리 대화는 훨씬 복잡해졌지만 여성을 출발점으로 삼아 논의를 확장해나가면 효과적입니다."

꿋꿋이 확신을 확산하기

25년에 걸친 모스 애덤스의 DEI 여정에는 많은 도전과 저항이 존재했다. CEO로서 슈미트는 여정에 저항하는 이들, 특히 업계의 동료들에게는 양보하지 않았다.

솔직한 대화를 나눌 수 있다면 전 말할 겁니다. "당신은 조금만 있으면 폐물이 될 겁니다. 지금 같은 세상에서 신사 클럽을 만들려 하다니요?" 지금까지의 성공 궤도도 오래가지 못할 겁니다. 제가 만났던 일부 리더는 분명히 인식하고 있었습니다. 생각을 바꾸고 이 중요한 비즈니스 문제에 달리 접근할 방법을 배워야 한다는 점을요.

그럼에도 '돈을 잘 벌고 있으니 괜한 짓은 하지 않아도 돼'라고 생각하는 리더도 많습니다. 그럼 이렇게 말해주고 싶습니다. "뭐, 당신의 선택이죠. 곧 세상에서 뒤처지게 될 겁니다"라고요.

다시금 슈미트는 이를 비즈니스 케이스로 연결한다. 도전적 상황을 도외시하는 배타적 태도를 유지하는 회사는 결국 인재 확보 전쟁에서 패배한다는 것이다. "제가 취업을 하려는 사람이고 회사 X, Y, Z 중에서 선택해야 한다면 저는 회사 인력의 인종 분포와 여성 프로그램을 살펴볼 겁니다. 그 문제에 회사가 어떻게 행동해왔는지를 보겠죠. 이런 요소가 제 선택에 큰 영향을 미칠 테니 DEI를 경시하는 회사는 결국 좋은 인재를 얻지 못합니다. 생각은 행동으로 드러납니다.

회사의 가치와 리더십이 행동을 보여주지 못하면 인재들은 곧 떠납니다."

이러한 대화가 반드시 필요하긴 하지만 그렇다고 모두가 변화에 저항하지는 않는다. 최소한 이론적으로는 대부분의 리더가 DEI를 지지한다. 하지만 변화를 지지한다는 것이 현실적으로 어떤 의미인지, 구조적 변화에 어떤 대가가 필요한지는 제대로 파악하지 못하곤 한다.

다양성은 제로섬 게임이 아니지만, 전통적 특권층이 도덕적 관점이나 비즈니스 케이스 관점에서 DEI를 지지하기란 쉽지 않다. 여전히 힘겨운 과업인 셈이다.

DEI와 관련해 어렵고 불편한 대화를 수없이 했던 슈미트도 여성을 승진시킨 후 비판에 직면했던 경험이 있다. "파트너 직급의 남성들이 찾아와서 그러더군요. '자네는 그 자리에 여자를 앉힐 수밖에 없는 상황을 만들어두었더군!' 제가 웃으면서 '그래서요?'라고 받아치면 못마땅하게 쳐다볼 뿐 더 이상 말을 못하더군요. 제겐 우리가 반드시 그렇게 해야 한다는 확신이 있었습니다."

슈미트는 이렇듯 DEI 노력을 지속했고 어느 순간이 되자 DEI는 자연스럽게 비즈니스의 일부가 되었다. 그의 설명을 보자.

남성 둘, 여성 하나가 있는 상황이라 합시다. 능력이 동등하다면 저는 여성을 택할 것입니다. 리더 직급이 계속 발전하려면 여성이 필요하기 때문입니다. 공평하지 않다고 하는 이들도 있겠죠. 하지만 여성에게 그 역할을 맡기고 코칭, 스폰서십, 멘토링 등의 지원을 해주어 계속 성장하게 만든다면 다른 젊은 여성들도 회사가 남성 편향이 아니라고 느낄 테죠.

저는 이사회실에서 파트너들과 일대일로 만나 여성 직원들의 경력 경로를 그려보곤 했습니다. 제니퍼 와인에게는 "이 여성은 정말 훌륭한데요. 계속 함께 일하면서 적절한 역할을 찾아줄 필요가 있어요"라는 메시지를 보내기도 했고요. 어느 시점인가부터는 그렇게 생각하고 행동하는 편이 지극히 자연스러워졌습니다.

많은 리더가 업계 동료들의 저항에 부딪히면서까지 이렇게 확고한 입장을 드러내기 어려워한다. 나는 슈미트에게 더 많은 질문을 던지며 어떻게 그가 그토록 단호하게 행동할 수 있었는지 알아내려 했다.

그는 '확신'이라는 단어로 말을 시작했다. "확신이죠. 그 여성에게 충분한 시간, 노력, 에너지가 투입되어 충분히 준비가 되었다는 확신입니다. 불만을 토로하는 남성에게는 회사에 다른 리더 자리가 얼마든지 있다고, 수요는 결코 부족하지 않으며 리더가 과잉 공급되는 일도 결코 없을 거라고 말하면 됩니다. 결국 우리의 전략과 가치를 믿는 것, 또한 그 가치에 부합하고 영향력을 내려보낼 수 있는 사람을 뒷받침해주는 것이 핵심입니다."

인재 개발이 리더십이다

슈미트가 말하는 확신은 맹목적인 믿음이 절대 아니다. 회사가 인정한 그의 리더십 강점 중 하나는 개인의 능력을 정확히 평가하는 안목이다. 와인의 설명을 보자. "기업의 모든 대표자가 슈미트만큼 개인 능력 평가에 탁월하지는 못합니다. 함께 일해보지 않고도 능력과 자질을 파악해내는 일이 모든 리더에게 가능하진 않죠. 하지만 이는 다양성 측면에서 매우 중요합니다. 자신과 다른 사람의 능력을 파악하는 눈은 상대가 어떤 능력과 경험을 발휘해 성공할 수 있는지를 판단할 수 있게 해줍니다. 이런 평가 능력을 흔히 소프트 스킬이라 부르지만 저는 개발하기 가장 어렵다는 의미에서 최고의 하드 스킬이라 생각합니다."

연구 결과를 보면 대부분의 사람이 자신과 비슷한 사람을 크게 선호하는 '유사성 인지 편향'에 빠지곤 한다.[11] 이 편향은 채용이나 승진 결정에 영향을 미친다.[12] 그러나 인재 선발은 회사의 다양성을 위한 첫 단계에 불과하다. 슈미트는 채용된 인재를 코칭하고 개발하도록 임원들에게 충분한 권한을 부여한다. '눈이 번쩍 뜨이는' 재능을 발견했다면 바로 모두에게 알리도록 하고 그 인재를 어떻게 육성해 어떤 역할을 부여할지 고민하도록 한다.

"이런 면에서 우리는 계속 발전하고 있습니다." 슈미트의 말이다. "전에도 못했던 것은 아니지만 적임자를 뽑고 지원하는 방식이 점점 개선되고 있습니다. 리더라는 복잡한 역할에 처음 들어선 사람은 모든 이의 도움을 필요로 합니다. 우리는 적절한 교육과 코칭, 비공식적 멘토링을 제공하면서 충분히 지원받고 있다는 느낌을 주려 합니다. 돛단배에 태워 망망대해로 내보내 표류하도록 만들지 않습니다. 더 성장하고 발전하는 모습을 지켜보고자 합니다."

책임지지 않는
비전은 공허하다

행동과 실천의 실제적 변화를 뒷받침해줄 수치나 책임이 없는 DEI 전략은 그저 공허한 비전에 불과하다. 모스 애덤스는 자신의 DEI 여정에서 이 두 가지가 지닌 힘을 명확하게 인식해왔다.

모스 애덤스는 회계 법인이기 때문에 수치에 익숙하다. "우리는 모든 것에 목표 수치를 설정하고 숫자에 집중하기를 좋아합니다. 포럼 W를 시작하면서 우리는 '여성을 50% 이상 고용한다면 여성 파트너를 15%로 구성해야 합리적이지 않을까?'라는 계산을 했습니다" 슈미트의 설명이다.

여기서부터 여성의 커리어를 주제로 많은 대화가 이어졌다. 예를 들어 자녀 양육 때문에 남성과 다른 방향으로 커리어가 움직이는 상황이 다루어졌다. 수치 뒤에 숨은 이유를 파헤치는 과정은 회사의 DEI 전략 개선에 도움이 되었다. 백인도 아니고 남성도 아닌 직원 비율이 정체되는 이유는 무엇이며, 9~10년 차에 정체가 더욱 심해지는 이유는 무엇일까? 슈미트는 모스 애덤스에서 진행된 과정을 다음과 같이 설명했다.

우리는 여성 커리어의 다양한 경로를 검토해본 후 수치를 설정했습니다. 리더 직위의 여성 비율 목표치를 35%로 정했습니다. 이어 중기와 장기 목표를 세웠습니다. 목표는 가변적이되 비교 기준을 잡고 인력 공급처도 측정하고자 합니다. 인사 보고서도 살펴봅니다. 파트너가 되고자 하는 사람이라면 누구나 자신의 향후 커리어 경로를 회사가 설정한 수치와 연결지어 볼 수 있어야 한다고 생각합니다.

우리 업계도 어느 시점엔가는 노동 시장의 여성 분포와 어느 정도 균형을 맞춰야 한다고 봅니다. 모든 법인과 전문직에서 여성의 수를 계속 늘려야 합니다.

수치로 분석하고 제안하고 평가하기

와인은 최근 몇 년 동안 다양성을 위한 비즈니스 케이스를 만드는 일이 쉬워졌으며 모스 애덤스 역시 이와 관련된 외부 연구를 찾아 도움을 받는다고 말했다.

10년 전으로 거슬러 올라가면 맥킨지, 컨퍼런스 보드, 하버드 비즈니스 리뷰 프레스 등 여러 기업에서 인력 다양성이 높은 회사일수록 비즈니스 실적이 좋다는 논의가 나왔습니다. 성별에 집중해 여성 리더의 비즈니스 성과를 다루기도 했습니다. 조직 다양성이 회사의 수익을 높인다는 데이터도 있습니다. 외부에서 이루어진 연구 결과를 전략적으로 통합하면 신뢰성이 높아집니다. 우리 혼자서만 떠드는 게 아니니까요. 내부와 외부 연구 데이터 모두에 바탕을 두는 것이 우리 DEI 여정의 중요한 부분입니다.

슈미트는 다양성에도 선순환이 있다고 생각한다. 예를 들어 여성이 소유주인 회사가 빠르게 증가하고 있다. 이런 회사가 회계 및 컨설팅 서비스를 필요로 한다면 어디를 선택할까? "여성 기업인은 여성 파트너와 함께 일하려 하지 않을까요? 이것이 우리가 생각하는 또 다른 비즈니스 가능성입니다. 여성 파트너와 전문가가 있어 바로 그 역할에 투입할 수 있다면 정말 멋진 일이겠죠."

모스 애덤스의 DEI 프로그램에서 또 다른 핵심은 책임감이다. 수치 자료도, 공개 보고서 작성도 책임감에 도움이 된다. 회사 내부의 비판적 검토와 성찰도 중요하다. 특정 부서의 매출 실적이 저조하면 가차 없이 이유를 분석하듯 DEI도 마찬가지라고 슈미트는 말한다.

저는 리더들에게 바로 묻습니다. "인력을 잘 개발하고 있나요? 제대로 기회를 주고 있나요?" 남성 파트너만 키우는 리더는 호출을 당합니다. 인력 공급원이 어떻게 되는지, 어디에 문제가 있는지 쏟아지는 질문을 받아내야 합니다.

때로는 불편한 대화를 하며 편견을 드러내야 할 때도 있습니다. 의사 결정 방식에서 문제를 찾아내기도 합니다. 우리의 미션을 제대로 실현하지 못한 리더에게는 가차 없는 압박이 가해집니다.

변화를 위한 행동 계획 수립하기

오랫동안 직장 내 다양성을 선도해왔음에도 슈미트는 인종 논의가 이루어졌던 2020년 상황을 여전히 힘든 시기로 기억한다. 모스 애덤스가 성별 평등에서 많은 진전을 이루었고 인종 다양성을 증진하고자 초기부터 노력했다는 사실은 중요하지 않았다. "62세의 백인 남성인 제가 그 불편한 대화를 어떻게 해나가야 할지 코칭을 받아야 했습니다. 그건 많은 리더들에게 매우 교육적인 여정이었습니다."

다른 많은 회사처럼 모스 애덤스도 직원들의 회사 내 경험을 경청한 후 행동 방침을 결정했다. "불편한 대화를 정말 많이 나눈 후 사내 I&D 자문위원회의 도움을 받아 과감한 행동 계획을 수립했습니다. 그러니까 아래쪽에서 직원들의 의견을 경청하고 메시지는 위쪽에서 만들도록 한 겁니다." 슈미트의 설명이다.

하향식 접근과 상향식 접근이 결합된 방식으로 모스 애덤스는 포용적인 조직에서 더 나아가 인종주의에 반대하는 조직이 되어야 한다는 결단을 내렸다. 포용적이 되는 것과 인종주의를 반대하는 것은 다르다. 인종주의를 반대하는 조직은 인종 차별 사상과 행동을 고착화하는 정책, 구조, 행동을 바꿈으로써 인종주의를 적극적으로 식별하고 반대한다. 인종과 차별을 연구하는 학자인 이브람 X. 켄디Ibram X. Kendi 는 "인종 불평등은 나쁜 사람이 아니라 나쁜 정책의 문제다"라고 했다.[13] 인종주의 반대는 지식에서 출발하지만 인종 차별을 없애려는 적극적인 행동에 뿌리를 두어야 한다.

"향후 18개월 동안 우리 이사회의 목표는 인종주의에 반대하는 회사가 되는 것입니다." 슈미트의 설명이다. "18개월 안에 끝낼 수 있는 일은 아니겠지만 이 기간에는 이사회가 열릴 때마다 I&D 위원회가 권고한 행동 수칙에 따라 토론, 대화, 피드백이 있을 예정입니다."

슈미트는 다른 CEO와 달랐다. 어려운 변화 앞에서 인사 팀이나 I&D 위원회에 일을 맡겨버리지 않았다. "저는 경영진과 이사회에 약속했습니다. 인종주의 반대가 한 해 동안의 세 가지 주요 목표 중 하나가 될 거라고요. 제게는 이 목표를 추진할 책임이 있습니다."

모든 구성원이 회사의 DEI 여정 상황과 지향점을 알도록 하는 것, 불편한 대화를 편안하게 나누도록 하는 것도 하나의 목표였다. "이 목표로 회사 전반이 더 빠른 성과를 낼 것이라 생각합니다. 이사회의 책임감, 행동 수칙에 대한 대화, 다른 직원들이 갖는 책임감과 함께 말입니다."

회사가 하루아침에 인종주의 반대 조직이 되기는 어렵다. 하지만 모스 애덤스의 경우 포럼 W의 성공, 이를 토대로 한 적용이라는 이점을 갖고 있다. 슈미트는 피드백의 가치에 대해 설명했다.

흑인을 채용한 후 그 흑인 직원이 제대로 스폰서십, 코칭, 멘토링 등을 받고 있는지를 어떻게 확인할 수 있느냐는 피드백을 받았습니다. 우리는 수치 자료를 살펴봅니다. 한 발짝 물러서서 보다 총체적으로 스폰서십을 검토하기도 하죠. 흑인 직원들은 회사 내 흑인 인력을 네 배로 늘려달라고 하더군요. 그래서 저는 말했습니다. "자격을 갖춘 인력 공급처를 확대하는 여러 프로젝트에 힘을 보내주십시오. 흑인 인력을 계속 유지할 수 있도록 우리에게 배움과 경청의 기회를 주십시오." 저는 이렇게 직원들과 직접 만나 피드백 받는 것을 좋아합니다. 리더십 이슈를 공유할 기회로 활용하죠. 핑계를 대려는 게 아닙니다. 대화를 나눔으로써 회사의 시각을 이해하도록 만들려는 것입니다.

슈미트는 경청의 중요성을 다시 한번 강조했지만 무엇보다 경청에는 열린 마음이 중요하다고 했다. "공격을 당한다는 생각 없이 듣는 것, 미래를 책임질 리더들을 유지하고 성장시키고 개발시킬 방법을 묻고 도움을 청하는 것이 열린 경청입니다."

슈미트는 대화에 열정적이다. "지금까지 해온 대화는 정말 좋았습니다. 젊은 직원들과 대화를 많이 나눴죠. 경력이 얼마 되지 않은 사람이라도 자신 있게 피드백을 주거나 이메일을 보낼 수 있습니다. 저는 직원들이 보내온 이메일에 빠짐없이 답장을 씁니다. 밤늦게까지 답장을 쓸 때도 있죠. 그래도 제가 경청하고 있다는 사실을 상대에게 알리는 일이 중요합니다."

모스 애덤스의 미래

인사 담당 부사장 제니퍼 와인과 CEO 크리스 슈미트에게 질문을 던졌다. 그들이 생각하는 직장 유토피아는 어떤 모습일까? 포럼 W와 성별 평등 노력을 거치면서 다양성이 회사 문화에 깊숙이 자리 잡은 상황을 경험했기 때문인지 두 사람 모두 DEI가 더 이상 특별하지 않고 그저 할 일이 되는 단계에 집중했다. 이때가 되면 DEI는 조직 DNA의 일부가 되어 전혀 힘들이지 않아도 되는 일이 된다.

"DEI를 의도적으로 조명할 필요가 없는 곳, 성별 문제에서 그랬듯 자연스럽게 DEI 환경이 조성되는 곳이 유토피아지요." 와인의 말이다. "DEI가 그야말로 DNA가 되어 애쓸 필요도, 심지어는 생각할 필요도 없이 우리의 일부가 되는 바로 그 경지입니다."

슈미트는 나와 인터뷰를 한 후 2022년 4월에 은퇴했지만 DEI 노력을 계속 이어가고 있다. 직장 유토피아에 대한 그의 생각도 오늘날까지 회사에 영향을 미친다.

모두가 진정으로 '내가 여기 소속되어 있으며 편안하다'고 느낄 수 있는 곳, 의도적으로 살필 필요가 없는 곳이 직장 유토피아라고 생각합니다. 수용, 관용, 그리고 이해가 바탕이 되는 곳이죠. 나와 상대의 차이가 아무 문제도 되지 않는 곳이고요. 성별을, 백인 남성이 느끼는 역차별이나 소외를, 이해받는다고 느끼지 못하는 직원을 더 이상 이야기하지 않는 곳입니다. "우리는 모두 동료이고, 함께 멋진 일을 해낼 겁니다"라고 말할 뿐이겠지요.

아직 갈 길이 멀지만 그곳이 바로 유토피아입니다. 어쩌면 우리 사회의 유토피아일 수도 있겠군요. 하지만 우리는 모스 애덤스 내부만 통제할 수 있으니 거기에 초점을 맞추려 합니다.

그림 5-1

모스 애덤스는 세계 최고의 혁신 기업에 전문적 회계, 컨설팅 및 자산 관리 서비스를 제공하여 새로운 기회를 포착할 수 있도록 지원한다.

모스 애덤스 재단은 경영대학원 교수진의 다양성을 늘리고자 만들어진 비영리 단체인 'PhD 프로젝트' 이사진에 소속되어 있다. 모스 애덤스는 3년간 7만 5,000달러를 기부하기로 약정했다.

2008년 모스 애덤스는 회사와 업계의 성별 다양성 및 포용성 결핍을 전략적으로 해결하기 위해 포럼 W를 시작했다. 포럼 W는 지역 기반 비즈니스 리소스 그룹으로 대화, 네트워킹, 멘토링, 성장 네 가지에 우선순위를 둔다. 포럼 W는 계속 발전해 오늘날 모스 애덤스의 DNA이자 문화의 일부가 되었다. 2016년, 모스 애덤스와 포럼 W는 잠재력 높은 1~2년차 간부급 직원을 위한 1년간의 리더십 개발 프로그램인 '그로스Growth 시리즈'를 열었다. 이는 여성 파트너 후보군을 강화할 목적으로 만들어졌다.

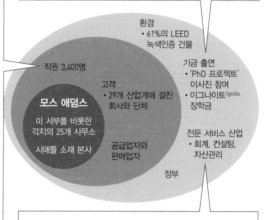

- 직원 3,400명
- **모스 애덤스**
  미 서부를 비롯한 각지의 25개 사무소 시애틀 소재 본사
- 고객
  • 29개 산업계에 걸친 회사와 단체
- 공급업자와 판매업자
- 환경
  • 61%의 LEED 녹색인증 건물
- 기금 출연
  • 'PhD 프로젝트' 이사진 참여
  • 이그나이트Ignite 장학금
- 전문 서비스 산업
  • 회계, 컨설팅, 자산관리
- 정부

모스 애덤스는 공공 회계 분야의 여성 인력 개발 상황과 전략을 파악하는 연례 전국 설문조사 '어카운팅 무브 프로젝트Accounting MOVE Project'를 2010년부터 후원하고 있다.

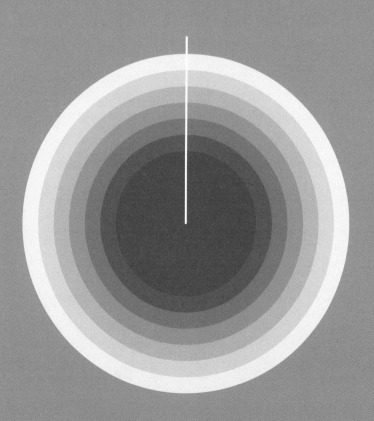

6

생각의 다양성으로
무장하다

엉클 니어리스트

회사명: 엉클 니어리스트(Uncle Nearest)

여정의 단계: 통합

최고의 실천: 명확한 가치, 생각의 다양성 문화, 업계의 변화 선도, DEI 추진의 대가 인식

핵심적 한마디: "처음부터 제대로 의도해 나아간다면 DEI 가치에 부합하지 않는 상황에 직원이 먼저 의문을 제기할 정도로 그 문화가 완전히 자리 잡게 됩니다."

– 폰 위버Fawn Weaver, 엉클 니어리스트 창립자 겸 CEO

다양성이 무조건
만능은 아니다

네이선 그린Nathan Green은 1850년대, 테네시주 린치버그에 살았던 노예 남성이었다. 엉클 니어리스트라 불린 그는 고향 서아프리카에서 정수 방법으로 배운 숯 여과 기술을 사용해 위스키를 만들었다. 사탕단풍나무 숯으로 위스키를 걸러내는 이 기술은 테네시 지역에 널리 퍼졌고 지명을 따 훗날 링컨 방식이라 불렸다. 이 기술은 오늘날까지도 사용된다.[1]

그린에게서 링컨 방식을 배운 청년 재스퍼 다니엘Jasper Daniel은 타고난 기업가로 그 제조법과 제품의 잠재력을 알아보았다. 그리고 확신에 차서 가능한 한 가장 먼 곳에까지 위스키를 판매했다. 남북전쟁이 끝났을 때 다니엘은 아예 양조장을 사서 자기 이름을 붙였는데 이것이 잭 다니엘스Jack Daniel's다.

잭 다니엘스 양조장의 첫 번째 기술 책임자는 이제 자유인이 되어 다니엘의 멘토이자 절친한 친구가 된 엉클 니어리스트, 바로 네이선 그린이었다. 그는 은퇴할 때까지 여러 해 동안 양조장에서 일했지만 그의 이야기, 그리고 미국에서 가장 널리 알려진 위스키 브랜드에 대한 그의 공헌은 오랫동안 묻혀 있었다.

린치버그 주민들은 엉클 니어리스트를 기억했지만 그 외 지역에서는 2016년, 클레이 리즌Clay Risen이 〈뉴욕타임스〉에 '잭 다니엘스의 숨겨진 재료, 노예의 도움Jack Daniel's Embraces a Hidden Ingredient: Help from a Slave'[2]이라는 글을 기고할 때까지 그의 존재를 전혀 몰랐다. 많은 사람이 이 글을 높이 평가했지만 리즌 자신은 충분하지 않다고 생각했다. 그리하여 기록된 자료가 거의 남지 않은 그 역사의 세부 내용을 파악하려 나섰다. 구전되어 내려오는 이야기를 엮는 데서 더 나아가 숨어 있는 이야기를 찾아내고자 했다.[3]

잭 다니엘스에 숨은 스토리

폰 위버Fawn Weaver는 엉클 니어리스트 이야기에 감동을 받아 더 많이 알고자 했다. "이 아프리카계 미국인은 경이로움 그 자체였습니다." 팟캐스트 인터뷰에서 위버가 한 말이다. "수세기 동안 아프리카계 미국인과 관련된 브랜드는 수없이 많았지만 실제로 인물을 특정할 수 있는 경우는 없었습니다. 그런데 이 사람은 이름이 밝혀진 데다가 아주 중요한 역할을 했지요."[4] 위버는 직접 린치버그로 찾아가 가능한 한 많은 사람들을 인터뷰하고 엉클 니어리스트를 기리는 책과 영화를 만들겠다는 계획을 세웠다.

위버를 만난 그린의 후손들은 선조를 기리는 위스키를 만드는 것이 진정한 추모의 방법이라고 했다. 그리하여 위버는 2017년, 자기 돈 100만 달러를 투자해 양조장을 세웠다. 몇 년 만에 엉클 니어리스트는 미국에서 가장 빠르게 성장하는 위스키 브랜드가 되었다.[5] 첫 4년 동안 위버는 6000만 달러를 벌었고 오늘날 엉클 니어리스트는 아프리카계 미국인이 세우고 소유한 베스트셀러 증류주 브랜드이다. 직원 수 100명 미만인 작은 회사가 세운 성과이다. 미국의 모든 주와 12개 국가의 레스토랑, 상점, 바 등 2만 5,000곳 이상에서 판매되는 이 브랜드는 지금까지 매 분기 100% 성장을 기록하고 있다.[6] 울트라 프리미엄 위스키 3종은 150개 넘는 상을 수상했다. 엉클 니어리스트는 〈시가앤스피리츠Cigar&Spirits〉 매거진이 선정하는 세계 5대 위스키 브랜드에 포함되는 등 25차례나 최고 제품으로 인정받았고 수상 횟수는 370회가 넘는다.[7]

와인 및 증류주 산업은 700억 달러 규모에도 흑인이 소유한 양조장이 1% 미만일 정도로 유색인종이 희귀한 업계였으므로 흑인 여성 위버는 처음부터 사업이 쉽지 않으리라는 것을 알았다.[8] 하지만 위버는 굴하지 않았다. 아프리카계 미국인을 기리는 최초의 술, 그리고 흑인 양조 기술자가 일했던 최초의 브랜드로서 장벽을 깨뜨리면서 포용의 역사를 이루려 했고 여기서 더 나아가 최고 실적까지 달성하고자 했다. 전략은 생각의 다양성을 비롯해 모든 형태의 다양성을 포용하는 것이었다.

다양성이라는 미묘한 개념

연구자이자 컨설턴트인 나는 '생각의 다양성'이라는 용어에 조심스럽게 접근한다. 원칙적으로는 물론 훌륭하다. 많은 사람이 많은 방식으로 생각해낸 다양한 아이디어는 성과를 향상시킬 것이다.

그러나 이 개념은 모호한 의미로 실행을 대체하는 데 사용되기 일쑤다. 인종, 성별, 성 정체성, 성적 지향, 장애 등 불편한 DEI 대화를 피하는 방법이 된다. 회사 내에 생각의 다양성을 확립했으므로 인구학적으로 불평등한 인력 구성을 바꿀 필요가 없다고 말하는 리더를 나는 무수히 많이 접했다. 임원진이 대부분 남성이고 백인이며 출신 대학 및 사회 경제적 배경이 같다고 해도 생각의 다양성이 보장되었으니 DEI 노력은 필요 없다고 핑계를 대는 것이다.

하지만 DEI가 진전하려면 인구학적 다양성과 태도 다양성이 모두 필요하다. 현실에서 생각의 다양성은 우리의 기대만큼 존재하지 않는다. "흔히들 인종이나 성별과 같은 인구학적 다양성에 초점을 맞추곤 합니다만 그것이 다양성의 전부는 절대 아닙니다." 위버는 인구학적 특성만으로 사람의 사고방식을 판단할 수 없다고 강조한다. 위버가 든 예시를 보자.

우리 시부모님은 캘리포니아에서 내슈빌로 이사한 후 새로운 이웃을 한 명 만나셨어요. 대머리에 수염을 길게 기르고 문신을 했으며 커다란 트럭을 몰고 다녔어서 영화에 등장했다면 자동으로 '저학력 빈곤층 백인'이라 여길 사람이었어요. 어느 날 저도 우연히 그 이웃을 보았는데 시어머니가 "저 사람은 흑인을 싫어해"라고 하시더군요. 직접 들은 말이냐고 했더니 "그건 아니지만 우리가 밖에 나왔을 때 한 번도 인사를 안 하더라고. 우리 쪽을 쳐다보지도 않았어"라고 했어요. 시아버지도 맞는 말이라고, 흑인을 싫어하는 게 분명하다고 맞장구를 쳤죠.

다음 날 아침에 보니 그 사람이 트럭을 세차하고 있었어요. 시부모님 생각이 맞는지 확인할 기회다 싶어 뒷문으로 나가 그쪽으로 걸어갔어요. 1990년대 흑인 힙합 그룹의 히트곡을 커다랗게 틀어놓고 있더군요. 대화를 시작하고 15분 정도를 줄곧 떠들었어요. 예전 시대의 흑인 음악에 열광하는 사람이더라고요. 첫인상은 정말 무서웠지만 인사를 주고받고 나니 완전히 다른 사람이었습니다.

우리는 상대가 우리를 어떻게 여길지 먼저 추측하고 상대를 판단하곤 해요. 이건 진정한 생각의 다양성을 놓치게 만들 수 있답니다.

단순히 인구학적 다양성을 확보했다고 해서 생각의 다양성이 보장되는 것은 아니다. 위버는 엉클 니어리스트에 두 가지가 모두 존재하도록 해야 했다.

인구통계학적 다양성을 넘어서

내가 일하면서 만나본 사람들은 대개 소수자가 소유한 회사인 경우 DEI에 큰 노력을 기울일 필요가 없다고 오해했다. 출발부터 다양한 리더십이 확보되었으니 걱정 없다는 시각이다.

하지만 이는 완전히 잘못된 생각이다. 이유는 여러 가지다. 첫째, DEI는 대표성만의 문제가 아니다. 인력 구성이 어떻게 되든 모든 조직은 고용, 승진 등 구조의 형평성에서, 다양하고 포용적인 문화를 구축하려는 의도적인 노력을 기울여야 한다.

DEI를 지향하는 회사의 경우 인구학적 수치에 집착한 나머지 조직의 더 큰 미션을 잊어버리는 일이 많다. "귀사의 DEI 전략이 비전과 어떻게 연결되나요?"라고 질문을 던져보면 제대로 대답이 나오지 않는 경우가 잦다.

흑인 여성 위버는 DEI 노력을 명확한 미션, 즉 엉클 니어리스트를 세계에서 가장 유명한 위스키 브랜드 반열에 올리겠다는 목표와 의도적으로 연결지어야 한다는 점을 알았다. 이는 인구학적 다양성이 매우 부족했던 업계의 채용 관행에서부터 시작되었다. 회사를 출범하면서 소수자를 우대하는 채용을 도전한 것이다. 우수한 흑인에 대한 문화적 믿음은 실제로 존재한다. 이는 흑인 공동체가 구조적 불평등에 맞서 자립하고 번영하는 하나의 방법이었다.[9] 심리학자들은 이런 믿음의 토대를 '정체성 보호 메커니즘'이라 설명한다. 역사적으로 소외된 집단의 구성원은 집단을 결속시킴으로써 인종 차별 같은 상황에 맞서 정체성을 확고히 한다는 뜻이다.[10] 흑인 대학과 기관에서 성장을 독려받는, 안정된 환경에 놓인 흑인이 백인 중심 대학의 동료 흑인에 비해 더 큰 성취를 이뤄온 역사의 경향도 같은 이유로 설명할 수 있다.[11]

직장에서 다양성을 추구하는 경우라면 인구학적 결속의 반대 효과가 나타난다. 직장 대상 연구를 보면 직장인에겐 자신과 비슷한 사람과 협력하고 어울리려는 동질화 경향이 뚜렷하다.[12] 더 나아가 채용 및 승진 과정에서도 비슷한 사람을 선호하는 인지 편향이 작동해 과소 대표 집단 출신은 피해를 보게 마련이다.[13]

그러니 위버와 같은 과소 대표 집단 출신 기업가가 기회만 있다면 직원들을 과소 대표 집단 출신으로 고용하려고 했어도 놀라운 일이 아니다. 이는 불가능했던 기회를 제공하는 메커니즘이 될 수 있다. 실제로 흑인 고용주는 백인 고용주보다 흑인 직원을 고용할 가능성이 더 높다고 한다.[14]

하지만 위버의 생각은 달랐다. 소수자가 소유한 기업이 최고 수준으로 성공을 거두려면 다양성을 우선시해 채용해야 한다고 믿었다. 또한 흑인만이 우수하다는 믿음은 궁극적으로 회사와 지역사회에 해악을 미치리라 여겼다.

"비즈니스의 동기가 무엇인지부터 살펴야 합니다." 위버의 말이다. "그저 돈을 많이 벌려고 하는 일이라면 우리 아프리카계 미국인이 전체 인구 대비 비율에 비해 돈을 훨씬 더 많이 쓴다는 점을 고려해야죠. 얼마든지 성공할 수 있습니다." 아프리카계 미국인은 균형 잡힌 지출을 하지 않으므로 '흑인에 의한, 흑인을 위한' 제품을 내놓으면 돈 벌기라는 목표는 쉽게 달성할 수 있다.[15] 하지만 위버의 야망은 그보다 더 컸다.

돈은 제 동기가 아니었습니다. 그것이 차이점입니다. 저는 엉클 니어리스트가 짐 빔, 잭 다니엘스, 조니 워커 등 150년 역사의 브랜드와 나란히 놓이도록 하고 싶었습니다. 다양성을 제한한다면 달성 불가능한 목표지요. 질문을 거꾸로 던져보겠습니다. 흑인의 우수성이 우리에게 충분히 좋다면 왜 모두에게 충분히 좋지 않을까요? 우리가 파이의 한 조각만 차지하려 하는 것, 우리끼리 흑인의 우수성을 주장하고 과시하는 것은 설득력이 없습니다. 다양성이 전혀 없지요. 우리가 그렇게 할 이유가 있을까요? 우리는 우수한 제품을 만듭니다. 우리는 함께 모여 훌륭한 팀을 이루고 모두에게 그걸 알리고자 합니다.

그리하여 위버는 인구학적으로 다양한 팀을 추구했다. DEI 여정에서 이 부분을 절대 포기하지 않았다. 하지만 인구학적 문제에만 관심을 집중하지도 않았다. 다양한 유형의 사람, 예상을 뛰어넘는 인물에게서 나올 수 있는 생각의 다양성이 엉클 니어리스트를 기존의 거대한 브랜드들과 경쟁하도록 만들었다.

변화에는 반드시
대가가 따른다

DEI 성숙 모델의 첫 번째 단계인 인식은 의도적인 DEI 노력의 필요성을 이제 막 이해한 상황을 말한다. 오늘날과 같은 시기에 회사가 어째서 겨우 이 단계에 도달할 수 있는지 궁금할지도 모르겠지만, 2020년의 여러 사건 전후로 무수히 많은 회사가 인식 단계에 진입하여 여정의 시작점에 선 모습을 내가 직접 목격했다.

인식 단계의 회사는 대개 두 부류로 나뉜다. 한 부류는 역사가 긴 성공한 회사로 DEI를 우선순위에 둘 필요성을 한 번도 느끼지 못했던 경우이다. 예를 들어 미국 중서부 소재의 100년 된 가족 회사와 함께 일한 적이 있는데, 가족 가치를 기반으로 운영한다는 자부심이 아주 컸고 2010년대 중반, DEI에 열정적인 신임 CEO가 부임해 문화를 바꾸려 하자 큰 어려움을 겪었다. CEO와의 첫 대면에서 경영진은 '모두들 여기서 일하기를 좋아하는데 DEI 노력이 굳이 왜 필요한지 잘 모르겠고 혹시 문제가 있다면 저절로 알게 될 것'이라는 의견을 표명했다. 실제로 회사의 이직률은 놀랄 정도로 낮아 직원들의 긍정적 태도를 대변해주었다. 하지만 직원 포커스 그룹 및 문화 관련

설문을 진행하자 임원진이 미처 몰랐던 문제가 드러났다. 배타적 관행이 만연했고 리더들은 종종 직원의 업무 수행 능력을 방해하는 성별이나 인종 고정관념과 관련해 어떤 대화를 어떻게 해야 할지 알지 못했다. DEI에 있어 무지는 답이 될 수 없다. DEI의 필요성을 공개적으로 논의하지 않는 회사의 직원들은 이런 문제를 드러내 말하지 않더라도 거의 언제나 나름의 생각과 의견을 갖고 있다.

인식 단계의 두 번째 부류는 생존에 관심이 집중된 나머지 DEI 관행을 포함한 인적 자본 관행 수립에 소홀한 스타트업 기업이다. 스타트업 기업은 대개 설립자 한 명, 혹은 비즈니스 비전 실현을 목표로 모인 소수의 창업자에게서 출발한다. '스타트업 문화'라는 표현 자체도 한 사람이 아주 많은 역할을 해내는 동시에 자율성을 갖고 창의적 아이디어를 공유하도록 장려하는, 고도의 미션을 지향하는 분위기를 뜻하곤 한다. 스타트업 문화는 관료주의, 경직된 프로세스, 느린 의사결정, 직원의 목소리 결핍과 같은 상황을 거부한다.[16]

그럼에도 이런 회사에서 DEI가 경시되는 일이 많은 이유는 역할 구분이 모호해 인사 담당이 누구인지 불명확하기 때문이다. 스타트업 창업자들은 개인의 미션이 곧 기업 문화라고 생각하는 경우가 많다. 이 두 가지는 물론 서로 영향을 주고받지만 지속가능한 기업 문화는 의도적으로 구축해야만 한다. 많은 스타트업 기업이 애초부터 DEI에 초점을 맞추지 않은 탓에 인식 단계에 머물렀다는 점을 깨닫는다. 창업자가 누구든, 일하고 싶은 직장을 만들겠다는 목표를 가진 경우라 해도 그렇다. 자선 활동과 지역사회 공헌을 사명으로 삼은 회사라도 내부의 DEI를 구축하고자 의식적으로 노력을 기울여야만 한다(1장의 아이오라 헬스가 그랬듯이 말이다).

스타트업이 빠지기 쉬운 함정

위버의 리더십 아래, 엉클 니어리스트는 이전 스타트업 기업들의 실수에서 배운 덕분에 스타트업 기업이 흔히 마주하는 네 가지 주된 DEI 함정을 피해 갔다. 직원으로 일을 시작하기도 전부터 잠재적 지원자가 생각의 다양성을 갖추도록 함으로써 실수를 방지하고자 했던 것이다.

1) 회사 문화의 명확성 부족

위버는 엉클 니어리스트 운영의 바탕이 되는 조직문화와 가치를 매우 명확히 설정했고 이는 쉽게 확인할 수 있다. 회사 웹사이트의 채용 정보를 살펴보면 다음 문구가 바로 눈에 들어온다.[17]

이력서를 제출하기 전에 우리의 기본 원칙을 먼저 확인하시길 바랍니다. 엉클 니어리스트의 전 직원이 철저하게 따르는 원칙이자 우리와 함께할 모든 사람에게 창업자가 기대하는 내용이기도 합니다.

1. 최고로 해내지 못하면 아예 하지 않습니다.
2. 포기하지 않고 시도합니다.

3. 서로의 차이를 받아들입니다.

4. 모든 팀원의 의견이 환영받습니다.

5. 극도로 솔직한 문화를 만들어갑니다.

6. 우리보다 더 오래 지속될 브랜드를 구축합니다.

7. 많이 알수록 많이 배워야 합니다.

8. 명예롭게 일할 때 가장 잘할 수 있습니다.

9. 우리는 삶을 말하고 빛을 말합니다.

10. 비즈니스에서도 가족이 첫 번째고 그다음이 나머지입니다.

회사 웹사이트의 이 페이지는 위버가 의도적으로 만들었다. 다양성에 대한 전통적인 관점에 맞춰 생각의 다양성을 독려하고 있다는 면이 눈에 띈다. 위버는 이렇게 말했다. "우리 회사의 원칙은 매우 명확합니다. 열 개 원칙을 확인하지 않으면 입사 지원을 할 수 없고 그중 하나가 다양성입니다."

거의 모든 회사가 웹사이트에 핵심 가치를 밝혀둔다. 엉클 니어리스트의 독특한 점은 이들 가치가 회사 문화와 전 직원의 기대 안에서 실현된다는 데 있다. 위버의 기대치는 명확하다. 엉클 니어리스트는 모두를 위한 회사가 아니고, 따라서 애초부터 회사의 가치에 잘 맞으며 사고의 다양성에 기여할 수 있는 인재를 채용하겠다는 것이다.

우리는 신뢰의 문화를 구축했습니다. 그래서 우리의 생각, 우리의 의사
결정에 도전할 사람을 원합니다. 여기서는 임원비서든 수석부사장이든

상관없이 동등하게 의견과 제안을 내놓습니다. 자기 확신이 없다면 살아남을 수 없습니다. 그런 분은 지원할 필요가 없습니다. 다시 말해 가장 진실하고 가장 자유로운 모습으로 집에 있을 때와 똑같은 모습으로 회사에서 일할 수 없다면 견디기 어려울 겁니다. 예를 들어 우리 회사 직원 중에 자기 성적 지향을 드러내지 않은 사람은 없습니다. 그건 우리 문화에 맞지 않으니까요.

2) 목적의식적인 다양한 인력 구성 실패

DEI로 인정받는 회사들까지 포함해 오늘날 대부분의 회사들이 인구학적 다양성을 따라잡으려고 노력한다. 위버는 생각의 다양성을 구현하고 주변 세상을 반영하는 회사를 만들고자 했다. 이러한 접근은 원하는 내부 문화를 만드는 데 도움을 주었을 뿐 아니라 더욱 중요하게는 와인 및 증류주 시장에서 경쟁 우위를 점하도록 해주었다.

처음부터 저는 업무에 걸맞는 인재가 업무를 맡아야 한다고 주장했습니다. 저는 아프리카계 미국인이지만 제일 처음 영입한 두 사람은 백인이었습니다. 제게는 피부색이 아니라 에너지가 중요했기 때문이지요. 물론 에너지나 생각의 다양성을 추구한다 해도 회사의 모습은 미국 전체와 반드시 비슷해야 했습니다. 오늘날 우리 회사는 미국의 인구 분포를 거의 반영합니다. 전 직원의 50%가 여성이고 흑인, 라틴계, 성소수자 등이 모두 포함되어 있지만 최종 목표는 미국 전체와 동일한 모습이 되는 것입니다. 우리 회사의 성공 비결 중 하나는 다른 주류 회사가 엄두를 내지 못했던 일, 즉 모든 사람에게 가능한 마케팅을 해냈다는 점이라고 생각합니다. 그리고 그건 우리가 마케팅 대상과 말 그대로 동일한 모습이었기 때문에 가능한 일이었죠.

3) DEI 전략이 치러야 할 대가를 간과

2020년에 나는 다양한 산업 분야의 글로벌 리더 300명 이상과 DEI 비전 세션을 진행했다. 회사마다 DEI 여정의 각기 다른 단계에 있었지만, 어떤 경우든 최고 경영진이 한자리에 모여서 DEI에 대한 솔직한 의견이나 경험을 나눠본 적은 거의 없었다. DEI 비전 실현에 어떤 희생과 양보가 필요할지 임원진이 터놓고 대화하도록 하는 것이 세션의 목적이었다.

그 대화에서 다수의 리더가 밝힌 어려움 가운데 하나는 고위 경영진을 다양한 배경으로 구성하고 싶어도 후보들이 무척 제한적이라는 점이었다. 2020년 웰스파고Wells Fargo CEO 찰스 샤프Charles Scharf는 은행 직원의 다양성 결여가 '유능한 흑인 인재 부족' 때문이라고 메모했다가 전국적인 반발을 사기도 했다.[18] 이후 직원들에게 보낸 사과문에서 그는 금융 업계에 흑인 인재가 부족한 것이 아니라 업계가 다양성 개선을 위한 역할을 다하지 못했다고 해명했다. "금융 서비스 업계에서 오랫동안 일해온 제가 보기에 우리가 다양성 개선, 특히 고위 경영진의 다양성 확대에 충분히 노력하지 않았다는 점은 분명합니다."[19]

전 국민의 인종 차별 인식이 최고조인 상황에서 샤프의 메모는 시기상으로나 표현상으로나 문제가 있었지만 사실 많은 리더가 다양한 인재 확보 자체가 어렵다는 생각에 동의한다. 금융과 기술 등 주요 산업에 과소 대표 집단 사람이 적다는 건 사실이고 이들의 접근성과 기회를 제한해온 역사적·제도적 구조 또한 인정해야 한다. 흑인 소유이자 여성 소유 주류 회사에서도 인재 다양성 확보가 어렵기는 마찬가지였다. 위버의 설명을 보자. "정말이지 힘든 작업을 해야 했습니다. 다양한 배경의 이력서가 아예 들어오지도 않았거든요. 아프리카계 미국인을 찾기 위해 그야말로 대단한 창의력을 발휘해야 했죠. 그 과정에서 우리가 아프리카계 미국인의 이력서를 받지 못한다면 업계의 그 누구도 못하리라는 점을 깨달았습니다. '어떻게 해야 더 많은 아프리카계 미국인이 주류 사업에 관심을 갖게 될까? 지속적인 인재 공급을 가능하게 만들 창의적 방법은 무엇일까?' 이것이 당면한 질문이었습니다."

기존의 현상 유지 상태를 바꾸려는 리더는 격차를 인식하고 이를 해결하려면 시간과 희생이 필요하다는 사실도 깨달아야 한다. 임원진의 다양성을 높이고 싶다면 모집 기간을 평균보다 훨씬 더 길게 잡아야 할 수도 있다. 일반적인 출신 학교를 벗어나 외부에서 사람을 찾아야 할 수도 있다. 학사 학위와 같은, 해당 직무에서 통상 요구하던 요건이 정말로 업무 수행의 지표가 되는지 재검토해 조정해야 할 수도 있다. 다른 업계나 직무에서 경력을 쌓은 비전통적인 후보자를 고려해야 할 수도 있다. 임원진은 DEI 전략 실행을 위해 명시적인 기회를 만들어야 한다. 이러한 접근에는 항상 대가가 따른다. 위버는 가장 다양한 팀을 구축하기 위해 기꺼이 대가를 치렀다는 점을 강조했다.

> 우리가 여기서 가족을 이룬다는 것. 우리 자신보다 더 오래 지속될 무언가를 만든다는 것을 저는 분명히 알고 있었어요. 2년이나 공석으로 자리를 비워두기도 했죠. 예를 들어 사내 여성 인력 비율이 40%로 떨어진 상태라면 공석은 여성 몫으로 남겨두었어요. 임직원의 여성 비율을 미국 전체의 비율과 똑같이 하고 싶었거든요. 이게 첫날부터 제 목표였습니다. 전 이게 좋습니다. 회사의 아프리카계 미국인 비율이 미국 전체 비율보다 낮아졌다면 그때 채울 자리는 아프리카계 미국인에게 돌아갑니다. 이런 조치에 대해 저를 고소해도 좋아요. 기꺼이 고소당하겠습니다.

4) 지속적인 다양성 프로그램 구축 소홀

인구학적 다양성을 확보했다고 해서 DEI 프로그램의 필요성이 사라지지는 않는다. 여러 프로그램을 기획해 다양성 문화를 지속적으로 구축하지 않으면 과소 대표 집단이 DEI 책임을 지게 된다. 이들이 스스로 자신의 생생한 경험을 나누고 동성애자, 원주민 또는 장애인으로 살아가는 삶이 어떤지 어려운 대화를 이어가야 하는 상황이 발생한다. 한 사람이 소속 집단 전체를 대표하도록 하는 건 불공평하다. 획일화된 다양성 의식을 조성한다는 문제도 발생한다. 예를 들어 원주민 모두가 앞에 나서서 발언하는 원주민 한 명과 동일한 경험을 했으리라 여긴다면 곤란하다.

누구든 자기 경험을 공유할 수 있다고는 해도 특별한 교육이나 훈련을 받지 않은 사람이 DEI라는 곤란한 주제로 대화를 이어가기는 어렵다. 그러므로 인구학적 다양성과 생각의 다양성을 이미 확보한 조직이라 해도 전문적 DEI 교육 및 포용 촉진 프로그램에서 도움을 받을 수 있다.

예를 들면 엉클 니어리스트는 흑인 소유 회사였음에도 불구하고 직원들이 미국의 인종 문제를 공부하도록 했다. 위버의 설명을 보자. "털사 인종 학살이나 준틴스 노예해방일 등을 주제로 정기적인 다양성 교육을 실시합니다. 모든 사람이 나름의 여정을 걷고 자신의 암묵적 편견을 밝혀낼 수 있도록 필요한 기법을 가르치지요. 교육을 할 때마다 직원들은 이러한 주제를 다 함께 배울 수 있다는 점이 우리 회사 문화에서 가장 훌륭하다고들 합니다."

회사 문화란 맥주를 사주는 게 아니라 함께 마시고 싶게 만드는 것

스타트업 기업이었음에도 엉클 니어리스트는 인식 단계에 머무르는 일반적인 경향을 벗어났다. DEI를 통합하려는 의도적인 노력이 첫날부터 진행된 덕분이었다.

이 회사가 자기 여정을 업계 전반으로 확장한 행보는 신생 기업으로는 이례적인 성숙도를 보여준다. 현재 엉클 니어리스트는 DEI 여정의 통합 단계에 다다랐다. 2020년에 위버는 깨달음을 얻었다.

"지금까지 우리 업계가 놓쳤던 부분을 알았지요. 우리는 그저 미국 주류 산업에서만 다양성을 높이려 했던 겁니다."[20] 미국 대중이 인종주의에 맞선 행동을 시급히 요구하는 상황이 협력의 기회를 만들었다. 엉클 니어리스트는 잭 다니엘스의 모기업인 브라운-포먼Brown-Forman과 함께 500만 달러를 출연해 '니어리스트 앤 잭 어드밴스먼트 이니셔티브Nearest & Jack Advancement Initiative'를 만들었다. 미국 위스키 산업의 다양성을 높이기 위한 세 갈래 사업이 포함된 이니셔티브였다.

계획의 첫 번째 갈래로 테네시주 툴라호마에 위치한 모틀로 주립 커뮤니티 칼리지에 니어리스트 그린 양조 학교가 설립되었다. 위버는 이렇게 말했다. "몇 년 전부터 업계를 살펴보니 양조 기술자들 중에 유색인종과 여성이 거의 없다시피 하더군요. 따라서 여성과 유색인종을 더 많이 채용하려면 인력 공급의 토대부터 만들어야 한다는 결론에 도달했죠."[21] 브라운-포먼 측도 제안에 공감했고 이들은 바로 다음 날부터 설립 작업에 착수했다.[22]

두 번째 갈래는 위스키 업계에서 일하고 있으며 양조, 숙성, 생산 등의 분야에서 책임자급에 오르고 싶어 하는 아프리카계 미국인에게 교육 과정을 제공하는 '리더십 액셀러레이션 프로그램Leadership Acceleration Program'이었다. "니어리스트 그린 양조 학교만으로는 필요한 만큼 광범위하게, 그리고 우리가 원하는 만큼 신속하게 변화가 나타나지 못하리라 생각했습니다. 우리는 세 가지 문제를 해결하고자 했습니다. 여성과 유색인종 인력이 주류업계에 공급되도록 하는 것,

아프리카계 미국인이 만든 주류업계 스타트업을 지원하는 것, 그리고 더 많은 아프리카계 미국인과 유색인종이 리더 자리에 오르도록 하는 것이었죠."[23]

마지막 갈래는 주류업계에 진출하는 아프리카계 미국인 사업가에게 전문 지식과 자원을 제공할 '비즈니스 인큐베이션 프로그램 Business Incubation Program'이었다. 마케팅 회사, 브랜딩 전문가 및 확장된 유통망과의 연결 등이 지원되었다. 브라운-포먼과 엉클 니어리스트에 소속된 다양한 자문 인력이 아프리카계 미국인 소유의 위스키 제조업체에 전문 지식을 전달한다.

두 회사는 자금, 자원, 시간을 제공하면서도 도움을 받는 기업의 지분은 전혀 갖지 않는다. 결국 경쟁자를 키우는 셈이다. 하지만 경쟁은 문제가 되지 않는다. 목표는 열린 토론이 장려되는 플랫폼을 만들어 위스키 업계가 더 다양한 회사를 기꺼이 맞아들이게 하는 것이다. 위버는 말한다. "아프리카계 미국인 소유 브랜드가 먼저 손을 내밀어 다른 아프리카계 미국인 브랜드를 돕고 엉클 니어리스트처럼 성공하게 만들었다 해도 지분을 소유하는 일은 절대 없을 겁니다. 이건 다 함께 힘을 모으는 일일 뿐입니다."[24]

엉클 니어리스트와 브라운-포먼은 양쪽 창업자 사이에 얽힌 인종적 역사를 한 세기 반 후에 이루어진 변화의 동력으로 삼았다. 2020년의 인터뷰에서 위버는 자유 백인과 노예 흑인이라는 두 위스키 생산자의 관계를 다시 언급했다. "미국 역사상 인종적으로 가장 분열되었던 시기에 이 흥미로운 우정과 연대가 생겨났습니다. 이제 그 두 사람의 이름을 한데 모아서 문제 해결을 시도하는 것은 제 인생에서 그 야말로 가장 보람된 일입니다."[25]

엉클 니어리스트는 주류업계를 변화시키기 위해 의도적으로 영향력을 행사하는 기업의 모델이다. 광범위한 활동을 보이는 이 모델은 DEI 여정을 걷는 모든 기업이 참고할 만하다.

엉클 니어리스트와 같은 스타트업, 그리고 여러 산업 분야의 스타트업의 DEI 미래가 어떨 것 같으냐고 묻자 위버는 벅찬 표정으로 직장의 DEI 환경은 영원히 변화할 수 있다고 말했다.

처음부터 제대로 의도해 나아간다면 DEI 가치에 부합하지 않는 상황에 직원이 의문을 제기할 정도의 문화가 완전히 자리 잡게 됩니다. 누군가 외부인이 들어와서 "경영진 전체가 백인이네요?" 혹은 "여기에선 모두가 푸른색 버튼 업 셔츠를 입고 있네요?"라고 말했을 때에야 그 사실을 인식하는 회사가 많지만 우리는 절대 그렇지 않습니다. 문화에 맞지 않는 것이 있다면 매니저부터 부사장급까지 모두가 목소리를 내기 때문이죠. 그것이 우리의 중요한 토대였습니다. 최근 몇 년 동안 생겨난 회사들은 오늘날의 DEI 표준을 바탕으로 삼을 수 있다는 이점이 있습니다. 전에 없이 탄탄하게 바닥이 다져지고 있으니 앞으로 10년쯤 흐르고 나면 상황이 완전히 다를 겁니다.

직장 유토피아에 대한 위버의 비전은 분명해 보인다. 현재 바쁘게 유토피아를 만들어내는 중이기 때문이다. 하지만 위버는 내가 예상하지 못한 한 가지 요소를 그 비전에 추가했다. 바로 우정이다. 문화적 다양성을 수용하고 사고의 다양성을 창출하는 것이 전부가 아니라 가족적 유대감을 쌓아가야 한다는 말이다. 위버의 설명을 보자.

최근에 이런 말을 들었습니다. "회사 문화는 맥주 통을 구입하는 것이 아니다. 직원들이 함께 맥주를 마시고 싶게끔 만드는 것이다." 우리 직원들은 서로의 영업장에 그저 놀러가곤 합니다. 연례 총회는 거대한 가족 모임 같죠. 우리가 그런 느낌을 주려고 열심히 노력하기 때문이 아닙니다. 말 그대로 문을 열고 들어오는 누구나 그렇게 느끼지요. 우리 회사의 문화는 독특합니다. 우리가 만들어낸 것은 분명하고 또 특별합니다. 전 직원이 함께 있는 곳으로 걸어 들어갈 때, 그곳이 바로 저의 유토피아입니다.

그림 6-1

엉클 니어리스트 프리미엄 위스키는 세계가 전혀 몰랐던 최고의 장인에게서 영감을 받았다. 미국 최초의 아프리카계 미국인 양조 장인인 니어리스트 그린이다. 임원진 전원이 여성인 이 회사는 미국 역사상 가장 빠르게 성장하고 있는 독자적 위스키 브랜드이다.

2020년, 엉클 니어리스트는 잭 다니엘스의 모기업인 브라운-포먼과 함께 500만 달러를 출연해 '니어리스트 앤 잭 어드밴스먼트 이니셔티브'를 만들었다. 이를 통해 미국 위스키 산업의 다양성을 높이기 위한 세 갈래 사업이 진행되었다.

- 테네시주 툴라호마 소재 모틀로 주립 커뮤니티 칼리지에 니어리스트 그린 양조 학교를 설립함으로써 여성과 유색인종 양조 기술자 공급의 토대를 만들었다.
- 위스키 업계 종사자로 양조, 숙성, 생산 등의 분야에서 책임자급에 오르고 싶은 아프리카계 미국인에게 교육 과정을 제공하는 '리더십 액셀러레이션 프로그램'을 개발했다.
- 주류업계에 진출하는 아프리카계 미국인 사업가에게 전문 지식과 자원을 제공할 '비즈니스 인큐베이션 프로그램'을 만들었다.

엉클 니어리스트는 DEI 중심의 분명한 사내 문화를 공유한다. 회사의 기본 원칙은 DEI 작동 매뉴얼이기도 하다.

1. 최고로 해내지 못하면 아예 하지 않습니다.
2. 포기하지 않고 시도합니다.
3. 서로의 차이를 받아들입니다.
4. 모든 팀원의 의견이 환영받습니다.
5. 극도로 솔직한 문화를 만들어갑니다.
6. 우리보다 더 오래 지속될 브랜드를 구축합니다.
7. 많이 알수록 많이 배워야 합니다.
8. 명예롭게 일할 때 가장 잘할 수 있습니다.
9. 우리는 삶을 말하고 빛을 말합니다.
10. 비즈니스에서도 가족이 첫 번째고 그다음이 나머지입니다.

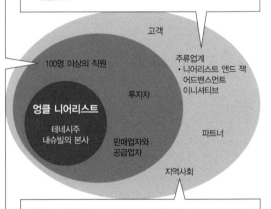

고객

100명 이상의 직원

주류업계
• 니어리스트 앤드 잭 어드밴스먼트 이니셔티브

투자자

엉클 니어리스트
테네시주 내슈빌의 본사

파트너

판매업자와 공급업자

지역사회

비영리 니어리스트 그린 재단은 니어리스트 그린의 모든 후손에게 전액 장학금을 지원한다. 코로나 19 시기에는 현장 노동자와 빈곤층에게 30만 장 이상의 N-95 마스크를 제공했다.

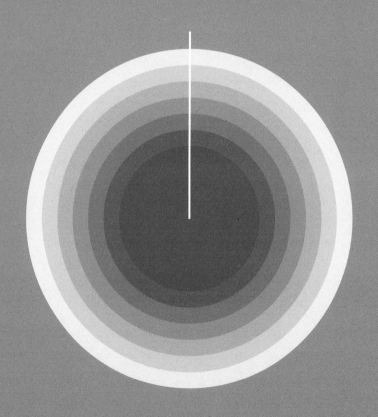

7

내부 성찰에서
글로벌 포용으로 나아가다

소덱소

회사명: 소덱소(Sodexo)

여정의 단계: 순응에서 지속으로

최고의 실천: 글로벌 전략, 지역적 조정, 교육 훈련, 다양성 평가표

핵심적 한마디: "법적 의무로 여겨 일단 저항감부터 들던 일이 비즈니스 성장과 성공의 원동력이 되었습니다. 우리는 집단 소송 이후의 법적 의무 수행에서 비즈니스의 원동력으로 이동한 것입니다."

– 로히니 아난드 Rohini Anand, 소덕소 전前 CDO

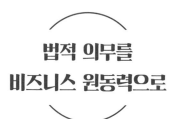

법적 의무를
비즈니스 원동력으로

64개국에서 42만 명 넘는 직원을 두어 고용 규모 20대 기업에 포함되는 회사에서 당신이 꿈꿔온 직책인 최고다양성책임자, 즉 CDO에 올랐다고 상상해보자. 대략 50만 명에 달하는 사람의 직장 생활에 다양성을 통합할 전권을 갖고 거대한 변화를 일으킬 준비를 마쳤다. 그런데 불과 6개월 후, 8000만 달러 규모의 집단 소송이 제기되었다. 소송은 다름 아닌 당신이 처리해야 할 업무다.

바로 이것이 프랑스의 식품 서비스 및 시설 관리 회사인 소덱소의 CDO 로히니 아난드Rohini Anand에게 닥친 일이었다. 45년 역사의 이 회사는 파리 외곽 이시레물리노 교외에 본사를 두고 있다. 거대한 규모임에도 프랑스 마르세유에서 피에르 벨롱Pierre Bellon이 설립한 이후 오늘날까지 여전히 가족 기업 형태를 이어가고 있다.[1]

2001년 3월은 회사 역사상 가장 암울한 시기였다. 소덱소 흑인 직원 약 3,400명이 승진 배제와 사내 차별을 두고 고용주 상대로 집단 소송을 제기했다. 2000년 당시 10만 명이 넘는 북미 직원 중 흑인은 상위 관리직 700자리 중 겨우 18자리를 차지했고 최고위 직책

188개에는 한 명도 이름을 올리지 못한 상태였다.[2]

2005년, 소덱소는 8000만 달러 배상 판결을 받았다. 당시 인종 관련 직장 불평등 배상금으로는 최대 규모였다. 금전적 합의에 더해 소덱소는 동의의결, 즉 두 당사자가 법적 행동을 중단하기로 하는 자발적 합의에 따라 일체의 잘못된 행동을 시정하기로 했다. 소덱소는 다양성 관행 개선을 목표를 하는 5개년 계획에도 동의했다. 시스템, 정책 및 관행을 개선하고 판결의 금전 외 부문 실행을 감독하는 독립된 모니터링 패널을 5년 동안 두기로 한 것이다.

아난드가 새 직책을 맡으면서 느낀 설렘은 거대한 법적 책임을 외부의 감시하에 신속히 이행해야 한다는 부담감에 곧 압도되었다. 회사 최초 CDO였던 탓에 외부에서 주어진 엄격한 규정을 준수하는 동시에 사내의 DEI 전략을 어떻게 구축해야 하는지 매뉴얼도 없었다.

"로드맵이 전혀 없었습니다." 아난드가 회상했다. "무엇을 어떻게 해야 할지, 어디서부터 시작해 어디로 가야 할지, 아무도 모르는 상황이었죠. 법적 의무로 보이는 일이었기에 저항도 컸습니다. 그건 우리가 하루 업무를 수행하면서 최우선에 놓고 처리해야 할 또 다른 숙제였습니다."

경영진이 받은 크나큰 충격

CEO 미첼 랜델Michel Landel은 소송이 벌어졌을 때 크나큰 충격을 받았다고 했다. "정말 힘들었습니다. 우리 회사는 봉사와 진보의 정신을 바탕으로 한 가치 중심 문화를 갖고 있었습니다. 대부분의 승진은 내부에서 이루어졌고요. 그래서 직원들이 차별을 받았다는 말을 했을 때 정말 충격이 컸습니다."[3]

직원들이 겪는 DEI 갈등에 대한 경영진의 인식 부족은 드문 일이 아니다. 대부분의 조직에서 조직의 포용성과 관련한 경영진 및 관리자의 시각과 직원들의 실제 업무 경험 사이에는 격차가 존재한다. 다음과 같은 가트너 Gartner 설문조사 결과가 그 예이다.[4]

- 임원진이 직원의 이익을 위해 움직인다고 응답한 직원은 41%뿐이었지만 경영진은 69%가 그렇다고 답했다.
- 직장에서 감정을 솔직하게 표현해도 괜찮다고 응답한 직원은 56%뿐이었지만 경영진은 74%가 그렇다고 답했다.
- 회사의 의사결정에서 직원의 의견이 고려된다고 응답한 직원은 47%뿐이었지만 경영진은 75%가 그렇다고 답했다.

다시 말해 회사를 포용적이라 보는 비율이 경영진의 경우 대략 4분의 3에 달하지만 근로자의 경우 절반 미만이다. 이 엄청난 격차로 인해 경영진은 회사의 하위 또는 중간 직급 사람들, 특히 다양한 배경의 직원이 겪는 실제 상황을 전혀 모른다. 그저 리더라는 입장 때문에 이런 격차가 생겨나기도 한다. 관점 수용에 관한 연구를 보면 권력을 가진 것 자체가 남들의 관점을 이해하는 능력을 떨어뜨린다고 한다.[5] 그러므로 대부분이 백인 남성이었던 소덱소 경영진이 흑인 직원의 업무 경험을 제대로 알지 못한 것, 그리고 집단 소송으로 충격을 받은 것은 놀랍지 않다.

집단 소송 같은 극적인 사건이 아니라 개인적 경험을 통해 경영진이 이런 격차를 인식했을 경우에는, 대중의 시선이 닿지 않게 보호막을 치고 자신과 조직을 보호하려는 반응이 전형적으로 나타난다. 아난드는 소덱소가 그런 길을 걷지 않아 다행이라 여겼다. 소덱소는 충격의 순간을 인정하고 이를 변화의 촉매제로 삼았다.

"회사로서는 정말이지 무례한 공격을 당한 셈이었습니다." 아난드가 말했다. "당시 CEO는 프랑스인이었습니다. 아주 포용적이고 열린 경영자였죠. 더욱이 이 소송은 회사 상황이 좋지 않을 때 벌어졌습니다." 미국 공영라디오 NPR과의 인터뷰에서 아난드는 소송의 한 가지 결과를 설명했다. "저희에게 성찰의 계기를 주었습니다. 회사에서 성공할 기회가 없다고 느끼는 직원이 단 한 명이라도 있으면 안 되니까요."[6] 나와 인터뷰를 할 때도 아난드는 이 성찰을 언급했다. "내부를 바라보면서 회사가 어떻게 여기까지 왔는지, 변화하려면 무엇을 해야 하는지 성찰하게 되었습니다."

인정, 개방, 겸손이라는 성찰의 과정

직원의 반발에 직면해 DEI 상황을 성찰해야 하는 회사라면 일차적으로 구조적 시스템, 그리고 기업 문화를 실천하는 개인이라는 양쪽 측면을 이해해야 한다. 소덱소의 구조적 문제에는 다른 기업을 인수

하면서 급격히 확장한 내력이 부분적으로 기인했다.[7]

"직원 2만 5,000명의 프랑스 회사였던 소덱소는 메리어트 매니지 먼트 서비스Marriott Management Services(레스토랑 요식 서비스를 제공하는 브랜 드-옮긴이)를 인수하면서 하룻밤 새에 12만 5,000명 규모가 되었습니 다. 그러다 보니 프로세스와 시스템의 일관성이 떨어졌습니다. 급여 처리와 같은 기본 업무에 관심이 집중되었고 조직의 중심이 제대로 잡히지 못한 상태였습니다." 아난드가 설명했다.

소덱소는 대기업이지만, 창업과 안정에 집중한 나머지 DEI에 초 점을 맞추지 못하는 문제는 소규모 신생 기업에서도 나타난다. 창업 초창기, 혹은 인수합병을 통한 전환기에 있는 회사는 반드시 DEI를 비전의 중심에 두고 조직에 반영해야 한다. 그렇게 하지 않으면 소덱 소처럼 손해배상 소송을 당한 후 다양성 문화를 다시 처음부터 구축 해야 하는 상황에 처하기 쉽다.

두 번째 성찰은 다양한 배경의 각 직급 직원들이 겪는 생생한 현 실을 이해하는 것이다. 경청과 이해는 조직의 신뢰를 회복하는 유일한 방법이다. 아난드는 자신이 직면한 몇 가지 도전 과제를 설명했다. "저 는 아시아계 미국인입니다. 저는 이 정체성을 크게 인식했고 아프리카 계 미국인들과 신뢰 관계를 구축해야 할 필요성을 느꼈습니다. 물론 흑백 차별의 역사를 알고는 있었지만 그 끔찍한 노예의 역사를 경험 하지는 못한 입장이니까요. 그러니 저는 열린 마음으로 배우고 겸손해 져야 했습니다. 제 의견과 주장을 펼치는 대신 경청했습니다. 관계를 구축하고 신뢰를 쌓는 데에는 의도적인 노력이 필요했습니다."

직원들에게 소송을 당한 회사뿐 아니라 대부분의 조직에서 리더십을 향한 신뢰는 중요한 과제다. 갤럽의 글로벌 데이터베이스에 따르면, 조직의 리더십을 매우 신뢰한다고 답한 직원은 셋 중 한 명뿐이었다.[8] 신뢰는 DEI 노력이 성공하는 데 핵심 요소다. 신뢰 없는 다양성 정책 추진은 실패하기 일쑤다.[9]

직원들이 회사의 DEI에 공개적으로 불만을 표명한 후에 신뢰를 다시 쌓기란 무척이나 어렵다. 여러 해에 걸쳐 의도적인 노력이 필요한 경우도 많다. 소송 합의 직후 이 여정을 어떻게 시작했는지에 대해 아난드는 이렇게 말했다. "신뢰 구축은 솔직한 대화에서 시작되었습니다. 저는 제가 잘 모른다는 사실을 인정했고 기꺼이 배우고 경청하겠다고 약속했습니다. 지금 회사가 극도로 어려운 시기라는 점, 그리고 완벽하지는 못해도 최선을 다하리라는 점을 인정하는 것이 시작점이었습니다."[10]

변화의 토대가 된 순응 과정

성찰 기간을 거친 소덱소가 어디에 DEI 노력을 집중할지는 분명했다. 바로 동의의결에 순응하는 것이었다. 순응이 회사에 의미 있는 변화를 가져올 것이라 예상되었고 명확한 계획이 세워졌다. 순응 계획은 매우 구체적이었고 아난드는 시작이 좋았다고 말했다. 토대가 제공되었기 때문이다. "동의의결에는 열 가지 의무사항이 명시되어 있었고 2010년까지 이행해야 했습니다. 그 동의의결의 각 항목이 우리의 토대가 되었습니다."

순응 단계는 어느 회사에든 좋게 다가오지 않는다. 용어 자체가 최소한만 겨우 맞추겠다는 부정적인 느낌이다. 하지만 소덱소를 비롯한 많은 회사가 DEI 여정을 순응에서 시작하는 것도 사실이다. 구체적인 판결에 순응하든, EEOC 법령에 순응하든 말이다. 소덱소의 경우 첫 몇 년 동안에는 감독관들이 요구하는 열 개 항목의 구체적인 요구를 이행하는 데 집중했다. 특히 회사 전체의 인재 선발 및 성과 평가 절차를 설계하고 시행하는 일이 중요했다.

사실 순응이 꼭 나쁜 것은 아니다. 계획이 없는 회사에는 좋은 출발점이 되어준다. 구조적으로 이미 틀이 갖춰졌기 때문이다. 달성해야 할 목표(순응과 불응 사이의 경계선)가 마련되고 집중이 가능해진다.

그럼에도 경영진은 순응이 최종 목표가 아니라는 사실을 분명히 인식해야 한다. 필요한 경우 모두에게 알려야 한다. 순응은 토대일 뿐이다. 목적지가 아니라 필요한 여정의 시작에 불과하다.

순응만으로 불완전하다는 점을 인식한 아난드는 CEO 랜델과 함께 동의의결 이행을 넘어서 나아가야 한다는 데 합의했다. 순응 구조가 앞으로 나아갈 길을 제시해주었기 때문에 아난드는 그 너머로 빠르게 성장하는 데 집중했다.

소덱소는 다양성 교육, 직장 생활 효율화 프로그램, 멘토링 프로그램, 직원 네트워크 그룹, 리더십 교육, 포상 및 표창, 다양성 협의회 등을 만들었다. 또한 회사 웹사이트와 연례 다양성 보고서로 사내외 커뮤니케이션도 강화했다.[11]

한편 관리직급의 다양성 향상을 측정하고 여성과 소수자 임원직 목표치를 설정하기 위해 다양성 평가표를 보완하기도 했다. 나중에는 포용적 행동도 포함되었다. 이 평가표는 당시로서는 혁신적이게도 인센티브로 활용되었다. 다양성 평가표 성과에 따라 임원진 보너스의 25%, 관리직 보너스의 10~15%가 결정되는 방식이었다.

아난드는 회사의 순응 노력이 결과적으로 감독관들이 요구하지 않은 행동까지 신속하게 이끌어냈다고 말했다. "첫해에 우리는 직원 4,000명에게 순응 교육을 실시했습니다. 이후 '포용의 정신 Spirit of Inclusion'이라 불린 교육이었습니다. 그러고 나니 책임감에서 행동이 이어지더군요. 여기서 보너스가 철저하게 지급된다는 부분에 주목해야 합니다. 회사의 재정 실적이 좋지 않을 때에도 보너스는 그대로 지급되었습니다. 회사의 장기 지속 의지를 전달하는 메시지였습니다. 책임감은 정말 중요합니다. 실질적인 개선을 이루어야 한다는, 또한 그 개선이 드러나야 한다는 책임감을 관리자와 개인에게 부여해야 합니다."

다양성 평가표가 도입된 후 첫 7년 동안 소수자 직원은 23%, 여성 직원은 11% 늘었다.[12] 순응 단계의 회사는 순응의 필요성을 받아들이고 조직 번창을 위해 DEI에서 무엇을 이루어야 하는지 이해한 후 순응 단계를 넘어선 성장을 준비해야 한다.

"저는 순응이 기본이라고 생각합니다. 절대적으로 중요한 기본이죠. 하지만 변화해야 할 강력한 이유도 필요합니다. 즉, 비즈니스 케이스가 핵심 비즈니스 전략에 포함되어야 합니다. 물론 이건 사회 정의의 문제이고 올바른 일입니다. 모두가 그렇게 하고 싶겠죠. 하지만 미션, 가치, 핵심 비즈니스에 내재되지 못하는 한 법적인 순응 범위를 넘어설 수 없습니다." 아난드의 말이다.

순응에서 전술로, 저항에 맞서 싸우기

순응을 넘어서는 첫 번째 단계는 DEI가 비즈니스에 어떤 영향을 미치는지 이해하는 것이다. 아난드의 설명을 보자.

> 백인 남성 경영진을 대거 참여시키고 지지를 얻는 것이 저의 최우선 과제 중 하나였습니다. DEI가 법적 요구일 뿐 비즈니스와 무관하다는 그들의 시각을 바꿔야 했습니다. 또한 이 제도가 최고의 인재를 유치하고 고용할 방법이라는 점도 납득시켜야 했죠. 진정으로 다양하고 평등하며 포용적인 조직을 원한다면 DEI가 시장 차별화 요소이자 원동력임을 인식하도록 해야 했습니다.
>
> 이를 위해서는 경영진이 자신의 학습 여정에 주인의식을 가져야 했습니다. 저는 경영진이 저항을 버리고 포용적 리더십에 도달할 수 있도록 이끌어야 했고요.

경영진 참여는 분명 필요한 일이었지만 이는 첫 단계에 불과했다. 다음 단계로 인사 관련 모든 시스템을 검토해 개선을 가로막거나 편견을 강화하는 부분이 무엇인지 파악해야 했다. 이를 위해서는 방대한 회사 조직에 대한 통찰과 수많은 팀과의 협력이 요구되었다. 메리어트 매니지먼트 서비스라는 대기업을 인수해 거대한 회사로 거듭난 상황에서 이는 한층 더 복잡한 일이었다.

신임 임원이었던 아난드는 경영진의 신뢰를 얻어야 했다. 무엇을 해야 하는지 알고 제대로 해낸다는 평판도 필요했다. 고위직 임원들의 마음을 얻으려면 더욱 다양하고 포용적인 문화로 가는 현실적 방법을 고안하는 동시에 저低 마진 비즈니스 현실도 고려해야 했다.

글로벌 DEI를 이끈 경험을 기술한 저서에서 아난드는 순응에서 전술 단계로 옮겨간 여정을 다음과 같이 설명한다.

이들 성과 덕분에 소덱소는 DEI의 리더로 명성을 얻었다. 그저 법적 요건으로만 여겼던 DEI를 이제 소덱소 경영진도 회사 자산으로 인식한다. DEI가 안겨주는 혜택을 알고 나자 이미 한참 전에 초과 달성을 해버린 법적 요건은 낡은 기준으로 남았다. 2010년, 동의의결 감독위원회가 만료되자 임원진은 자체적으로 외부 DEI 자문단을 꾸려 몇 년 동안 유지하기로 결정했다. 소덱소는 DEI 노력을 의도적으로 이어갔고 그 노력을 알릴 외부 자문단을 둔 것이다.[13]

경영진의 초기 노력 덕분에 고객들도 소덱소를 특별하게 바라보았다. 이러한 방식으로 소덱소의 DEI 전략은 순응에서 전술로 성숙했다.

국제적으로 사고하고
지역적으로 행동하기

전술적으로 소덱소는 더 많은 도전에 직면했다. 그중 하나가 메리어트 인수에 따른 12만 5,000명의 신규 직원이었다(시스템, 프로세스 및 문화도 함께 들어왔다). 미국 내에만 무려 1만 2,000개 지점이 존재하는 상황도 관리해야 했다.

"조직이 너무 분산되었다는 점이 걱정스러웠습니다. 고객이 없는 곳에서 근무하는 관리자들이 포용적 문화 구축에 어떻게 기여할 수 있을지 알 수 없었어요." 다행히도 분산 상황은 방해보다는 도움이 되었다. "우리가 이니셔티브를 도입하면서 관리자들이 고객에게 그 내용을 알렸습니다. 고객들은 우리가 하는 일을 지켜보면서 그 경험과 지식에 대해 물어오기도 했습니다."

회사의 복잡한 사이트 네트워크 덕분에 소덱소의 노력은 일종의 입소문 효과를 얻은 셈이었다. 경영진은 DEI 순응 노력이 비즈니스에 얼마나 도움이 되는지 그 순간 깨달았다. "그 이후 회사 전체의 참여가 더욱 가속화되었습니다. 법적 의무로 여겨 일단 저항감부터 들던 일이 비즈니스 성장과 성공의 원동력이 되었습니다. 우리는 집단 소송 이후의 법적 의무 수행에서 비즈니스의 원동력으로 이동한 것입니다."

소덱소의 DEI 여정은 소덱소가 글로벌 기업이라는 점에서 독특하다. 집단 소송 이후 미국 내 부정적인 인식과 영향을 극복하면서 동시에 80개 국가에서의 글로벌 DEI 전략을 수립해야 했던 것이다.

글로벌 DEI 전략에는 중대한 도전 요소가 존재한다. 사회적·법적·정치적 관점에서 각 나라가 다양성을 어떻게 정의하고 개념화하는지를 이해해야 하기 때문이다.[14] 예를 들어, 성별 평등은 보편적인 글로벌 이슈지만 다른 문제는 나라마다 관점이 다르다. 인도에서는 카스트 제도가 역사적으로 다양성 노력의 초점이 되어왔지만 영국에서는 인종, 민족 중심주의, 계급 문제가 주된 이슈다. 남아공에는 역사적인 인종 문제 외에 성적 지향, HIV 감염 여부, 정치적 의견, 문화 등 더 광범위한 관심사도 존재한다.[15] 회사가 주재하는 모든 나라의 사회정치적 규범을 이해하고 현지의 DEI 법규를 숙지해야 하는 일이 임원진에게는 무척 부담스러울 수 있다. 예를 들어, 직원 관련 데이터 수집이 법적으로 허용되는지 확인해야 한다. 이 법규는 나라마다 다르다. 소덱소는 직장 내 인종 구성을 보여주는 평가표를 프랑스와 독일에서는 사용할 수 없다는 점을 알게 되었다. 두 국가에서는 이러한 데이터 수집이 불법이다.[16] 보너스 체계의 기반이 되는 데이터를 사용할 수 없는 곳에서 어떤 방법을 써야 할지 새로이 방법을 찾아야 했다.

아난드는 2007년, 글로벌 CDO로 승진하자마자 글로벌 DEI 전략의 이러한 복잡한 문제를 알게 되었다. 일단 전반적인 목표와 거버 넌스 측면에서 엄격한 글로벌 접근법을 만든 후 유연성을 발휘해 각 지역의 요구에 맞는 지역 차원의 프로그램을 진행하였다.

"우리는 전략 중심의 글로벌 프레임워크를 마련하고 그 전략을 현지화합니다. 장애인 쿼터가 있는 브라질이나 프랑스에서는 우선 장애인에게 집중해야 합니다. 청년층 고용과 유지 같은 세대 문제를 고려해야 하는 곳도 있죠. 예를 들어 노동 인구의 이동이 많은 중국 이 그렇습니다. 지역별로 무엇이 문제인지 파악하는 일은 해당 지역 에서 해야 할 일입니다만 결국 전체적으로는 글로벌 프레임워크가 작동합니다."

글로벌 DEI 전략에서 만능인 접근법이란 없다. 본사 소재 지역에 서 성과를 거둔 많은 회사가 글로벌 차원의 노력에서는 추진력과 관 심을 잃기 일쑤다. 해외 직원들이 자기들 경험과 맞닿지 않은 DEI 노 력에 저항하기도 한다. 소프트웨어 회사 아발라라Avalara의 다양성 책 임자인 아멜리아 랜섬Amelia Ransom은 글로벌 DEI 전략을 땅콩버터에 비유했다. 잊을 수 없는 비유였다.

비즈니스를 하고 있는 지역에서 무엇이 행동의 동기로 작용하는지를 알아야 합니다. 전부 다르거든요. 브라질 흑인의 삶은 미국 흑인의 삶과 다릅니다. 그러니 우리 전략을 땅콩버터처럼 전 세계에 펴 바를 수 없습니다. 도전 과제가 다르고 구조가 다르고 기대치와 문화도 다르 거든요. 전혀 다른 문제를 해결해야 합니다. 인도 여성의 삶은 우리 생각과 매우 다릅니다. 가족을 비롯한 모든 것에 기대하는 바가 미국 여성과 완전히 다릅니다. 인도의 가치를 중심에 둘 수도, 미국식 기대를 도입할 수도 없다면 회사의 목적에 맞으면서 지역적 기대, 지역적 발전 및 지역적 성공을 가져올 무언가를 마련해야 합니다.[17]

다국적 기업을 위한 의사소통 교육인 '용감한 대화 워크숍Courageous Conversations Workshop'의 현지화처럼 단순해 보이는 작업도 문화적 차이 때문에 자칫 교육 전체가 망가질 수 있다. 예를 들어, 2021년, 나를 비롯한 컨설팅 팀은 전 세계 열 군데에 소재한 미국 기술 고객 서비스 회사 직원을 대상으로 인종 차별에 대한 의사소통 훈련을 진행했다.

몇몇 국가에선 그 주제가 자신들 문화와 무관하다며 관심을 보이지 않았고(인종 차별은 어느 문화권에서나 나타나는 현상인데 말이다) 또 다른 국가에선 문화적 규범이 워낙 강력하기에 어차피 교육 효과가 없을 것이라고 했다.[18] 차별 대우를 받는다 해도 맞서는 일이 사회적으로 용납되지 않는다는 말이었다. 결국 우리는 차별적 처우에 맞서야 한다는 교육적 메시지를 전달하는 동시에 각국 대표와 직접 접촉해 교육 내용이 각 지역에 잘 전달될 수 있는지 확인해야 했다.

소넥소 또한 현지화라는 도전을 극복해야 했다. DEI는 미국의 관심사라는 고정관념이 있었던 탓이다. 일부 국가의 CEO는 "우리에겐 그런 문제가 없습니다"라며 다양성 프로그램이 아예 불필요하다고 주장했다.[19] 결국 아난드 팀은 각국 CEO와 경영진 설득에 초점을 두면서 국가별 전략을 수립하고 국가별 비즈니스 케이스와 교육 과정을 구성했다.

예를 들어, 미국에서 이루어졌던 순응 단계 교육은 '포용의 정신'이라는, 보다 글로벌한 형태로 조정되어, 각국 임원진에게 자신의 국가에서 가장 중요한 다양성의 두 차원을 규명하고 이를 미래 비즈니스와 연결하라는 식으로 진행되었다.[20] 이는 DEI와 같은 교육이 글로벌 차원에서 성공하려면 지역적 관련성을 확보해야 한다는 점을 분명히 보여준다.

소덱소가 직면한 또 다른 글로벌 DEI 과제는 지역별로 성과가 고르지 않다는 점이었다. 동일한 자원을 투입했음에도 빠른 속도로 진전하는 곳이 있는가 하면 다른 곳에서는 전혀 진전이 없었다. 2007년 유럽에서는 남성과 여성 모두가 참여하는 성별 관련 토론이 이루어지기 전까지 여성들이 양성 평등 교육에 저항했다.[21] 반면 인도에서는 여성 네트워킹 그룹, 직장 내 여성 문제 해결하는 태스크포스, 남성 '다양성 선도자diversity champion' 교육 등의 풀뿌리 성별 평등 프로그램이 잘 진행되어 성공을 거두었다. 하지만 소덱소의 북미 멘토링 프로그램을 인도에 그대로 도입할 수 없다는 문제도 발생했다. 여성이 남성 멘토에게 직접 도움을 요청하는 것이 사회적으로 용납되기 어려웠기 때문이다. 그리하여 멘토가 멘토링 관계에서 더 많은 책임을 지도록 구조를 바꾸어야 했다. 중국에서는 여성의 성별 프로그램 참여가 리더십 및 외부 조직과의 파트너십을 강화해 산업 간 여성 네트워킹이 활발해질 것으로 예측되었다.[22]

이렇게 현지 규범에 맞도록 접근 방식을 조정하는 일은 물론 쉽지 않지만 반드시 필요하다. 그리고 추진력을 잃지 않으려면 진전을 보이는 부분을 잘 찾아내야 한다. 이것이 모든 기업의 DEI 여정의 핵심이다. 소덱소의 느리지만 꾸준한 개선은 진전 요소 인식의 중요성을 잘 보여준다. 2010년의 다양성 및 포용성 보고서에서 아난드는 이렇게 썼다. "우리의 글로벌 최우선 목표는 모든 직급에서, 또한 특히 고위직에서 여성의 대표성을 보장하는 일이다. 현재 소덱소에서는 고위직의 20%가 여성인데 이 비율을 2015년까지 25%로 높이고자 한다. 야심찬 목표지만 명확한 프로세스가 마련되었기 때문에 달성 가능하다고 본다."[23]

실제로 소덱소는 2015년까지 글로벌 최고위직 200개에 최소 25%를 여성으로 구성한다는 목표를 31%로 초과 달성했다.[24] 2020년이 되자 임원진의 40%, 관리자의 44%, 전체 직원의 55%가 여성으로 구성되어 대부분의 직급에서 성별 균형을 이루었다.

하지만 여기서 끝이 아니다. 이제 소덱소는 2025년까지 임원진의 최소 40% 이상을 여성으로 구성하고 직원 100%가 성별 균형을 이룬 관리 팀과 함께 근무하도록 한다는 글로벌 목표를 추진하고 있다.[25] 성별 평등을 향한 소덱소의 글로벌 여정은 DEI 목표 설정, 적절한 수치 기준 마련, 책임 시스템 통합, 공동 노력의 결실을 보기 위한 인내심 등이 중요하다는 점을 보여준다. 아무리 앞서 가는 회사라 해도 지속가능한 DEI 변화는 하룻밤 사이에 일어나지 않는다.

고객 파트너십으로 영향력 확대

고객들이 소덱소의 DEI 노력을 점차 인식하면서 소덱소는 고객과 파트너십을 맺음으로써 조직 내부를 넘어서서 더 넓은 영향력 범위를 확보하고 노력을 가속화할 수 있었다. 예를 들어 2006년에 소덱소와 미국농구협회 명예의 전당에 오른 어빈 '매직' 존슨 Earvin Magic Johnson 은 지역사회 지원 단체인 소덱소매직 SodexoMagic 을 설립하면서 다음과 같은 미션을 설정했다. "우리는 지역사회 발전, 형평성 향상, 포용성 보장, 변화 촉진을 위해 봉사합니다. 우리는 건강한 음식과 탁월한 서비스를 제공하며 모든 지역사회를 지원하고 강화합니다. 직원 및 파트너와 힘을 합쳐 삶의 질을 보장하는 서비스를 제공함으로써 모든 지역사회의 안전과 복지를 확보하고 모든 사람에게 정의롭고 공평한 미래를 만들겠습니다."[26]

소덱소매직은 1,700곳이 넘는 기업·의료 기관·대학·초중고교·항공 분야 현장에서 6,500명 이상의 다양한 직원들과 함께 소비자에게 서비스를 제공하면서 지역사회의 식량 불안 문제를 해결하고, 깨끗하고 안전한 학습 환경을 제공한다는 과제를 성공적으로 해내고 있다.[27, 28] 소덱소매직은 핵심 사명과 가치를 고수하면서도 영향력 범위를 활용해 조직을 넘어서 DEI 세계에 영향을 미친 주요 사례이다. 이는 불특정 다수에게 모든 측면에 영향력을 행사하려는 일도, 다른 회사를 모방하는 일도 아니다. 자신의 핵심 비즈니스가 주변 세상에 어떻게 긍정적인 영향을 미칠 수 있는지를 보여주는 일이다.

"의료 기관이라면 의료 서비스 격차를 해소하는 일이 될 것이고 교육 기관이라면 학생의 성취가 될 겁니다. B2B 조직이라면 기업 고객 기반이고 B2C라면 소비자 기반이겠죠. 무엇이 되었든 회사의 핵심과 관련되어야 합니다. 그래야만 순응에서 저항 극복과 동의 획득 단계로 나아갈 수 있습니다. 핵심은 DEI를 비즈니스에 포함하고 총체적으로 가치를 실현하는 일이지요." 아난드의 설명이다.

소덱소는 내부적으로 얻은 DEI 교훈을 남들과 나누고 외부적 영향력을 높이는 과정을 이어가고 있다. 자신의 사례 연구를 외부에 공유함으로써 더 넓은 업계와 협력하는 일의 가치를 깨달았기 때문이다. 소덱소는 2014년, 성별 균형이 이루어진 경영관리와 실적 간의 상관관계에 대해 내부 연구를 시작했다. 여성 임원진의 비즈니스 케이스 연구 확장을 목표로 전 세계 소덱소 각 직위의 성별 분포를 다년간 종단 조사한 이 작업은 '성별 균형 연구Gender Balance Study'로 알려졌다.[29]

소덱소는 아난드의 지휘 아래 DEI 관점이 성숙해졌고, 이제 광범위한 DEI 주제에 선두 역할을 맡고 있다. 예를 들어 소덱소 USA는 2019년 한 해만 해도 다양한 주제의 연구를 수행해 다음과 같은 백서 세 권을 내놓았다.

- 《'성소수자 환영'이 성공적인 시니어 커뮤니티의 특징으로 곧 자리 잡게 될 이유: 운영자, 마케터 및 경영진을 위한 입문서》[30]
- 《전 세계의 문화와 뿌리 다루기: 호주, 브라질, 캐나다, 영국 및 미국에서 얻은 교훈》[31]

- 《의료 관리: 2043년 비즈니스의 필수 과제로서 의료 및 문화 역량에서 히스패닉 리더십을 촉진하기》[32]

여기에 더해 관리자들이 글로벌 문화를 반영하는 음식을 선정할 수 있도록 소덱소 메뉴 지침도 마련되었다.[33]

끝나지 않은 저항

소덱소는 가야 할 여정을 아무 문제 없이 순항하고 있을까? 모범 사례는 맞지만 저항은 여전히 존재한다. "제가 소덱소에서 일한 지 이제 18년이 되었습니다. 그 18년 동안 여러 다른 형태의 저항이 늘 있었습니다. 저항은 사라지지 않습니다." 아난드가 말했다.

변화 관리를 연구하는 학자들은 저항이 조직의 주된 변화마다 따라오는 유기적인 요소라고 말한다.[34] DEI 이니셔티브에 따른 저항은 여타 변화 관리 이니셔티브에 따른 저항보다 훨씬 더 복잡할 수 있다. 내적·외적·사회문화적 압박 때문이다. 경영진들과 여러 차례 협력해본 경험을 바탕으로 나는 경영진에게 다른 비즈니스 과제를 대할 때와 똑같은 확고함과 솔직함으로 DEI 전략에 접근하라고 권하고 싶다. 드러내고 말하기를 두려워하는 경영진이 여전히 많다. 2020년, 인적자원관리학회Society for Human Resource Managemaent 에서 실시한 조사를 보면 DEI 문제를 가장 잘 알아야 할 인사 전문가의 32%가 직장 내 인종적 불공평에 의견을 밝히기 불편해했다.[35] 이러한 DEI 관련 불편함은 결국 경영자들이 겉만 번지르르한 새로운 DEI 전략을 제대로 이해하지 못하고 실천 의지도 없이 그저 고개만 끄덕이며 결재하도록 만든다. 리더는 맡은 자리에서 실질적인 리더 역할을 해내야 함에도 말이다.

"사람들을 있는 모습 그대로 만나는 것, 협력을 얻어내기 위해 개별 전략을 사용하는 것에서부터 일차적으로 저항이 나타났습니다." 아난드가 20여 년에 걸친 소덱소의 경험을 설명했다. "다른 배경의 사람과 멘토 관계를 맺어 멘티의 경험에서 배우게 하는 전략도 있었습니다. 회사 내에서 학습하게도 했습니다. 회사 내 커뮤니티에 참여시켜 커뮤니티가 겪는 과정을 지켜보게도 했습니다. 저 대신 백인 남성을 보내 메시지를 전달하라고도 했습니다. 저항을 무너뜨리는 전략은 이처럼 다양합니다."

물론 이 모든 실행의 바탕에는 데이터와 비즈니스 케이스의 도움이 있었다. 하지만 아난드는 아직 끝이 아니라고 믿는다. 임원진의 저항을 극복하는 가장 역동적이고 강력한 길은 다른 사람의 입장이 되어보는 기회를 제공하는 것이라고 본다.

마음을 진짜로 바꾸고 싶다면 결국 마음으로 느껴봐야 합니다. 다양한 경험에 노출되어 봐야 하죠. '아프리카계 미국인 리더십 포럼African American Leadership Forum'에서 진행한 경청 활동이 그 예입니다. 아프리카계 미국인 ERG 서클이 각자의 경험을 나누는 동안 경영진이 그 모습을 지켜보았죠. 그 이후 경영진이 자신이 누려온 특권이나 DEI와 관련하여 어떤 노력을 기울일지 이야기하도록 했습니다. 구조화된 활동, 멘토링, 비공식적 참여 등으로도 다른 사람의 여러 경험을 공유받고 자신을 대입해볼 수 있습니다.

비즈니스 케이스를 바탕으로 데이터를 분석하고 그것이 비즈니스와 고객에게 얼마나 혜택을 주는지 보여주는 데 더해 이러한 여러 전략이 경영진의 저항을 극복하는 방법이 되었습니다.

끝나지 않는 여정

소덱소가 인종 차별 집단 소송 사태를 겪은 지 20년 넘게 흘렀다. 신임 CDO와 함께 수용 단계부터 DEI 노력에 착수한 이후 소덱소는 수많은 DEI 상을 수상했으며, 그중 2008년부터 13년 연속으로 다양성 전문 매체 〈다이버시티〉 순위에 선정된 것과 2021년 〈다이버시티〉 명예의 전당 50대 기업의 2위에 오른 것은 주목해볼 만하다.[36]

지난 20년 간의 소덱소 여정을 돌이켜볼 때 노력의 성과를 어떻게 확인할 수 있느냐는 질문에 아난드는 가장 자랑스럽게 여기는 세 영역, 즉 수치 측정 기준, 문화, 소덱스 DEI 프로그램의 지속가능성을 꼽았다.

우리는 회계 재정 분야에서 유색인종과 여성 고위급 임원을 확보하는 데 어려움을 겪었습니다. 그래서 오늘날 그 분야의 유색인종과 여성 고위급 임원의 수를 살펴보기만 해도 저는 큰 성취감을 느낍니다. 누군가

저에게 "여성 엔지니어로서 많은 선택지가 있었지만 이 회사에 온 건 사내 문화, 그리고 다양성 노력 때문이었답니다"라고 말했을 때도 그랬죠. 저는 2002년에 맡았던 직위 이상으로 승진하리라 기대하지 못했습니다. 하지만 소덱소의 문화 덕분에 오늘날 저는 글로벌 임원이 되었습니다. 유색인종, 특히 아프리카계 미국인의 참여 점수가 엄청나게 높아진 것을 보면 우리 노력의 성과를 알 수 있습니다. 그들은 회사에 소속감을 느끼고 있습니다. 이 역시 성취감을 주지요. 제가 없는 순간에도 다른 직원이 DEI를 옹호하고 나선다는 사실도 노력의 성과를 보여줍니다.

아난드는 소덱소의 여정이 끝나지 않았다는 점, 현재의 성공에도 안주하지 않고 계속 노력을 이어 가야 한다는 점을 강조한다. "집단 소송 사태를 딛고 최고 수준으로 올라섰다 해도 집중과 의도성이 없다면 언제든 다시 추락할 수 있습니다. DEI에는 지속적이고 끊임없는 노력이 필요합니다."[37]

아난드는 소덱소의 CDO에서 물러났지만 여전히 전 세계 경영진과 교훈을 나눈다. 직장의 유토피아가 무엇이냐는 질문을 받자 아난드는 경계심을 언급했다.

DEI는 반복적인 과정입니다. 항상 진화하지요. 외부 환경 자체가 늘 바뀝니다. 페달에서 발을 떼지 않고 끊임없이 문제를 해결하는 조직, 뒤로 물러서거나 안주하지 않는 조직이 유토피아일 겁니다. 편안하게

쉬기보다는 늘 준비해야 합니다. 예를 들어, 팬데믹이 닥쳤을 때 많은 회사가 DEI 지원을 중단하고 인원을 감축했습니다. 그러다 조지 플로이드 사건을 비롯해 여러 일이 일어나자 다시 조직 개편을 해야 했죠. 인생은 늘 이렇고 앞으로도 마찬가지일 겁니다. 결국 유토피아는 어떤 상황에서든 경계를 늦추지 않고 DEI를 가장 중심에 두는 조직입니다.

그림 7-1

소덱소는 식품, 시설 관리, 작업장 및 기술 관리 등의 현장 서비스를 제공하는 업체다. 또한 모든 서비스 대상자의 삶의 질을 향상한다는 미션 아래 각종 혜택과 보상, 개인 및 재택 서비스를 제공한다.

NBA 명예의 전당에 오른 매직 존슨과 파트너십을 맺고 2006년에 설립된 소덱소매직은 '건강한 식품과 탁월한 서비스를 통해 모든 지역사회를 지원하고 힘을 실어준다'라는 목표를 갖고 있다. 초중등 교육기관 및 흑인 대학을 포함해 주요 기관에 독립형 또는 통합형 솔루션을 제공한다.

소덱소의 비영리 단체인 '스톱 헝거 재단Stop Hunger Foundation'은 미국의 모든 어린이가 영양가 있는 음식을 안정적으로 공급받으며 성장하여 건강하고 생산적인 삶을 살도록 한다는 목표로 1996년에 출범했다.

2018년, 소덱소 CEO는 2025년까지 글로벌 임원진의 최소 40% 이상을 여성으로 구성한다는 목표를 선언하고 경영진에 연간 인센티브 10%를 약속하며 회사 전체의 목표 달성 책임감을 높였다. 여기에 더해 2025년까지 전 직원이 성별 균형을 이룬 관리 팀과 함께 근무하도록 한다는 목표를 세웠다.

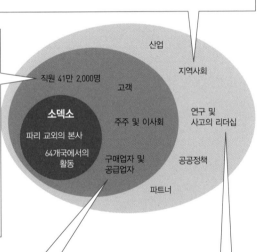

산업

지역사회

직원 41만 2,000명

고객

연구 및 사고의 리더십

소덱소

파리 교외의 본사

64개국에서의 활동

주주 및 이사회

구매업자 및 공급업자

공공정책

파트너

소덱소는 다양한 업체를 적극 발굴하고 직원에게 회사의 계약 목표를 교육하며 등록 및 인증된 다양한 작은 기업에 데이터베이스를 제공한다. 또한 각 지역 위원회에서 정리한 수치 자료를 매년 검토한다. 지역 및 다양성에 초점을 두고 지역 사회를 지원하기 위해 2025년까지 글로벌 구매액의 25%를 중소기업에 지출하는 것이 목표다.

소덱소는 2014년, 성별 균형이 이루어진 경영관리와 실적 간의 상관관계에 대한 내부 연구를 시작했다. 이것이 여성 임원진의 비즈니스 케이스 확장을 목표로 전 세계 소덱소 각 직위의 성별 분포를 다년간 종단 분석한 '성별 균형 연구'이다.

리더십을 통해
인간애를 불어넣다

베스트 바이

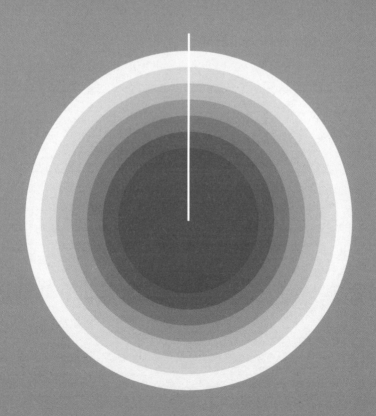

회사명: 베스트 바이(Best Buy)

여정의 단계: 전술에서 통합으로

최고의 실천: 관리자 책임감, 내러티브, 수치 목표

핵심적 한마디: 한 팀으로서 임직원과 리더의 유대감을 높이고 변화를 확신하게 하는 방식으로 그들의 마음을 움직이면, 차이를 만들어낼 수 있습니다.

— 휴버트 졸리^{Hubert Joly}, 베스트 바이 전前 의장 겸 CEO

충분히 행동하지 못했음을 사과하는 리더

조지 플로이드 사건 이후 많은 기업이 DEI와 관련해 깊은 성찰을 하였다. 전 세계가 고통의 순간을 공유했고 전자제품 소매업체 베스트 바이도 예외가 아니었다. 하지만 베스트 바이만의 차별 지점도 존재했다. 베스트 바이 본사가 플로이드가 사망한 지점에서 불과 7마일 떨어진 곳에 위치했던 것이다.

사건 당일 베스트 바이 임원진이 모였다. CDO 마크 어빈Mark Irvin은 그날을 떠올리며 말했다. "촉매제가 된 순간이었습니다. 텔레비전으로 방송되는 조지 플로이드 사망 장면에는 인간에 대한 그 어떤 존중이나 배려도 없었습니다⋯⋯. 그 상황을 제대로 이해하지 못한 사람도 많았습니다. '저런 일을 당할 만한 짓을 했거나 다른 이유가 있겠지'라고 생각해버리죠. 하지만 우리 모두 자비가 무엇인지, 정의가 무엇인지 알지 않습니까?"

그러나 그 사건은 정의가 아니었다.

어빈은 말했다. "플로이드가 죽임을 당한 그날 임원진과 만나 이야기를 나누는데 CEO 코리 배리Corie Barry가 말하더군요. 우리가 더 잘해야 한다고요."

더 잘해야 한다는 CEO의 말은 베스트 바이의 사내 성명 및 외부 성명에 반영되었다. CEO가 직접 작성한 성명의 일부를 소개하면 다음과 같다.

우리는 지금 미국 역사상 가장 힘든 시기에 있습니다. 치명적인 팬데믹과 그로 인한 경제적 위기가 지속되는 와중에 오랜 인종 차별의 비극적 결과까지 닥쳤습니다. 수만 명이 거리로 뛰쳐나와 공포와 비인간성에 저항하는 상황은 한편으로는 모두가 상황 개선에 나서야 한다는 점을 알려주지만, 다른 한편으로는 가슴 저미게 슬픕니다.

이제부터 무얼 해야 할까요? 흑인 남성과 여성이 자신들을 보호해 주어야 하는 이들에게 오히려 공격당하기 일쑤인 이 악순환을 바꾸려면 어떻게 해야 할까요? 미국에서 유색인종으로서의 삶은 안전하지 못하다는 이 서글픈 진실을 어쩌면 좋을까요?

저는 상황을 있는 그대로 바라보고 그들의 경험을 그대로 인정하며 충분히 행동하지 못했음을 사과하는 것에서 시작해야 한다고 생각합니다. 또한 제가 이끄는 회사에서 가능한 한 다방면으로 영구적이고 체계적인 변화를 이루어내는 일도 마찬가지로 중요합니다.

제게 정답은 없습니다만 이제는 '모든 가능성을 놓고 볼 때 베스트 바이가 할 수 있는 일은 무엇일까?'라는 질문만은 절대 잊지 않으려 합니다.[1]

이후 다른 회사의 DEI 담당자들이 보낸 연락이 어빈에게 쏟아졌다. 지금까지 그런 모습을 보여준 CEO는 없었다고 했다. "결국 우리 때문에 그쪽 CEO들도 같은 입장을 보였다고 하더군요." 온전히 리더십만으로 가야 할 여정에 진전이 이루어지는 순간이었다. '우리가 더 잘해야 한다'라는 CEO의 한마디가 수많은 리더의 동참을 불러왔다. "우리 회사의 여정은 인간을 우선으로 두는 길로 볼 수 있습니다." 어빈은 말했다. 인근에서 발생한 조지 플로이드 사건에 대한 회사의 대응은 단호하고 강력했다. "도저히 용납할 수 없는 일입니다."

인간적 마법, 극적인 기업 회생의 비결

46년 전통의 베스트 바이는 2012년, 최악의 상황에 처했다. 2011년에 회사 주식 가치가 40%나 하락했던 것이다. 새로운 소비자의 기대와 요구를 충족시켜야 하는 이커머스 경쟁에서 베스트 바이는 아마존 같은 거대 기업을 상대하며 고군분투해야 했다. 내부도 위기였다. 직원 이직률은 사상 최고치를 기록했고 사기는 바닥을 쳤다.

화려한 이력의 경영 전문가 휴버트 졸리Hubert Joly가 이 시기에 베스트 바이의 CEO로 가는 것은 어리석은 선택일 듯했다. 곧 망할 회사로 보였던 탓이다. 하지만 졸리는 CEO로 취임했다. 그는 인간성에 초점을 두고 회사를 변화시키기로 결심했고 그렇게 해냈다. 몇 년 만에 주가는 치솟았고 직원 이직률은 감소했으며 베스트 바이는 일하기 좋은 회사로 꾸준히 선정되었다. 심지어 아마존조차 베스트 바이 매장 안에 미니 스토어를 설치했다. 미국 비즈니스에서 가장 극적인 부활 사례라 할 만했다.

그 중심에 DEI가 있었다. "졸리가 CEO로 취임한 때가 베스트 바이의 DEI에서 가장 중요한 순간이었습니다." 어빈은 말했다. "모두들 베스트 바이가 곧 망할 거라고, 도저히 회생할 수 없다고 했죠. 새로이 취임한 졸리는 인간적인 접근의 의지가 아주 강했고 저도 바로 그것 때문에 합류했습니다."

소매업체 타깃Target에서 근무하던 어빈은 졸리에게 설득당해 베스트 바이로 옮겼다. "CEO와 인간적인 대화를 해본 것은 난생 처음이었습니다. 너무도 편하게 대해주어 깜짝 놀랐죠. 북미 쪽 회사는 형식을 중시하는데 졸리는 열린 자세로 솔직한 대화를 나누더군요. 인간 중심의 이런 접근 방식은 현재 회사의 기본 원칙으로도 이어집니다. 인간성을 갖추고 일을 가능하게 만들자는 거죠. 우리는 '자, 무엇이 가능한지 이야기해봅시다'라는 말을 반복합니다."

베스트 바이는 졸리가 오기 전에도 성별 다양성을 위한 노력을 일부 해왔지만 의도적인 DEI 노력은 졸리가 지휘봉을 잡으면서 실현되었다고 보는 사람이 많다. 의도적인 노력이 자연스럽게 보이는 이유는 졸리의 비즈니스 철학에 포용성이 굳건히 자리 잡고 있었기 때문이다. 졸리 자신의 설명은 이렇다. "회사는 같은 목표를 향해 함께 일하는 개인들이 모인 인간적인 조직이라는 것이 우리 철학입니다. 그 목표는 수익이 아닙니다. 모두가 소속감을 느끼며 본래의 자기 모습이 될 수 있고 거기에 회사도 관심을 기울인다는 사실을 아는 환경을 조성하는 것입니다. 회사 규모가 어떻든 이 고귀한 목표는 중요합니다. 이것이 제가 '인간적 마법'이라 부르는 변화를 실현하는 필수 요소입니다."

졸리의 말대로 이 철학은 고귀하다. 하지만 전술적으로 실행되지 않았다면 고귀한 의도는 그저 말뿐이었을 것이다. 졸리는 전술적 실행이야말로 베스트 바이 DEI 여정의 일부이자 더 크게는 비즈니스 전환의 일부였다고 말한다.

"베스트 바이 DEI 여정에서는 모든 사람이 자신의 개인적 목적과 동기가 회사의 목적과 연결되어 있다고 느낄 환경을 조성하는 것이 과업이었습니다. 직원들이 스스로 인간이라 느끼기를, 그리하여 불완전하고 취약하지만 그 모습 그대로 온전하기를 바랐습니다. 바로 이것이 베스트 바이 부활과 성공의 핵심 개념이 되었습니다."

불편하지만 꼭 필요한 도전과 약속

이러한 철학이 자리 잡는 것만으로도 충분하지 않았다. "거기서 멈춰서는 안 됩니다. 회사의 체계 안에서 다양성과 포용성 문제를 살펴봐야 합니다."

다른 회사와 마찬가지로 베스트 바이의 DEI 노력은 성별 문제에서 시작되었다. 졸리는 처음부터 성별 다양성을 옹호하는 입장이었다. "성별 다양성에 대한 제 신념은 벌써 오래되었습니다. 베스트 바이에서 제 직속 상사의 절반이 여성이었죠. 제 후임자도 여성이고, 제가 이사회에서 물러날 즈음에는 대다수의 이사가 여성이었습니다." 어빈은 졸리의 성별 평등 노력이 DEI 여정 전반의 중심축이었다고 설명했다. "졸리가 성별 다양성을 강조하면서 회사가 변화의 움직임을 보였습니다. 리더십 관점에서 볼 때, 그는 그 어떤 DEI 팀도 해낼 수 없는 일을 했습니다."

베스트 바이의 DEI 여정을 진전시키는 데 졸리가 리더십을 발휘한 또 한 가지 방법은 공개적인 DEI 약속이었다. 2017년, 베스트 바이는 평등 서약Parity Pledge에 서명하고 이사회 및 최고 경영진을 포함해 부사장 이상의 모든 직위 채용 면접에 자격을 갖춘 여성 후보자를 최소 한 명 이상 포함하겠다고 약속했다.[2] 2019년 3월 기준, 베스트 바이는 〈포춘〉 100대 기업 가운데 이사회의 성별 평등을 실현한 단 두 개 회사 중 하나다.[3] 2019년 4월, 졸리의 후임인 코리 배리가 베스트 바이 최초의 여성 CEO가 되었고 여성 이사가 일곱 명이 됨으로써 열세 명으로 구성된 이사회 과반수를 여성이 차지했다.[4] 현재 베스트 바이 이사회는 열 명으로 구성되어 있고 여성이 여섯 명, 남성이 네 명이다.[5]

졸리는 저서 《하트 오브 비즈니스》에서 성별 다양성 분야에서의 엄청난 성과에도 불구하고 인종 다양성은 그와 회사에 더 큰 도전이었다고 썼다. 일련의 포커스 그룹을 통해 얼마나 심각한 단절이 존재하는지가 드러났다. 흑인 직원이 낮은 직급에 묶여 있고 승진 가능성이 전혀 없다고 생각한다는 사실이 밝혀졌다. 다른 지역에서 이주해 온 사람들은 미니애폴리스의 문화에도 충격을 받고 있었다. 현지 출신 동료들이 자기 삶을 전혀 이해하지 못한다면서 소외감을 느낀다고 했다.

포커스 그룹과 같은 경청 상황에서 직장 내 차별이나 배제 경험을 털어놓는 일이 얼마나 어려운지 간과되기 쉽다. 백인과 남성이 대다수인 직장에서 비주류 정체성을 지닌 이들은 대다수와 전혀 다른 일상을 경험한다. 이에 대해 대화를 나누다 보면 비슷한 업무 환경을 경험하지 않은 이들이 오히려 피해자를 비난할 위험이 발생하곤 한다. 대립되는 시각을 가진 사람들과 서로 존중하며 대화하는 것은 오늘날 사회의 중요한 과제이다. 듀크대학교 푸쿠아 경영대학원의 '다이얼로그 프로젝트Dialogue Project'에서 나온 비즈니스 담화 및 양극화에 대한 글로벌 연구 결과를 보면 전 세계적으로 많은 사람이 서로의 차이를 넘어선 존중 어린 대화에 어려움을 느끼며 이를 중요한 문제로 지적했다(미국 57%, 브라질 64%, 인도 49%, 영국 28%, 독일 26%).[6] 따라서, 포커스 그룹에서 졸리가 진행한 인종 관련 친밀한 대화는 도전적인 일이었고 때로 불편했지만 변화를 위해 꼭 필요한 일이었다.[7]

졸리의 겸손한 성품은 어려운 대화를 해나가는 데 도움이 되었다. "포커스 그룹에서 들은 이야기는 정말이지 놀랍고 가슴이 아팠습니다. 프랑스계 백인으로 미네소타에 살았던 저는 유색인종의 어려움을 접할 기회가 별로 없었습니다. 모든 방면에서 다양성을 확대하는 데 실질적 변화를 이끌어내기에 제 경험은 매우 제한적이었죠. 저는 소수자, 특히 아프리카계 미국인 동료들이 직면한 제도적 장벽을 더 잘 이해하고 싶었습니다."[8]

어빈은 졸리가 문제를 인식하는 순간을 포착했고 그 자신도 사람들 간 경험의 차이를 이해하게 되었다고 말했다. 바로 흑인 직원으로 구성된 ERG와의 라운드테이블 토론에서였다. 어빈은 무슨 얘기가 오갔는지 정확히 기억하지 못했지만 그 토론이 졸리에게 결정적인 계기가 되었다는 점은 잊지 않았다. "그 순간이 졸리에게 결정적이었다는 건 분명했습니다." 졸리는 당시 흑인 ERG 리더를 다양성 및 포용성 책임자로 임명했다. "그리고 그때부터 눈에 보이는 성과가 이루어졌습니다."

그 후 공적 약속이 이어졌다. 2017년 7월 졸리는 '다양성과 포용을 위한 CEO 행동'에 가입했고 하워드 랭킨Howard Rankin을 회사의 첫 번째 D&I 책임자로 임명했다.[9]

DEI를 비즈니스 실적과 명확히 연결하라

경영진의 전폭적인 지지 덕분에 베스트 바이의 DEI 프로그램 구축 작업은 수월했다. 회사는 DEI를 인사 팀 업무로만 여기지 않았고 다양한 프로그램과 성과 측정 과정을 수행했다. 이를 위해 다수의 접근 방식을 사용했는데 몇 가지를 소개하면 다음과 같다.

1) 내러티브로 DEI를 비즈니스와 연결하기

DEI는 학자나 인사 전문가만 이해할 수 있는 난해한 개념이 아니다. DEI는 직장에서 직원이 자신의 가치를 보고 듣고 느끼도록 인간적 경험을 만들어내는 노력이라는 관점으로 바라보는 편이 가장 낫다. 이야기를 공유함으로써 리더는 직원들이 서로의 공통적이면서도 다양한 인간 경험을 연결지어보도록 도울 수 있다. 어빈의 최우선 과제는 회사의 비즈니스 과업과 연결되는 내러티브를 사용해 리더들이 스스로를 DEI 여정의 일부로 인식하게끔 만드는 것이었다.

"DEI가 옳은 일이냐는 질문이 자주 나옵니다. 당연히 옳은 일이지만 모두가 동의하지는 않죠. 회사를 이끄는 사람이라면 사회의 주류에서 배제되는 존재가 낳는 경제적 비용을 반드시 이해해야 합니다." 즉, DEI를 우선순위에 두든 아니든 DEI에 초점을 맞추는 데 실패한다면 비즈니스에 부정적 영향이 미친다는 말이다. 그리고 비즈니스에 부정적인 문제는 반드시 해결해야 한다. 어빈의 설명을 보자.

> 저는 임원들에게 아마존을 예로 듭니다. 전자상거래가 대두하는 등 상황 변화에 제대로 대응하지 못한 회사는 결국 사라졌지요. 여기도 마찬가지입니다. 사회 인식은 급격히 변화하는데 장벽을 치고 이를 반영하지 못하는 인력 구성을 고집한다면 살아남기 어렵습니다.
> 그래서 우리는 인구통계와 노동력의 구성 분포를 이야기했습니다. 예를 들어 베이비붐 세대에서 밀레니엄 세대, 포스트 밀레니엄 세대로의 변화를 생각해보면 인구학적 변화가 이미 노동력에 반영되었고 경제에 실질적인 영향을 미치고 있음을 깨닫게 됩니다.

어빈이 말하는 DEI의 경제적 영향은 어느 조직에서든 DEI 노력을 위한 비즈니스 케이스를 수립하는 데 토대가 된다. DEI가 비즈니스에 미치는 영향을 인식하지 못한다면 DEI는 다른 비즈니스 우선순위에 쉽게 밀리고 만다. DEI 전략이 지속가능성을 확보하려면 회사의 비즈니스 전략 및 실적과 명확히 연관되어야 한다. 어빈은 베스트 바이 리더들이 내러티브로 이러한 연결고리를 만들 수 있었다고 설명했다. "이야기 속에 자기 모습을 넣을 수 없다면 대부분이 이야기를 받아들이지 못할 것입니다."

2) 비즈니스 케이스를 사용하여 기능적 단위 수준의 변화를 만들기

비즈니스 케이스로 큰 크림을 그리는 일뿐 아니라 비즈니스 내 주요 기능들 사이를 연결하는 일도 필요하다. 나는 고객들에게 관리자가 DEI와 관련된 노력을 성공으로 이끄는 가장 중요한 연결고리라고 말하곤 한다. 하지만 DEI 노력이 자기 일과 어떤 직접적인 관계를 맺는지 이해하지 못하는 관리자가 많다. 심지어 DEI가 성공에 기여하지 않는다고 생각할 가능성도 있다. 성공의 판단 기준이 다른 탓이다. 이런 경우 다른 우선순위에 비해 DEI에 집중할 동기가 약하다. 결국 관리자는 DEI를 수익, 연간 목표, 내부 승진 기회 등과 연결하는 데 어려움을 겪는다.

게다가 관리자 대부분이 이미 업무가 과중하다고 느끼는 상태다. DEI는 추가 업무처럼 느껴진다. 수면 아래의 문제가 걱정된다 해도 DEI가 개인과 팀의 목표 달성에 실제로 어떤 도움을 주는지 알지 못한다면 관리자는 행동에 나서지 않을 것이다. 관리자들은 자주 말하곤 한다. "저도 그런 문제에 관심이 많지만 팀의 성과나 수익을 기준으로 평가받기 때문에 DEI에 쓸 시간이 없습니다." 이것 역시 인간적 반응이다.

빅터 브룸Victor Vroom의 고전적 기대 이론expectancy theory에 따르면 사람은 자신의 노력이 성과를 낼 것이고 높은 성과가 (돈, 인정, 지위 등) 가치 있는 결과로 이어질 것이라는 믿음을 바탕으로 동기를 얻는다고 한다.[10,11] 따라서 DEI에 쏟는 관심이 성과에 대한 더 좋은 평가나 의도한 결과로 이어질 것이라 생각하지 못하는 관리자는 설사 의도가 충분하다 해도 DEI를 업무 목록의 저 아래쪽으로 미뤄둔다. 그렇기 때문에 DEI, 팀의 성공, 회사의 가치 인정 및 보상 사이의 연관성을 관리자가 반드시 명확히 인식해야 한다.

이러한 문제 해결은 도전적이다. 나는 여러 고객에게 DEI가 회사 내 특정 부서의 업무에 어떤 영향을 미치는지 보여주는 작업을 해왔다. 리더가 이론적으로 그 필요성을 이해했다고 해도 DEI의 긍정적 효과를 각 부서에 말이나 데이터로 전달하기란 무척이라 힘들었다. 포용적 문화를 갖춘 다양한 팀이 더 신속히 문제를 해결하고, 오류를 발견할 가능성을 높이고, 새로운 고객을 확보하는 면에서 얼마나 도움이 되는지, 관리자가 분명히 깨닫지 못한다면 포용성 확보를 위한 행동은 받아들여지지 않을 확률이 높다.

예를 들어, 관리자가 포용적인 환경을 조성하는 한 가지 방법은 매번 팀 회의마다 반대자나 비판자를 지정해두는 것이다. 이렇게 하면 규범에서 벗어난 의견이 환영받을 뿐 아니라 비판적 사고 과정의 일부에 참여해볼 수도 있다. 반면 단기적으로 보면 의사결정 과정의 변화로 회의가 길어지고 최종 결정을 내리기까지 걸리는 시간이 늘어난다는 단점도 있다. 또한 반대나 비판 역할을 맡은 사람이 반대 규칙을 만드는 데 시간이 필요할 수도 있다.[12] 하지만 수많은 사회과학 연구, 그리고 구글이나 아이데오IDEO 같은 기업에서 이런 방식을 실시해본 결과, 집단적 사고가 제한되어 혁신이 촉진되는 효과가 확인되었다.[13] 회의에서 반대자를 지정하는 등의 포용성 관행과 원하는 결과를 달성한다는 목표를 연결한다면, 관리자들이 포용성 확보를 추가 업무로 보지 않고 일상적 관리 관행으로 만들 가능성이 훨씬 높아질 것이다.

베스트 바이는 각 부서, 특히 고객 대면 부서의 비즈니스 케이스를 더 생생하게 만들고자 내러티브 접근 방식을 사용했다. 어빈의 설명은 이렇다. "인구학적 변화에 따른 돈의 흐름 전환을 다룬 이야기로 시작했습니다. 여기서도 베스트 바이는 전략적이었습니다. 마케팅 팀이 중심이 되어 모든 부서에 메시지가 흘러내려가도록 했습니다. 특히 고객 대면 부서가 그 내용을 완전히 이해하도록 만들었죠. 예를 들어 우리는 베스트 바이에 들어서는 고객의 다양한 배경과 경험에 대한 이야기를 들려줍니다. 무의식적 편견 때문에 미처 생각해본 적 없는 내용이죠." 매장에서의 나쁜 경험이 매출에 영향을 미친다는 식의 이야기는 회사의 핵심 부분인 판매를 DEI와 연결시킨다. "이런 방법으로 회사 전체에 메시지를 전파했습니다. 우리의 전략적 우선순위는 포용적 문화의 조성입니다. 모든 사람이 참여하고 각자의 차이를 존중하고 인정하는 그런 문화 말입니다."

3) 책임감을 갖고 DEI를 이끌도록 하기

조직이 리더십 과제로서 DEI에 참여하도록 한 후에는 측정 가능한 변화를 확인해야 했다. 책임감은 리더가 약속대로 DEI를 실행했는가의 여부로 대개 평가된다. 하지만 진정으로 DEI에 책임감을 가지려면 직접적인 이해관계를 갖고 위험을 감수할 의지가 요구된다. "측정할 수 있는 문제는 해결할 수도 있다"라는 말은 DEI의 세계에서도 유효하다.

인상적인 DEI 성과를 거둔 기업이 혹시라도 실패가 드러날까 봐 두려운 마음에 수치를 측정하지 않는 상황을 나는 몇 년 동안 많이 보아왔다. 하지만 졸리의 궁극적 접근 방식은 수치를 포함하는 것이 었다. 문제가 가차 없이 드러나더라도 이를 통해 회사가 해야 할 일을 알 수 있다는 이유였다. 그의 리더십으로 회사는 이미 진보했지만 일단 DEI 여정에 들어선 만큼 수치 자료는 회사의 진행 상황을 보여 주고 발전을 촉구할 것이었다. 졸리의 설명을 보자.

한 팀으로서 임직원과 리더의 유대감을 높이고 변화를 확신하게 하는 방식으로 그들의 마음을 움직이면, 차이를 만들어낼 수 있습니다. 전에는 아니었지만 이제는 정량적 목표를 반드시 설정해야 한다고 저는 믿습니다. 처음에는 좀 망설이기도 했습니다. 일단 사람의 마음을 움직이고 싶었거든요. 하지만 감동할 기회를 만들고 난 후에는 "이제 목표를 세웁시다"라고 말해야 합니다. 현재 변화를 시작한 많은 기업이 목표를 설정하고 이사회는 그 목표에 책임을 지고 있더군요. 이렇게 되면 DEI를 다른 비즈니스 우선순위들처럼 관리할 수 있습니다.

현재 베스트 바이는 취약성, 공감, 용기, 품위로 이루어진 포용적 리더십 행동 지표를 갖고 있다. 각 리더는 해마다 각 항목에서 '궤도 벗어남,' '궤도에 있음,' '선도적임'으로 평가된다. 3점 척도다. 통계적으로 복잡한 형태가 아니다. 그럼에도 측정 지표는 존재만으로도 평가 대상자의 행동 및 회사 문화 모두에 변화를 가져온다. 이들 행동은 이제 실적 평가의 중요한 요소이다.

"'궤도 벗어남'을 받은 사람이 있다면 피드백을 줍니다. 예를 들어 취약성 표출에서 '궤도 벗어남'이라면 개방성이 부족해 남의 의견을 경청하지 않고 관심이나 호기심이 떨어진다는 뜻입니다. 실적 프로세스에서 우리는 각 리더가 이 지표에서 어떤 상황인지 확인합니다. 이는 승진과 여타 기회를 고려하는 데 영향을 미칩니다." 어빈의 설명이다.

하지만 위험을 감수하고 자기 가치를 확고히 지키려는 의지가 없다면 제아무리 잘 만들어진 지표라도 실패할 수 있다. 예를 들어, 많은 기업이 임원진 채용에서 후보자를 다양화하기 위해 노력한다고 말하지만 실제로 책임을 부여하는 시스템은 없는 형편이다. 목표가 달성되지 못했을 때 책임을 묻지 않는 것도 문제다. 지표를 도입한 후 베스트 바이 경영진은 지표를 실현하려면 더 과감하게 행동해야 한다는 것을 깨달았다.

졸리는 말했다. "당시 흑인 이사가 아예 없었기 때문에 일단 이사회 구성부터 바꿔야 했습니다. 그래서 헤드헌터들에게 이제 성별을 넘어 인종 면에서 진보를 이뤄야 하니 다음번 이사 채용 때는 백인 이력서를 가져올 필요가 없다고 했습니다. 이렇게 하여 우리는 루니 룰Rooney Rule 을 도입한 셈입니다." 전 피츠버그 스틸러스 구단주 댄 루니Dan Rooney 의 이름을 딴 전미 미식축구 리그의 이 규칙은 코치진이나 고위 운영진 채용 인터뷰 자리에 소수자를 최소 한 명 이상 포함하도록 한다. "명확한 신호를 보내는 것이 중요하다고 생각했습니다. 헤드헌터들에게 훌륭한 흑인 이사를 추천할 수 없을 것 같다면 다른 업체와 일하겠다고 말했죠."

4) 실수를 인정하고 도전을 포용하기

어떤 조직이든 DEI 여정에서는 상당한 수준의 겸손함이 필요하다. 누구나 실수할 수 있다. 이는 우리가 적응하고 발전하는 방식이다. 인종과 같은 민감한 주제를 다룰 때 저지르는 실수는 특히 오늘날처럼 불매운동이 자주 벌어지는 문화에서는 끔찍한 결과를 가져올 수 있다. 연구 결과를 보면 말실수를 할지 모른다는 두려움 때문에 임원들, 특히 백인 남성 임원이 DEI 관련해서 아예 침묵하는 경우가 많다고 한다.[14] 백인인 졸리는 실수를 했을 때조차 모범을 보였다.

"회사에서 이 여정을 시작했을 때는 해도 괜찮은 이야기가 어디까지인지조차 알 수 없었습니다. 그래서 저는 앞으로 실수를 저지를 작정이고 실수로 배우겠다고 모두에게 약속했습니다. 한번은 회의에서 제가 '우리 회사에는 허연색 남성 임원이 너무 많다'고 말했고 이 말을 들은 백인 남성 임원 한 분이 바로 절 고소하더군요. 전 잘못을 깨닫고 임직원들에게 공격성 발언에 마음 상한 사람이 있다면 죄송하다고 사과했습니다. 그리고 대화를 나눴죠. 우리는 모두 인간이니 자신과 상대를 용서하면서 성장해야 합니다."

개인적 차원에서 겸손은 실수를 인정하는 데 핵심 요소다. 하지만 집단이나 조직 차원에서는 실수를 인정하고 바로잡기가 더 어려울 수 있다. 그때까지 해온 일이 잘못되었다는 사실을 인정하고 처음부터 다시 보다 공정한 시스템을 구축하기를 꺼려서 결국 추구하는 가치를 실현하지 못하는 조직이 많다. 예를 들어 베스트 바이가 고위임원직을 채용하는 과정에서 어빈은 후보자 평가에 편견이 개입되어 있음을 발견했다. 후보자 두 명의 이름은 존과 리카르도였는데, 면접관 대부분이 존 쪽에 높은 점수를 주고 있었다.

어빈은 "면접 팀에서 다양한 인종적 배경을 지닌 사람은 저뿐이었어요"라고 말했다. 그리고 면접관들의 경험과 배경이 백인인 존과 비슷했기 때문에 당연히 히스패닉계 리카르도보다는 존에 공감한다고 생각했다. 어빈은 이것을 무의식적인 편견이라고 보았을 뿐 아니라 면접관들의 결정이 조직에 최선의 선택이 아닐 수 있다고 판단했다. 다양성은 경험과 사고의 다양성을 포함한다. 기존의 인력과 비슷한 사람보다는 다른 사람이 회사에 더 도움이 되지 않을까? 어빈은 다음에 일어난 일에 대해 말해주었다.

우리가 DEI에 전적인 노력을 기울임에도 무의식적인 편견이 작용했음을 목격한 셈이었습니다. 면접 결과를 논의하면서 저는 말했죠. "잠깐만요, 이해가 안 되는군요. 이미 존재하는 역량을 더 높이기 위해 새로운 사람을 채용하는 건가요? 아니면 더 많은 경험을 포괄하는 나은 조직이 되려고 하는 건가요?"

나중에 다른 분들이 말하더군요. "다양화라는 관점을 면접에 어떻게 포함시켜야 할지 모르겠습니다. 저희는 항상 최고라고 생각하는 인재를 뽑아왔습니다." 결국 그 '최고'가 기존의 경험에 바탕을 둔다는 사실을 깨닫는 계기였습니다. 채용 전략이 편향되었던 거죠.

조직에 필요한 일은 기존의 오류와 한계를 기꺼이 인정하고, 더욱 중요하게는 그에 대해 이야기하는 것이다. 이러한 개방성을 향한 전진을 막는 한 가지 요소는 편견 등의 문제를 언급하면서 자칫 동료를 심판할 수 있다는 두려움이다. 어빈은 문제를 지적하고 싶었을 뿐 동료들이 나쁜 행동을 했다고 비난할 생각은 아니었다. 그리고 이후 함께 토론하면서 동료들은 그의 진심을 이해했다. 인정, 대화, 수정, 전환은 조직이 이러한 문제를 극복하도록 돕는다.

DEI는 인사팀 과제가 아니라 리더십 책임

졸리가 합류했던 때 베스트 바이는 전략 수립 단계에 있었다. 성별 다양성에 초점을 맞춘 DEI 프로그램이 활발히 추진되었지만 핵심 비즈니스 모델에는 DEI가 포함되지 못한 상태였고 업무 전반에는 파고들지도 못했다. 이후 10년 동안 졸리와 어빈의 지휘 아래 베스트 바이는 엄청난 DEI 성과를 이루어 통합 단계까지 성숙했고, 이는 지역사회와 업계 전반에서 베스트 바이의 영향력을 확대한 직원 중심 프로그램과 이니셔티브 등으로 증명되었다.

2019년, 졸리가 CEO에서 물러난 후에도 그의 업적과 정신은 회사의 핵심 가치로 남았고 회사의 DEI 여정에 여전히 영향을 미치고 있다. DEI가 인사 팀의 과제가 아니라 리더십의 책임이라는 그의 가치 설정은 지금도 여전히 유효하다.

오늘날 베스트 바이의 문화는 인력, 직장, 시장, 커뮤니티라는 네 가지 전략 영역에서의 다양성과 포용성을 중심으로 한다.[15] 회사의 노력은 널리 인정받고 있다. 2019년에는 흑인 대학Historically Black Colleges and Universities;HBCU 졸업생들을 위한 최고의 기업 목록에서 11위에 올랐다. 같은 해 베스트 바이는 흑인 직원 40명이 '임원 리더십 컨퍼런스Executive Leadership Conference'에 참여하도록 후원했다. 이는 상위 500대 기업의 이사회와 경영진에 흑인이 더 많이 진출하도록 워싱턴 D.C.에서 개최된 행사였다.[16] 2020년 베스트 바이는 다양성 전문 매체 〈다이버시티〉가 선정하는 '다양성에서 주목할 만한 기업'에(소매업체로서는 단 두 곳 중 하나였다) 포함되었고 에티스피어Ethisphere에서는 '세계에서 가장 윤리적인 기업'으로(2021년과 2022년에도 수상했다) 뽑혔다.[17,18] 블룸버그 성 평등 지수Bloomberg Gender-Equality Index에서도 높은 평가를 받았다.[19]

가장 최근의 성과는 2020년 6월에 결성된 '인종 평등을 위한 태스크포스Task Force for Racial Equality'인데, 이는 불평등을 해소할 실질적인 방법을 모색하도록 고위 경영진과 이사회를 독려하기 위해 배리가 임명한 팀이다.[20] 2020년 12월, 베스트 바이는 유색인 및 여성 직원 채용, 그리고 청년 및 잠재 리더를 위한 추가 교육 및 경력 개발 기회와 지원에 중점을 둔 5개년 계획을 발표했다.

대외적으로 공개된 이 약속에는 2025년까지 상근직 자리 세 개 중 하나를 유색인으로 채우고 신규 상근직 현장 업무 자리 세 개 중 하나를 여성으로 채운다는 목표가 포함된다.[21]

베스트 바이는 또한 유색인 학생의 대입 준비 지원 및 취업 기회 확대에 4400만 달러를 내놓기로 했는데 '유나이티드 니그로 칼리지 펀드United Negro College Fund;UNCF'와 협력해 만든 흑인 대학 학생 장학기금도 여기 포함되었다.[22] 직원들의 포용성 문화를 강화하기 위해 베스트 바이는 다양성 및 포용성 추진 위원회를 포함해 ERG 네트워크를 확장했다.[23] 이러한 그룹들은 최고의 인재를 유치하고 투자하며 포용성을 촉진하는 데 중점을 둔다.[24] 한편 2021년 6월에는 유색인 등 다양성이 확보된 업체들에 2025년까지 12억 달러 이상을 지출하기로 약속했다.[25]

베스트 바이는 회사 밖으로도 영향력을 확장했다. 이는 직원과 주주뿐 아니라 지역사회에 봉사하는 기업이라는 졸리의 비전이 낳은 자연스러운 결과였다. 예를 들어, 광대역 통신망에 대한 요구가 있다. 이 요구는 특히 팬데믹 상황에서 아주 중요했다. 졸리는 말했다. "뉴욕시뿐 아니라 미네소타주 시골에서도 광대역 통신망이 중요합니다. 그런데 인구 집단마다 처한 상황이 서로 다르죠. 미국의 광대역 통신망에는 엄청난 불평등과 불공정이 존재합니다." 후임인 코리 배리는 몇몇 CEO 및 주지사와 힘을 합쳐 해결책을 마련했다. 회사의 영향력에 파급력이 있으려면 인력, 시간, 노력의 제공, 그리고 경쟁사 및 다른 리더들과의 대화가 핵심적이다. "수표를 내놓기는 쉽습니다. 하지만 무언가 해내는 것이 훨씬 더 중요합니다." 졸리의 말이다.

어빈은 영향력을 확대하기 위해 회사가 해온 노력을 들려주었다.

제가 가장 자랑스러워하는 점은 우리가 목소리를 내는 방식입니다. 상황이 발생하면 고위 경영진 열여섯 명이 모두 모여 논의합니다. "이 상황에 대해 우리가 하고 싶은 말이 무엇입니까? 정부 기관에 무엇을 말하고 싶습니까? 어떻게 정책에 영향을 미치고 싶습니까? 내부 직원에게 하고 싶은 말은 무엇입니까? 우리가 속한 지역사회를 변화시키기 위해 우리 플랫폼을 사용할 방법은 무엇입니까?" 이런 문제를 끊임없이 고민합니다. 최근에는 증오 범죄가 아시아 커뮤니티에 미치는 영향에 대해 성명을 발표했습니다. 관련 단체에도 투자하고 있습니다. 우리는 혐오에 반대합니다. 저는 이것이 변화를 가져온다고 생각합니다.

지난 몇 년 동안 계속 높아져온 베스트 바이의 DEI 관심도를 보면 회사가 이미 종착점에 도달했다고 생각할 수도 있다. 하지만 그렇지 않다. DEI 여정은 항상 진화한다. DEI는 인간성의 문제인데 인간 자체가 항상 진화하고 변화하기 때문이다. 조직의 DEI 여정도 마찬가지다. 베스트 바이는 이제 DEI 노력의 다음 여정을, 의도성을 점점 더 높일 방법을 내다보는 중이다. 일반적인 DEI 목표를 실행하기보다 자신만의 단계를 밟고자 했던 아이오라 헬스처럼 베스트 바이도 비슷한 방향으로 나아가려 한다.

어빈의 말을 보자. "100가지 일을 하겠다고 해서는 곤란합니다.

모든 것을 길바닥에 던져놓고 어떻게 자리 잡는지 지켜보겠다고 한다면 되는 일이 없을 겁니다. 포용성과 다양성 분야, 그리고 사회적 영향력 분야에서 회사는 많은 일을 할 수 있습니다. 우리의 정체성을 더 고민하고 가장 결정적인 차이를 만들어낼 곳이 어디인지 더욱 날카롭게 찾아내자는 말입니다."

그런 노력의 하나로 2021년, 베스트 바이는 소외되고 저평가된 지역사회 청소년들이 이용할 수 있는 청소년 기술 센터를 서른다섯 군데 열었다. 기술 분야의 직업에 열망을 심어주어 다른 방법으로는 접근하기 어려운 위치까지 도달하게끔 영감을 주려는 것이 목표다. "이는 우리만의 특징이라고 생각합니다. 이제 청소년 기술 센터를 서른다섯 군데에서 100군데로 늘리기로 했습니다. 너무 많은 일을 하려 하는 대신 회사의 특성과 DNA에 맞는 몇 가지에 충분히 의도성을 보이는 일이 중요하다고 생각합니다." 어빈의 말이다. 이 글을 쓰는 시점에 베스트 바이는 청소년 기술 센터를 마흔여섯 개로 늘렸고, 2025년까지 총 100군데로 늘려 매년 3만 명의 청소년이 이용하도록 할 계획이다.[26]

사람이 목표일 때, 조직이 진화한다

마크 어빈과 휴버트 졸리에게 직장 유토피아가 어떤 모습일지 물어보았다. 두 사람 모두 인간이 본연의 자기 모습이 되어야 한다는 점에 초점을 맞추었다. 그리고 그것이 낳는 비즈니스 성과를 언급했다.

어빈은 "누구나 '내 목소리는 남들과 다르지만 가치가 있어. 그리고 나는 모두를 도와 차이를 만들어낼 수 있어'라고 생각했던 순간이 있을 겁니다. 제 지향점이 바로 거기입니다. 장벽이 사라진 직장, 사람의 말을 경청하는 직장 말입니다. 직원들이 다른 모든 사람과 똑같은 용어를 사용하고 똑같은 관점을 가져야 한다고 느끼지 않기를 바랍니다. 온전한 자신의 모습으로 우리 모두를 더 낫게 만들어주길 바랍니다. 그것이 제가 추구하는 세상입니다"라고 말했다.

졸리에게 DEI는 '인간적 마법'을 이뤄내는 핵심 요소다. 인간적 마법은 수익이 아닌 사람을 목표로 할 때 자연스럽게 만들어진다. "피부색을 포함해 나를 이루는 모든 부분이 존중받고 온전한 인간으로서 나를 봐주는 곳이 유토피아입니다. 보이지 않는 사람은 목소리를 낼 수 없습니다. 앉을 자리도 없습니다. 그러니 다양성과 포용성은 부수적인 요소가 아니라 인간적 마법을 발휘하는 데 필수적인 요소입니다."

그림 8-1

베스트 바이는 세계 최대 규모의 다채널 전자제품 소매업체다. 베스트 바이의 목표는 기술로 삶을 풍요롭게 하고 모든 고객에게 흥미로운 경험과 존중받는다는 느낌을 제공하는 것이다.

베스트 바이의 청소년 기술 센터 및 기술 교육 프로그램은 청소년에게 기술, 훈련, 멘토링 기회를 제공한다. 기술 센터의 진로 개발 프로그램은 과학기술이나 창조 경제 분야를 지망하는 십대들에게 진로 준비와 직업 훈련을 시키기 위한 것이다.

2020년 12월 베스트 바이는 유색인 및 여성 직원 채용, 그리고 청년 및 신흥 리더를 위한 추가 교육 및 경력 개발 기회와 지원에 중점을 둔 5개년 계획을 발표했다. 여기에는 2025년까지 상근직 자리 세 개 중 하나를 유색인으로 채우고 신규 상근직 현장 업무 세 자리 중 하나를 여성으로 채운다는 목표가 들어 있다.

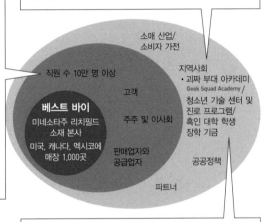

2020년 12월, 베스트 바이는 유색인 학생들의 대입 준비 지원 및 취업 기회 확대에 4400만 달러를 내놓기로 했다. '유나이티드 니그로 칼리지 펀드'와 협력해 만든 흑인 대학 학생 장학 기금도 여기 포함된다.

포용을 위해
전통을 깨다

○

인포시스

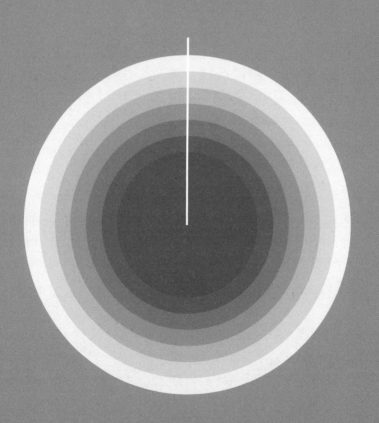

회사명: 인포시스(Infosys)

여정의 단계: 전술에서 통합으로

최고의 실천: 비전통적 채용 전략, 다양성에 대한 폭넓은 정의

핵심적 한마디: "미래의 서비스를 구축한다면 다양한 인력과 함께 만들어야 제대로 결과가 나올 겁니다. 이건 제게 분명한 현실입니다. 옳은 일이기도 하고요. 떠벌리기 위해서가 아니라 실행 가능한 비즈니스 모델이기에 우리는 그 길을 택했습니다. 결국 더 공평한 미래를 위한 옳은 일이었음이 드러났죠."

– 인포시스 회장 라비 쿠마르Ravi Kumar

더 공평한 미래를 위해
지금 옳은 일을 하라

인도에 본사를 둔 기술 회사인 인포시스는 2017년에 전 세계 회사의 디지털 혁신 전략 수립 및 실행을 지원하며 매출을 102억 달러까지 올렸다. 회장 라비 쿠마르Ravi Kumar 는 회사의 미국 내 입지 확대를 야심차게 추진하면서 미국에서 1만 명을 고용하겠다고 선언하기도 했다. 본사가 인도 소재인 만큼 그전까지는 미국에서 직원을 고용할 일이 거의 없었다. "미국에서 1만 개 일자리를 만들겠다는 우리 발표에 놀란 사람이 많았습니다. 미국에는 훌륭한 기술 인력이 없다고들 생각하더군요."

미국 내 인력 확대라는 획기적 전략을 실행하려면 회사의 인재 채용 방식이 기존과는 달라져야 했다. 인포시스는 인도에서 세계 최대 규모의 기업 대학을 직접 운영하고 있었다. "1만 명 채용은 다양한 학교와 대학 출신을 뽑는다는 의미였고 그때까지 그렇게 채용을 하지 않던 저희로서는 매우 새로운 시도였습니다." 쿠마르가 설명했다. "2017년 전까지는 경력 직원만 채용했습니다. 그러다 2017년에 처음으로 대학 졸업생 1,000명을 고용했습니다."

2021년까지 인포시스는 4,000명을 채용해 미국 졸업생을 가장 많이 데려간 기업 중 하나였다. 인포시스는 독특한 접근 방식을 취했다. 경쟁사들처럼 명문대 졸업생을 뽑을 뿐 아니라 인력의 신천지인 커뮤니티 칼리지(미국의 2년제 기술 전문 대학을 말한다-옮긴이) 출신을 집중 공략한 것이다.

쿠마르는 이러한 전략이 필요에 따른 것이었다고 설명했다. "미래 기술은 빠르게 고갈될 것입니다. 우리는 미래의 일자리가 핵심 디지털 업무를 넘어서리라는 점을 깨달았습니다. 디지털화가 진행됨에 따라 데이터 운영 및 최종 사용자 보안 운영과 같은 분야에 토대 인력이 많이 필요해질 테죠. 이를 고려해 대안적 채용 방식을 찾아 나섰고 커뮤니티 칼리지가 훌륭한 인력 공급원임을 발견했습니다."

기술 분야에서 거의 미개척 상태였던 시장을 공략하는 독특한 전략이었다. 전통적으로 2년제 준학사 학위를 가진 커뮤니티 칼리지 졸업생은 4년제 학사 학위를 취득한 졸업생보다 실업률이 높지만, 미국 전체 학부 학력 인원의 3분의 1을 차지한다.[1] 더욱이 커뮤니티 칼리지는 더 다양하고 경험이 풍부한 인재를 보유한다. 많은 학생이 이미 직장 경험이 있으며 절반이 인종 및 민족적 소수 집단 출신이고 3분의 2 이상은 연소득 5만 달러 미만 가정 출신이다.[2]

고용주들은 기술 및 디지털 기술 능력을 제대로 갖춘 인재를 찾기가 어렵다고들 말한다.[3] 그러나 연구에 따르면 준학사 학위 졸업생은 회사의 미래 수요를 충분히 맞출 수 있으며, 관련 경험을 갖춘 경우 학사 학위자와 동등하거나 더 나은 성과를 보이는 것으로 나타났다.[4]

인포시스에게 커뮤니티 칼리지는 미개발된 풍부한 광맥과도 같았다. 커뮤니티 칼리지에서 인력을 채용해 시장 평균보다 높은 급여를 지급하면 미국에서 1만 명을 고용한다는 목표가 쉽게 달성될 듯 보였다. 참으로 간단한 공식이었다.

하지만 쿠마르와 채용 팀은 정반대를 경험했다. 무엇이 문제였을까?

급여가 유일한 동기가 아닐 때

쿠마르와 채용 팀은 커뮤니티 칼리지가 인포시스에 관심이 없다는 사실을 알게 되었다. "처음으로 커뮤니티 칼리지에 다녀온 채용 담당자가 그러더군요. 다들 우리 회사에 올 생각이 없다고요. 다른 회사보다 급여가 25~30% 더 높은 상황인데 취업을 원치 않는다니 정말 충격이었습니다."

심지어 채용하려는 직무가 무엇인지조차 이해하지 못하는 상황이었다. 사이버 보안 직무를 알리면 "그게 뭔지도 모르겠어요. 대체 무슨 얘길 하는 거죠?"라는 반응이 되돌아왔다. 채용 팀은 결국 급여를 내세울 수밖에 없었지만 헛수고였다. 인포시스가 더 높은 급여를 약속해도 학생들은 관심을 보이지 않았다.

돌이켜보면 처음부터 단추를 잘못 꿴 것 같았다. 막무가내로 급여의 경쟁력만 강조했으니 말이다. 관심이 없다고 느껴질수록 채용 담당자들은 더 많은 금액을 제시했다. 이것이 입사 동기를 높일 것이라 기대했다.

쿠마르와 채용 팀은 문제의 원인을 파악하려 애썼다. 그 결과 커뮤니티 칼리지 졸업생 상당수가 해당 직무를 들어본 적도 없다는 사실을 깨달았다. 기술 분야에 롤 모델이 없었던 것이다. 업계와 관련해 물어볼 사람도 없었다. 인포시스 취업은 매우 낯선 일이었고 낯섦은 불확실성으로 이어졌다. 그래서 학생들은 자신이 잘 아는 일, 혹은 적어도 신뢰할 수 있는 친구나 가족에게 확인 가능한 일을 택하려 했다. 롤 모델의 부재는 성공을 꿈꾸기 어렵게 만드는 커다란 심리적 부담으로 작용한다. 여성과 소수 민족은 비슷한 배경의 롤 모델이 존재할 때 자신도 직장이나 리더십 역할에서 성공할 수 있다고 느낀다는 연구 결과도 있다.[5]

커뮤니티 칼리지 졸업생들의 태도는 인포시스 채용 팀이 4년제 대학 졸업생들과 만났을 때와 크게 대조되었다. "4년제 대학에서는 그런 문제가 없었습니다. 설령 기술 직무를 모른다 해도 기술 직무로 일하는 사람을 알고 있었거든요. 그러니 충분히 도전해볼 마음을 먹을 수 있었습니다." 쿠마르의 설명이다.

급여 경쟁력에만 집중하는 방법은 소용이 없었다. 여기서 문제는 급여가 아니라 '일을 해낼 수 있다는 자신감'이었기 때문이다.

인포시스는 새로운 전략으로 전환했다. 학생들의 출신 지역사회에서 신뢰받는 조직을 찾기로 했다. "지역사회에서 일하며 신뢰 관계를 구축한 비영리 단체에 가교 역할을 부탁해야 한다는 것을 깨달았습니다. 또한 지역사회와 더 밀접하게 연결된 회사들과 협력해 인재들을 끌어오고자 했습니다." 인포시스는 캘리포니아 비영리 단체인 MV 게이트와 제휴해 '가족 코딩의 밤family code nights'을 개최했다. 유치원생부터 5학년생까지의 학생들이 부모님과 함께 한 시간 동안 코딩을 해보는 행사였다.[6] 인포시스가 협력한 다른 지역사회 파트너로는 미국 걸스카우트, 걸스 후 코드Girls Who Code, 미국 소년소녀 클럽 Boy & Girls Clubs of America 등이 있다.[7]

포용성 추구에 완벽은 없음을 인정할 것

인포시스는 1981년에 엔지니어 일곱 명이 총 250달러를 투자해 인도 푸네에 세운 회사다. 720억 달러 규모로 성장한 현재는 기술 서비스 및 컨설팅 분야의 글로벌 리더로 인정받고 있으며 전 세계 50개 이상의 국가에서 직원 25만 명이 근무한다.

수년 동안 인포시스는 성장과 확장을 추구하는 회사로만 알려졌다. 인도를 넘어 세계로 뻗어 나가면서 1987년 보스턴에 첫 번째 해외 사무소를 열었다. 1993년에는 나스닥에 상장된 인도 최초의 IT 기업이 되었다. 이후 확장을 계속하며 영국에 유럽 본사를 설립하고 1995년에는 토론토에 글로벌 개발 센터를 세웠다. 2000년까지 독일, 스웨덴, 벨기에, 호주, 프랑스, 홍콩, 캐나다, 영국, 미국에 인포시스의 지사 또는 개발 센터가 만들어졌다. 2000년부터 2003년경까지 매출과 지사 수가 꾸준히 증가하여 10억 달러이던 매출이 2년도 채 지나지 않아 20억 달러가 되었다. 2006년에는 5만 명이었던 직원 수가 3년 만에

두 배로 늘었다.[8]

인포시스의 DEI 여정은 회사의 빠른 성장 속도에 발맞춰 나아가야 했다. 대부분의 지표로 볼 때 여정은 성공적이었다. 대부분의 기업이 지지하면서도 실천하지는 못하는 가장 단순한 전략, 즉 직원과 인재에 집중하는 전략 덕분이었다. 인포시스는 이를 성공적으로 수행한 것으로 보인다. 그 성공은 인포시스가 2001년에 〈비즈니스 월드/휴잇 Business World/Hewitt〉이 선정한 '최고의 기업'에 이름을 올리면서 처음 알려졌다.[9]

2012년에는 〈포브스〉 선정 세계에서 가장 혁신적인 기업 명단에 올랐다. 또한 인포시스는 세계 최대 규모의 기업 지속가능성 이니셔티브인 '기후를 위한 배려 Caring for Climate'에서 25개 우수 기업 중 하나로 선정되었다.[10]

기술 분야는 일반적으로 남성 중심이지만 인포시스는 여성 리더 인력 공급원을 강화하는 스폰서십 프로그램으로 성별 다양성을 확대했다. 여성과 그 협력망을 강화하는 '인포시스 여성 포용성 네트워크 Women's Inclusivity Network', '리스타트 위드 인포시스 Restart with Infosys' 프로그램이 여기 포함된다.[11] 리스타트 프로그램은 경력 단절 여성들에게 관련 기술 개발, 실제 프로젝트 경험과 멘토링 기회를 제공하면서 재취업을 돕는다. 인포시스는 출산 후 직장 복귀 프로그램으로 어머니들도 지원한다. 이러한 노력 덕분에 인포시스는 여성 직원의 89%가 육아휴직 후 업무에 복귀했다.

성별 다양성을 높이려는 인포시스의 노력은 외부에서도 인정을 받았다. 2019년, 인포시스는 혁신적 관행 및 여성 리더십 개발 프로그램 부문 상위 5개 회사, 다이브허시티DivHERsity 상위 20개, 혁신적 관행 및 여성 리더십 개발 부문 상위 20개라는 세 개 부문에서 '악셀러레이트 2020 다이브허시티AccelHERate 2020 and DivHERsity' 상을 받았다.[12] 거침없는 성장 이후에도 인포시스의 평판은 떨어지지 않았다. 2019년 〈포브스〉의 세계에서 가장 존경받는 기업 목록에서 3위를 차지했으며, 호주, 싱가포르, 일본에서 2020 최고 기업으로 선정되었다.[13,14] '인도 여성을 위한 최고의 기업Best Companies for Women in India:BCWI'으로 선정되었고 인도의 357개 기업 중 반反 성희롱 관행 부문 1위에 올랐다. 워킹 마더Working Mother 와 아브타르Avtar 가 선정한 2021 '인도의 가장 관용적 기업Most Inclusive Companies in India:MICI' 목록에도 올랐다. 또 '일하기 좋은 기업Great Places to Work'과 2021년 〈포춘〉이 선정한 '일하기 좋은 대기업'에도 포함되었다.[15,16]

이러한 성별 다양성 노력에서 고도성장을 지속하면서 동시에 성별 다양성을 이뤄냈다는 점이 가장 인상적이다. 2010년 이후 인포시스는 2016년 매출 100억 달러 돌파, 2021년 150억 달러 돌파, 〈포춘〉 선정 500대 기업 중 185곳에 서비스 제공 등 여러 차례 최초 기록을 달성했다.[17] 그러면서도 기꺼이 새로운 접근 방식을 시도하고 성과를 크게 기념하는 등 다양성 노력을 멈추지 않았다.

성별 평등이라는 글로벌 이슈에 인포시스와 같은 기업이 초점을 맞춰야 할 이유는 분명하다. 현재 인포시스는 2030년까지 여성 인력의 비율을 45%까지 끌어올려 성별 다양성을 확보하겠다는 야심찬

목표를 세웠다(2022년의 여성 인력 비율은 약 38%이다).[18]

하지만 156개가 넘는 다양한 국적의 직원이 근무하는 인포시스에서 인종 측면의 형평성과 포용성을 확보하기란 더 어려운 과제였다. 다국적 인력 구성 상태에도 일부 직원은 남아시아와 인도 출신이 90% 이상으로 과도하게 많다며 문제를 제기했다.[19] 미국에서도 인포시스는 인종 및 성별 차별을 이유로 EEOC에 제소를 당했다.[20]

나는 미국 인포시스에서 일했던 흑인 여성을 인터뷰한 적이 있는데 회사 안에 흑인 롤 모델이 거의 없고 팀에서 유일한 흑인인 탓에 힘든 상황이 많았다는 말을 들었다. "입사해 보니 스물다섯 명 팀원 중 제가 유일한 흑인 여성이었습니다. 퇴사한 다른 흑인 직원들과 이야기를 나눠보니 모두 비슷한 경험을 했더군요. 저는 인포시스에 입사하기 전에 MBA를 취득했고 컨설팅 경험도 많았지만 회의의 서기 역할을 맡았습니다. 가치를 인정받지 못한다는 느낌이었죠. 아이디어를 내도 진지하게 받아들여지지 않았습니다."

많은 회사, 특히 다수의 글로벌 대기업이 그랬듯 인포시스도 일부 영역에서는 뛰어난 성과를 거두었지만, 여전히 모든 직원이 포용성을 경험하도록 개선해야 한다는 과제가 남았다. DEI의 복잡한 특성을 포용하기 위한 중요한 요소는 어떤 조직도, 어떤 사람도 완벽할 수 없음을 인정하는 것이다. 하지만 그렇다고 완벽을 추구하려는 시도까지 가로막혀서는 안 된다.

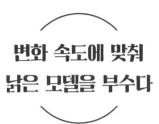

변화 속도에 맞춰
낡은 모델을 부수다

인포시스는 기술업체이므로 끊임없이 미래를 내다본다. 쿠마르는 기술적 문제로 다양한 인력이 요구되는 세상이 올 것으로 예상한다. 기술이 만들어낸 미래의 다양한 세상에서는 인재의 수요가 바뀔 테고 4년제 대학 출신으로 이루어진 동질적인 인력만으로는 경쟁이 불가능하다는 이유에서다.

"사람들이 일자리를 찾지 못하는 하나의 이유는 학위라는 쓸모없는 자격 요건 때문입니다. 다들 학위 소지자를 구하지만 막상 직무의 역할과 책임을 살펴보면 학위가 필요 없는 경우가 많죠." 쿠마르의 말이다.

게다가 기술이 너무 빠르게 발전하기 때문에 4년제 학위는 졸업 후 불과 2년 안에 쓸모없어진다는 것이 쿠마르의 생각이다. "그래서 대학 졸업이 다가오면 더 새로운 기술을 찾아 떠납니다."

교육은 다리 역할을 하기는커녕 이러한 단절의 중심부에서 분열을 조장한다. "다양성·포용성·공평한 취업 등의 논쟁은 모두 교육 때문에 일어났습니다. 2000년경부터 교육 비용은 거의 150%나 올랐습니다. 그러면서도 교육은 과거와 달리 좋은 직업으로 가는 다리 역할을 하지 못했습니다. 오히려 격차를 키웠죠."

쿠마르는 기술과 기술의 빠른 혁신이 낡은 교육과 직업 모델을 무너뜨려 다양성을 촉진하는 역할을 한다고, 그리하여 커뮤니티 칼리지 같은 새로운 기회를 만들어준다고 생각한다. "디지털 기술의 수명이 짧아서 다행입니다. 덕분에 전통적인 4년제 학위 제도가 도전을 받았습니다. 그 결과 학위가 아닌, 학습 능력을 기준으로 인력을 채용하게 되었습니다."

인포시스는 커뮤니티 칼리지뿐 아니라 저임금 노동을 하면서 커리어 전환을 목표로 학교에 다니는 학생들에게도 전문 교육을 제공함으로써 채용 대상을 확대했다. 회사의 기본 입장은 '커뮤니티 칼리지의 일반 과정보다는 우리 과정을 수강하세요'이다. 쿠마르의 설명을 보자. "저희는 생각했습니다. 커뮤니티 칼리지에서만 사람을 찾을 필요 없이 아예 우리가 특정 직무 교육 프로그램을 운영하면 어떨까? 그래서 최근 커리어 전환을 원하는 이들을 대상으로 프로그램을 시작했습니다. 잠재력이 있는데도 저숙련 직종에서 일하는 인재를 우리가 고숙련 직종으로 데려올 수 있는 겁니다."

커뮤니티 칼리지에서의 다양한 인재 채용은 비즈니스에 실제 도움이 되었다. 쿠마르는 말했다. "내부 수치를 보면 4년제 졸업생 이직률이 커뮤니티 칼리지 출신보다 높습니다. 커뮤니티 칼리지 출신은 우리의 투자를 받은 만큼 정서적 유대감이 훨씬 더 큽니다. 이렇게 이직률이 낮아지니까 비즈니스 모델로서 충분히 유용하죠."

일 잘하는 데 학위가 꼭 필요한가요?

인포시스에게 DEI 여정은 비즈니스 연속성의 문제다. DEI가 없다면 연속성도 없다. 쿠마르는 이렇게 말한다.

> 사회 모든 구성원을 대상으로 하는 미래 제품을 만든다고 할 때, 다양성과 포용성은 더 나은 제품을 더 효율적인 방법으로 얻게 해줍니다. 미래 서비스를 구축한다면 다양한 인력과 함께 만들어야 제대로 결과가 나올 겁니다(다양한 고객층을 대상으로 서비스를 제공할 것이기 때문이죠). 이건 제게 분명한 현실입니다. 옳은 일이기도 하고요. 떠벌리기 위해서가 아니라 실행 가능한 비즈니스 모델이기에 우리는 그 길을 택했습니다. 결국 더 공평한 미래를 위한 옳은 일이었음이 드러났죠.

쿠마르는 현재의 인구학적 특징을 고려할 뿐 아니라 미래를 내다보는 데에도 집중한다. 많은 기업이 다양성을 개선할 때 인구통계에만 초점을 맞춘다. 물론 이것이 기본이 되어야 하지만 인지적 다양성, 사회경제적 다양성, 기타 측면의 다양성 또한 생각해두어야 한다.

"다양성과 포용성 수치를 강요할 필요는 없다고 생각합니다. 비즈니스 모델의 장점이 분명해서 자연스럽게 다들 그 방향으로 움직일 테니까요. 미래에는 그렇게 해야만 할 겁니다. 인재에 대한 수요가 더욱 높아질 테고 인포시스가 커뮤니티 칼리지에서 발견한 것과 같은 엄청난 기회를 절대 놓칠 수 없을 테니까요."

교육 기회는 계속 더 확대되어야 한다

인포시스의 DEI 여정은 전술에서 통합 단계로 옮겨 가는 과정에 있다. 이 회사는 여러 층위에서 DEI 영향력을 발휘했다. 특히 기존 틀을 벗어난 비전통적 채용 전략과 다양성에 대한 폭넓은 정의(커뮤니티 칼리지 출신과 전통적인 4년제 대학 졸업자 등)는 회사의 인력 다양성을 높였고 더 나아가 글로벌 커뮤니티에 영향을 미쳤다. 물론 인포시스는 커뮤니티 칼리지 출신뿐만 아니라 모든 직원에게 포용적 경험을 제공해야 한다는 과제를 안고 있다. 새로운 이니셔티브가 워낙 많기 때문에 이들 노력의 장기적인 영향이나 DEI 여정의 지속가능성을 판단하려면 아직 시간이 더 필요하다.

인포시스의 영향력은 자사 직원의 범위를 이미 넘어섰다. 인포시스는 자사의 영향력을 활용해 학습 및 교육 생태계를 4년제 대학 바깥으로, 더 나아가 커뮤니티 칼리지 프로그램 바깥으로 확장했다.

숨어 있던 커뮤니티 칼리지 인재를 일찌감치 발굴해낸 것뿐만이 아니다. 인포시스는 기술교육업체인 메리트 아메리카Merit America와 워즈 유Woz U, 컴퓨터재활용업체 퍼 스콜라스Per Scholas 같은 회사들을 교육 기관과 연계함으로써 기술 산업 경험이 거의 없는 지역사회가 기술업체와 협력할 수 있게 했다. 1996년에 설립된 비영리 이니셔티브인 인포시스 재단은 교육, 농촌 개발, 의료, 예술과 문화, 빈곤층 지원 프로그램을 진행하며 소외된 지역사회에 손길을 뻗고 있다.[21]

인포시스는 대학과의 직접 협력도 계속하고 있지만 이는 전통적인 4년제 모델과 다르다. 애리조나주립대학교와 제휴한 '학점 쌓기 stackable credits' 프로그램은 직원들이 일하면서 학위를 취득할 수 있도록 지원한다. 이런 노력은 기술 및 경력 개발에 기존과 다른 방식으로 접근한다. "경험을 통한 학습은 도제 제도와 비슷합니다. 잘 해내면 다음 단계로 올라가면서 발전을 계속할 수 있지요." 쿠마르의 말이다.

인포시스는 또한 코네티컷 주지사를 위한 커리어 경로 포럼을 운영함으로써 주 정부에까지 영향력을 확대하고 있다. 이런 식으로 영향력을 확대하지 않으면 DEI 성취가 제한된다고 쿠마르는 판단했다. "큰 영향을 미치고 싶다면 회사 혼자서는 안 됩니다. 회사, 교육 기관, 주 정부가 함께 움직여야 합니다."

인포시스의 DEI 노력은 전 세계에서 일어나는 상황을 바탕으로 하며 그 상황과 긴밀하게 연결된다. 쿠마르는 세상이 바뀌면서 위기가 와도 포용성이 간과되지 않는다는 점을 강조한다. 코로나19 팬데믹으로 원격 환경에서 빠르게 신기술을 익힐 수 있는 전문 인력이 더 많이 필요해졌다. 인포시스는 이를 인재 확보의 기회로 인식하는 동시에 소수자, 여성, 비학위자 등 코로나19 때문에 실직하고 큰 타격을 입은 집단에 의도적인 관심을 두었다. 잠재 인력을 기술직, 비기술직, 지원직에 연결해주는 무료 온라인 플랫폼 '리스킬 앤 리스타트 Reskill and Restart'를 만든 것이다.

이 플랫폼은 기술 교육 프로그램을 제공하는데, 미래 직업을 준비하도록 하는 동시에 현재의 일자리 기회와 연결된 경험을 쌓을 수 있도록 한다는 점에서 독특하다.[22] 이러한 접근은 경험을 쌓으려면 취업해야 하는 상황에서 모든 일자리가 경력을 요구한다는 고질적인 악순환의 해결책이 된다.

학사 학위가 없는 사람도 여기에 포함된다. 쿠마르는 기술 주기의 축소, 4년제 학부 프로그램을 기반으로 하는 교육 시스템의 부적합성이 미래의 가장 중요한 거시적 트렌드라고 본다. 학사 등 다른 어떤 학위를 요구하지 않고도 훈련과 학습 능력을 바탕으로 커리어 축적이 가능하다고 그는 확신한다. 인포시스는 이런 판단하에 구글과 함께 시범 프로그램을 운영하기도 했다. "비학위자를 이미 100명이나 채용했고 결과가 매우 좋습니다. 이제 규모를 더 늘릴 계획이고 이건 우리 회사 DEI의 큰 요소입니다."

인포시스에게 재능이란 학위가 아닌 학습 능력이다. 〈포브스〉와의 인터뷰에서 쿠마르는 비기술, 비학위 인력의 의도적 채용이 지닌 가치를 다음과 같이 설명했다.

우리는 대학 학위가 없는 미국인이 수백만 명이라는 사실을 압니다. 대부분이 잠재력 낮은 일자리에 갇혀 있지만 그들의 잠재력은 매우 높죠. 예를 들어 우리는 기술 경험이 전혀 없는 사람을 데이터 오퍼레이션 직무, 회사의 신입 직무에 채용할 수 있습니다. 적절한 훈련과 교육, 지원이 제공되면 불과 몇 년 안에 그 직원은 숙련된 데이터 전문가가 됩니다. 우리는 이런 일을 대규모로 하고 있습니다.[23]

쿠마르는 회사를 넘어 점점 더 외부로 눈을 돌리고 있다. 빠른 속도로 성장하는 회사라면 DEI에서도 빠른 성장을 시도하는 것이 놀랍지 않다. "우리는 실험을 해왔습니다. 그리고 성공을 거둘 때마다 크게 축하했죠. 다른 회사에도 널리 알려 배우도록 했습니다. 이제 저는 더 이상 인포시스만을 위해 노력하지 않습니다. 모든 회사가, 모든 고객이 함께 가도록 만들고 싶습니다. 모두가 함께한다면 그것이 곧 주류가 되기 때문입니다. 그러면 제가 하는 모든 다양성 노력을 수많은 조직이 함께할 것입니다."

늘 그랬던 것에 질문하는 힘

인포시스의 여정은 계속된다. 미국은 인포시스가 최초로 인도 바깥에서 DEI 노력과 비학위 커뮤니티 칼리지 채용 프로그램을 본격 시도한 시장이었다. 이런 시도는 회사의 전반적인 다양성과 경쟁 우위에 기여했다. 이제 인포시스는 호주, 영국, 독일에서 동일한 프로그램을 시도하려 한다.

하지만 단순한 반복은 아니다. 프로그램을 그대로 이식할 수는 없다. "미국은 매우 독특한 곳입니다." 쿠마르의 말이다. "미국의 한편에는 누구나 무엇이든 할 수 있다는, 참으로 멋진 아메리칸 드림이 있습니다. 그러나 다른 한편에는 많은 인구 집단에게 미래의 일자리 접근성이 차단되어버린 상황이 있죠." 바로 이런 특성 덕분에 미국은 보다 다양하고 공평한 방식으로 채용, 교육 및 경력 구축을 재구상할 훌륭한 실험장이라고 한다. 그리고 다행히도 지금은 실험할 수 있는 가능성이 많이 열려 있다.

쿠마르가 생각하는 다음 도전은 채용 담당자들이 전통적인 방식, 즉 취업 희망자가 일단 학사 학위 보유와 같은 특정 항목에 체크를 해야만 인력 풀에 등록될 수 있는 방식을 넘어서도록 만드는 것이다. 이는 4년제 학위에 우선권을 주는 시스템의 산물이고 이와 다른 접근 방식은 일단 거부감을 낳는다. 쿠마르는 직장 내 다양성을 제고하는 새로운 아이디어들이 저항에 부딪히는 모습을 이미 목격했다. 저항을 극복하는 데에는 명령과 지시가 필요할 수도 있지만 그보다는 새로운 채용 방식이 유기적인 수용을 통해 성공으로 인정되기를 바란다. "채용 담당자들은 아직 확신이 없습니다. 그래서 수치 데이터를 보려고 하죠. 우리의 사고방식이 고정되어 있기 때문입니다. 하향식으로 밀어붙이기도 해야겠지만 배후에서 자연스러운 힘도 생겨나야 한다고 생각합니다. 이걸 한 번에 해결할 수 있을까요? 아닐 겁니다. 우리에게 지금 그 자연스러운 힘이 존재할까요? 그렇다고 생각합니다. 누군가는 벌떡 일어서 '좋아요. 이 직무에서는 학위를 요구하지 않겠습니다'라고 말해야 합니다."

직장 유토피아를 묻자 쿠마르는 현상 유지 경향에 의문을 제기해야 한다고 강조했다. "전통을 깨뜨리는 질문이 자연스럽게 나오는 곳이 직장 유토피아입니다. '학위가 왜 필요하죠? 지금까지 늘 학위가 필요하다고 말해왔기 때문이 아닐까요?'라거나, '어째서 직장에 물리적으로 출근해야만 하죠? 늘 그랬기 때문인가요?' 같은 질문을 하는

겁니다. 직장 유토피아가 완성된다면 그런 질문을 할 필요조차 없겠
죠. 능력에 따라, 잠재력에 따라 채용이 이루어질 테고요."

그림 9-1

1981년에 설립된 인포시스는 직원 25만 9,000명이 넘는 규모의 글로벌 컨설팅 및 IT 서비스 기업으로 뉴욕증권거래소에 상장되어 있다.

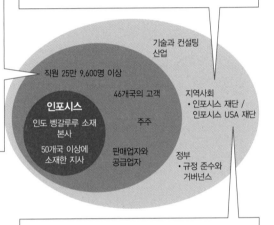

인도 소프트웨어 및 서비스 기업 협회와 함께 인포시스는 카르나타카주 치크발라푸르에 있는 국립 디지털 리터러시 센터에 기금을 지원했다. 이 센터는 인도 남부 최초의 장애인 시설이다. 인포시스는 이 센터의 프로그램을 모두가 이용할 수 있는 포용적인 것으로 만들고자 한다.

'리스타트 위드 인포시스' 프로그램은 경력 단절 여성에게 기술 습득, 멘토링, 프로젝트 경험의 기회를 제공해 재취업을 돕는다. 또한 포스트-출산 프로그램이 존재해 여성 직원의 89%가 출산 휴가 후 직장에 복귀했다.

기술과 컨설팅 산업

직원 25만 9,600명 이상

46개국의 고객

지역사회
• 인포시스 재단 /
인포시스 USA 재단

인포시스
인도 벵갈루루 소재 본사
50개국 이상에 소재한 지사

주주

판매업자와 공급업자

정부
• 규정 준수와 거버넌스

1996년에 설립된 인포시스 재단은 인도의 궁벽한 지역에서 교육, 농촌 개발, 의료, 예술과 문화, 빈곤층 지원 프로그램을 원조한다. 2015년에 만들어진 인포시스 USA 재단은 미국 전역, 특히 과소 대표 지역의 유치원부터 12학년에 이르는 학생 및 교사에게 컴퓨터 교육 확대를 목표로 한다. 재단은 교사들에게 전문성 개발 프로그램을 실시하고 주요 비영리 단체와 협력하며 디지털 격차 해소의 필요성 인식을 높이는 혁신적인 캠페인을 진행한다.

법적 의무를
회사 미션으로 바꾸다

데니스

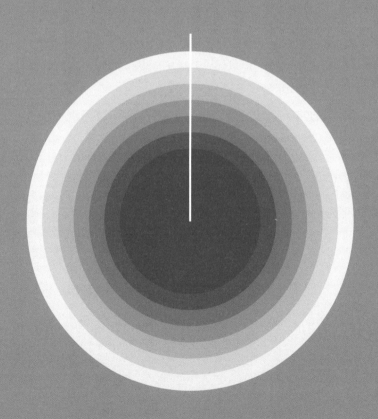

회사명: 데니스(Denny's)

여정의 단계: 순응에서 통합으로

최고의 실천: 채용 편향성 문제 해결, 지역사회와의 통합, 회사 전체 차원의 교육, 무관용 정책, 최초의 CDO, 공급업체 다양화, 지속적 개선을 위한 동료 파트너십

핵심적 한마디: "부끄러운 역사를 숨겨서는 안 된다고 생각합니다."

— 존 C. 밀러(John C. Miller), 데니스 CEO[1]

부끄러운 역사를
숨겨서는 안 된다

"데니스가 '차별자Discriminator'라는 새로운 햄버거를 출시했습니다.
이 햄버거를 당신이 주문하면 만들어주지 않을 겁니다."[2] 1993년 5월,
〈투나잇 쇼〉 진행자 제이 레노Jay Leno가 농담을 던지자 모두들 폭소
를 터뜨렸다. 지점 수천 개를 보유한 미국 최대 체인 식당 데니스는 수
많은 인종 차별 스캔들에 휩싸여 명성이 추락하는 중이었다. 당시 흑
인 미국인의 50%가 데니스를 인종 차별과 연관 지었다.[3]

당신이 데니스의 본사가 있는 사우스캐롤라이나주 스파턴버그에
사는 흑인 여성이라고 생각해보자. 데니스에 취업해 변화를 일으켜
달라는 요청을 받았다. 수락하겠는가, 아니면 거절하겠는가? 문화와
관행에서 명백히 실패해버린 회사를 당신이 바꿀 수 있을까? 말도 안
되는 일처럼 들리겠지만 이는 1994년, 에이프릴 켈리-드러먼드April
Kelly-Drummond가 스파턴버그 시장에게 실제로 받은 요청이었다.

당시 미국의 인종 갈등은 2020년의 상황과 비슷할 정도로 극심했
다. 1991년, 로스앤젤레스 경찰관 네 명이 로드니 킹Rodney King을 잔
인하게 구타하는 장면이 카메라에 잡혀 전국에 방송되었다. 1년 후,

경찰관 네 명 모두가 무죄 판결을 받으면서 LA에서 폭동이 일어났고 전국적인 인종 차별 논쟁이 불거졌다.

당시 데니스는 캘리포니아 레이크우드에서 시작한 40년 전통의 회사였고 연중무휴 24시간 영업으로 유명했다. 하지만 흑인 고객을 차별한다는 주장이 잇따라 터졌다. 1991년 12월 31일 대학생 열여덟 명이 캘리포니아 산호세에 있는 데니스 레스토랑을 방문한 날이 첫 시작이었다.[4] 데니스 직원이 흑인 학생들에게 2달러의 '좌석비'와 함께 식사비 선불을 요구했던 것이다. 먼저 와 있던 백인 친구 아홉 명에게는 하지 않은 요구였다.[5] 2년 후인 1993년 4월 1일 아침에는 비밀경호국 흑인 요원 여섯 명이 메릴랜드주 아나폴리스에 있는 데니스 식당에 아침 식사를 하러 갔다가 거의 한 시간이나 서비스를 받지 못하는 상황에 처했다. 옆 테이블의 백인 동료들이 '몇 분 만에 식사를 받고 커피를 몇 잔씩 마시는' 동안에 말이다.[6] 이들 사건은 결국 집단 소송으로 번졌다. 1964년 미국 민권법의 공공시설 규정과 관련된 소송으로는 당시 최대 규모였다.[7]

〈CNN 머니〉에 보도된 앤 페어클로스Anne Faircloth 기자의 글을 보면 처음에 데니스 최고 경영진은 이들 사건을 '하루 100만 명에게 식사를 제공하는 체인 식당에서 어쩔 수 없이 발생한 예외적인 상황과 그에 따른 오해'로 보고[8] 소송에 이의를 제기했다. 이후 전미 유색인종발전협회 National Association for the Advancement of Colored People 와 협약을 체결해 소수자를 고용하고 소수자 운영 업체에서 구매를 늘리기로 하는 등 적극적인 행보를 보였다.[9] 하지만 회사에 근본적인 인종 문제가 존재한다는 사실은 인정하지 않았다. 소송 중에 이루어진 법정 증언도 이를 뒤집지 못했다. 고객과 직원은 회사 문화에 만연한 인종 차별 문제를 지적했다. 페어클로스는 기사에서 서빙 담당 직원의 증언을 인용했다. "캘리포니아의 여러 데니스 매장에서 일했던 백인 웨이트리스 샌디 패터슨에 따르면 '니그로' 혹은 '저것들'이라는 표현이 자주 사용되었고 관리자들은 '흑인 고객이 식당에 오래 머무르지 않으면 좋겠다'라고 말했다."[10]

1995년, 데니스는 고객 29만 5,000명에게 5400만 달러가 넘는 금액을 지불하며 집단 소송을 끝냈다. 또한, 서면으로 차별 금지 정책을 작성하고 이러한 정책을 대중에게 알리며, 전 직원이 차별 방지 교육을 받고 향후 차별 사건이 일어나면 모니터링과 보고를 하겠다는 내용의 합의서에 서명했다.[11]

합의가 이루어지기 한 해 전인 1994년, 데니스에 합류해달라는 요청을 받은 켈리-드러먼드는 당연히 회의적이었다. 향후 데니스가 CDO를 최초로 고용하고 소수자가 일하기에 가장 좋은 기업으로 변신하게 되리라고는 상상도 할 수 없었던 시점이었다.

심야 토크쇼의 농담 소재가 된 지 30년이 흘렀다. 데니스는 소수자 고객을 되찾고 지역사회에서의 평판을 회복하며 주민들이 편안하게 일하고 식사할 수 있는 식당이 되고자 노력하는 과정에서 많은 것을 배웠다. 현재 데니스는 전 세계 146개 지역에서 1,650개의 프랜차이즈 레스토랑을 운영한다.[12] 그리고 '오늘날의 미국을 위한 미국 식당'이 되겠다는 포부를 갖고 있다.[13]

데니스가 이렇게 변신해온 과정은 쉽거나 간단하지 않았다. 하지만 시장의 제안을 받아들여 결국 데니스의 CDO가 된 켈리-드러먼드의 노력에 크게 힘입어 새로운 시대를 열었다.

회사 안의 변화를 믿다

1990년대의 소송과 합의 이후, 데니스는 DEI 여정의 순응 단계에 돌입했다. 동의의결에 따라 규정 준수가 법적으로 의무화된 상태였다. 데니스 사건을 계기로 다른 많은 회사가 자발적으로 규정을 준수하는 자세를 취했다. 1990년대와 20세기 첫 몇 해 동안 데니스를 비롯한 여러 회사가 소송에 휘말리면서 홍보와 대중 이미지에 어떤 타격을 입는지 목격한 덕분이었다. DEI 여정의 순응 단계는 이러한 위험의 축소를 목표로 한다. 법적 분쟁에서 회사를 보호하는 것이 1차 목표다.

다른 회사들처럼 데니스도 여기서 만족할 수 있었다. 하지만 데니스는 법적 의무를 DEI 여정을 발전시키는 디딤돌로 삼기로 선택했고 이는 상당 부분 켈리-드러먼드의 노력에 기인했다.

켈리-드러먼드가 합류했을 때 데니스의 상태는 최악이었다. "다양성 관리 측면에서 볼 때 회사는 지도도 없이 운전대를 잡고 잠들어버린 모양새였습니다. 한마디로 역사적인 추락이라 할 만했습니다."

켈리-드러먼드가 합류한 당시 데니스에는 DEI 부서가 없었다. 켈리-드러먼드는 홍보부에서 일단 파트타임으로 일해본 후 최종 입사 여부를 결정하기로 했다. 처음 맡은 업무는 각종 행사에서 대변인 역할을 하고 신규 채용을 담당하는 일이었다. 험난한 길이었다.

"아프리카계 미국인 여성인 제가 당시 그토록 부정적인 낙인이 찍힌 브랜드를 대표해 나서기란 쉽지 않았습니다." 한편으로 켈리-드러먼드는 법원의 판결이 즉각적 변화를 일으킬 수 있는 반가운 기회라 여겼다. 직원 채용과 가맹점 계약 등에서 다양성을 우선시할 수 있었던 것이다. 하지만 대중의 시선은 달랐다. 한 채용 박람회에서는 대중의 반응이 특히 싸늘했다. "우리 회사 부스에 눈길도 주지 않더군요. 급여가 높다고 설명해도 '난 데니스가 싫어요' 혹은 '사람을 차별하는 회사를 어떻게 감히 홍보할 수 있나요?'라는 말이 돌아왔습니다."

포기하기에 충분할 정도로 크나큰 적대감이었다. 의지가 약한 사람이라면 절망적이라 판단했을 수도 있다. 하지만 켈리-드러먼드는 포기하지 않았다. 회사 내부에 진정한 변화가 일어나고 있음을 포착했기에 회사에 남았다. 대중의 지지는 얻지 못한다 해도 회사는 자기 목소리를 듣고 존중한다고 믿었다.

"제가 회사의 일원이고 제 목소리가 중요하게 받아들여진다는 것, 그것이 바로 변화였습니다. 저는 데니스에서 일하는 데 자부심을 느꼈습니다. 급여나 직위 때문이 아니라 제가 회사를 대변한다고 생각했기 때문입니다. 밤이면 '회사가 변했어. 나는 그 변화와 차이를 보고 있어'라고 말하면서 잠자리에 들었습니다. 전 데니스의 발전을 목격했고, 발전의 일부가 된다는 데 의미를 부여했습니다."

차별의 전염력을 끊어내는 방법

켈리-드러먼드에게 임직원 인력의 인구학적 다양화는 최종 목적지가 아니었다. 다양한 사람이 모여서 다양한 사고와 관점을 만들 때라야 대규모의 진전이 가능할 것이었다.

"처음 일을 시작했을 때 경영진은 모두 백인 남성이었습니다. 그들이 한자리에 모여 집단사고를 발휘했죠. 의사결정이 이루어지는 그곳에는 사업가도, 프랜차이즈 주인도, 유색인종 등 여타 다양한 집단도 없었습니다. 회의실에 다양성을 도입하자 다른 아이디어, 믿음, 관점이 들어왔고 그게 회사를 바꾸었습니다. 소비자에게 다가가는 방식에 대한 우리 생각이 바뀌었고 그 결과 제품도 달라졌습니다. 이 모두가 회의실의 다양성 덕분이었습니다."

데니스는 인종과 차별 사건들이 독립된 일회성 문제였다는 주장을 스스로 수정해야 했다. 사건들은 차별 문화에 기인했고 뿌리 뽑아야 할 대상이었다. 예를 들어 비백인 고객은 백인 고객보다 팁을 적게 준다는 고정관념이 서비스 차별로 이어졌다.[14] 앞서 소개한 페어클로스의 〈CNN 머니〉 기사에는 데니스의 또 다른 직원의 증언도 실려 있다. 새너제이 소재 데니스 매장의 매니저였던 로버트 노튼은 '직원들이 흑인 고객이 몰려 들어올 것을 우려하면서 식당 문을 아예 닫아거는 일'이 종종 있었고 흑인 고객이 너무 많이 온 상황을 '블랙아웃'이라 표현하기도 했다고 말했다. 또한 자신이 그런 관행을 중단시키자 지역 책임자가 해고하겠다며 위협했다고 했다.[15]

썩은 사과 하나가 한 묶음 전체를 못 쓰게 만들며 문제를 한층 악화시키기도 한다. 연구에 따르면 식당에서 인종 차별적 발언이 이루어지면 직원들은 직접 그런 말을 하지 않거나 개인적으로 의견이 다르다 해도 인종 차별 행동을 할 가능성이 더 높아졌다.[16] 데니스에는 인종 차별 문화가 만연했고 이는 전염력을 발휘했다. 그러니 일단 데니스 업장에 무의식적인(때로는 의식적인) 편견이 만연하다는 점, 이것이 심각한 문제라는 점을 인정하는 과정이 필요했다.

켈리-드러먼드는 이러한 문화를 극복하는 데 과감한 정책이 필요했다고 말했다. "아프리카계 미국인과 기타 유색인종 고객 자리를 어디로 안내해야 할지 세심하게 결정해야 했습니다. 주문한 음식이 제공되는 시간도 차별받는다는 느낌을 주지 않도록 해야 했고요. 이를 위한 기본 수칙과 무관용 정책을 직원에게 교육하고 자기 행동에 책임을 지도록 했습니다."

동의의결에 따라 데니스 전 직원은 입사 후 90일 이내에 다양성 교육을 받고 270일 이내에 두 번째 교육을 받아야 했다. 하지만 회사는 이를 75일과 225일로 단축했다.[17] 교육에서는 무의식적 편견의 위험성과 고객 공감의 중요성을 다뤘다.

이 교육은 매우 효과적이어서 데니스는 애초 동의의결로 정해진 것보다 1년 빠른 1999년에 시민권 모니터링 의무에서 벗어났다. 법적 의무가 사라진 후 데니스는 자체 감독을 이어갔다. 모든 차별 사건을 조사했고 모든 매장에 차별 사건 신고용 무료 전화를 설치하기도 했다. 차별에 대한 무관용 정책은 지금까지도 시행된다. 차별 행동을 하는 직원, 차별 행동을 하거나 차별 언어를 사용하는 고객은 즉시 식당에서 나가야 하는 엄격한 처벌 기준이 작동한다.[18]

데니스는 DEI 여정의 순응 단계가 영향력 있는 DEI 관행으로 이어질 수 있음을 보여주었다. 순응 단계를 넘어 전술 단계로 넘어가야, 즉 DEI 노력이 최소한의 법적 조치를 넘어서야 진정한 변화가 시작된다.

경영진이 변화를 만드는 방법

경영진이 바뀌고 구조적 전환과 지속적 진보가 이어지지 못했다면 데니스는 변신하지 못했을 것이다. 1995년 제임스 B. 애덤슨James B. Adamson이 CEO가 되었다. CEO의 첫 결정은 다양성 노력을 홍보부 업무에서 분리하고 자체적 리더십 구조와 이니셔티브를 부여하는 것이었다.

애덤슨은 CEO에게 직속으로 보고하는 CDO 직책을 미국 최초로 만들었고 전前 직장 버거킹의 동료 레이첼 후드-필립스Rachelle Hood-Phillips를 그 자리에 앉혔다. 이 직책 신설은 다양성 관리에 중요한 진전이었다. 당시만 해도 다양성 담당 임원은 대개 회사 최고 경영진에 들어가지 않았다. 켈리-드러먼드는 부서를 신설하고 여정의 다음 행보를 기획하기 위해 경영진이 거친 꼼꼼한 과정을 떠올렸다. "이 기간 동안 교수, 다른 기업, 시민권 전문가의 자문을 받고 지침을 얻었습니다. 회의실에 모여 앉아 부서 이름을 뭐라고 해야 할지 논의했죠. 처음에는 공보부가 후보에 올랐습니다. 이어 '다양성 담당 부서'라고 하면 어떨까 하는 생각이 들었죠. 결국 이를 바탕으로 임원 직책명도 CDO가 되었습니다. 미국 최초로 이루어진 작명이었죠."

역사적인 조치였지만, 데니스는 다양성 노력을 CDO에게만 떠맡기고 나 몰라라 하는 함정에 빠지지 않았다. 많은 회사가 CDO를 고용하면 모든 문제가 자동으로 해결된다고 생각한다. 이런 단순한 생각은 그야말로 터무니없다. 성공적인 DEI를 위해서는 하향식과 상향식 양쪽의 노력이 필요하다. DEI 전략은 CDO의 초점이긴 하지만 모든 직급과 부서의 리더가 자신을 DEI 여정의 일부로 인식해야만 CDO의 임무가 성공할 수 있다. 회사 조직 전체가 CDO에게 자원을 투입하고 협력과 지원을 지속적으로 제공해야 한다.

CDO 후드-필립스와 CEO 애덤슨은 동의의결의 요구사항 이상을 달성하기 위해 협력했다. 예를 들어, 고위 경영진의 인센티브 보너스 중 25%가 여성 및 소수자 승진에 연동되었다.[19] 애덤슨은 데니스의 DEI 노력을 공개적으로 밝혔고 직원들과 처음 만났을 때는 "여성과 소수자에게 더 나은 일자리를 제공하는 일에 가능한 만큼 지원할 것이며 이 방향이 마음에 들지 않는다면 지금 당장 데니스의 여정에서 하차하는 편이 좋다"라면서 분명한 의지를 드러냈다.

애덤슨이 CEO로 임명된 지 몇 달 만에 최고 경영진 열두 명 중 여덟 명이 회사를 떠났다. 신입 임원직에는 히스패닉계 남성과 흑인 여성이 포함되었다.[20]

그 순간 데니스는 DEI 여정의 순응 단계에서 전술 단계로 넘어갔다. 순응 단계의 사고를 넘어서서 DEI를 회사 가치와 목표에 연결된 전략으로 생각하기 시작한 것이다.

켈리-드러먼드는 하향식 접근 방식과 상향식 접근 방식이 데니스에 얼마나 중추적인 역할을 했는지 설명했다(그림 10-1 참조). 애덤슨은 최고 경영진과 직원 모두가 함께 노력했다고 설명했다. "이사회나 최고 경영진만으로는 안 됩니다. 일상에서 의사결정을 내리는 모두가 바뀌어야 합니다. 임원부터 업장 직원에 이르기까지 모두가 존중이라는 동일한 마음가짐을 갖고 공평하게 행동해야 합니다."

애덤슨과 켈리-드러먼드가 만든 문화는 오늘날까지 굳건하다. 2011년부터 CEO가 된 존 C. 밀러John C. Miller는 데니스의 DEI 전략 실행에 적극적이다. 홍보 팀 임시 직원으로 시작해 30년 가까이 회

그림 10-1

인적 구성을 넘어선 DEI: 하향식 및 상향식 접근

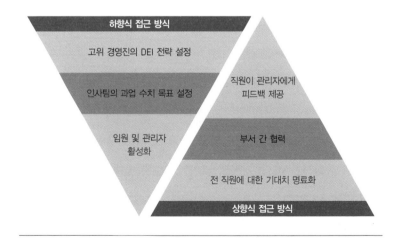

사를 지킨 켈리-드러먼드는 이제 CDO가 되어 역할을 다하고 있다. "CEO 밀러는 미 전역의 지역사회에 데니스가 공헌해야 한다고 강조합니다. 그리고 비즈니스를 성장시키면서 지역 및 국가 기관과 더 잘 협력할 방안이 무엇인지 거의 매일같이 질문을 던집니다." CDO 켈리-드러먼드의 말이다.

동급 최강으로
과감하게 도약하기

지난 30년 동안 데니스는 수많은 DEI 전략을 성공적으로 실행해왔고 그 결과 이제는 최고의 직장 중 하나로 올라섰다.[21] 돌이켜보면 회사의 발전에 핵심적이었던 요소로 다음 세 가지를 들 수 있다.

- 인재: 채용 편향성 문제 해결, 채용 대상 확대 노력, 승진 후보자 인력풀 구축
- 공급망: 소수자가 소유한 상품 및 서비스 공급업체 발굴
- 지속적인 개선: 외부 파트너의 전문성에서 배울 점 학습[22]

오늘날 인권 운동가, 지역사회 단체, 다양한 매체(〈포춘〉, 〈히스패닉 비즈니스〉, 〈블랙 엔터프라이즈〉, 〈아시안 엔터프라이즈〉, 〈패밀리 다이제스트〉, 〈라티노 매거진〉 등)가 데니스의 DEI 발전을 성장, 성숙 및 성공의 모델로 높이 평가한다. 회사는 수많은 상을 받았고 앞서 언급했듯 소수자가 일하기 가장 좋은 직장 중 하나로 선정되었다.[23] 전 직원의 75%가 소수자이고 업장의 58%가 소수자 소유이며 이사회 구성원의 56%가 소

수자(44%는 여성)라는 구성의 다양성도 자부심을 가질 만하다.[24]

데니스는 1993년에 '공급업체 다양화 프로그램Supplier Diversity Program'을 만든 이후 약 20억 달러를 과소 대표 공급업체에 투자했다. 2020년 데니스의 총 구매 중 13.2%를 다양한 취약업체가 차지했고, 히스패닉 업체가 340만 달러로 데니스 지출의 가장 큰 부분을, 아프리카계 미국인 업체가 그 뒤를 이었다.[25]

2006년부터 데니스는 연례 다양성 보고서뿐만 아니라 분기별 내부 DEI 뉴스레터를 발행함으로써 직원 인식을 제고했다. 투명성을 추구하고 공공의 책임을 다하는 방향으로 DEI에 접근한 것이다.

소수자가 일하기 가장 좋은 회사

밀러의 지휘 아래 데니스는 다양성 노력을 형평성과 포용성까지 확장했다. 데니스는 2017년 직장 DEI에 대한 최대 규모의 CEO 주도 조직 '다양성과 포용을 위한 CEO 행동'에 가입해 최초 회원 중 하나가 되었다(4장 참조). 밀러는 또한 다양성을 증진하고 DEI 목표를 회사의 모든 기능 영역과 일치시키기 위한 다섯 가지 기본 원칙을 정해 장기적 방향을 확실히 했다. 이들 DEI 원칙은 회사의 핵심 전략을 잘 반영하고 반대로 핵심 전략은 훌륭한 DEI 언어 및 관행과 깊이 관련된다. 이처럼 회사 원칙과 DEI를 조화하는 것은 다른 많은 회사에도 도움이 될 것이다.[26]

- 고객 우선: 고객은 단순한 소비자가 아니다. 두 팔 벌려 환영해야 할 손님이다. 우리가 사업을 하는 이유이자 모든 일의 중심이다.

- 개방성 포용: 개방성은 연중무휴 24시간 영업으로 달성되지 않는다. 모든 사람, 모든 취향, 모든 예산에 열려 있다는 의미다. 솔직하고 따뜻하게 배려해야 한다. 개방성은 우리가 매일 매시간 생각하고 행동하는 방식이다.

- 전통에 대한 자부심: 우리는 정통 미국 식당이며 모든 면에서 이를 자랑스럽게 생각한다. 1953년부터 우리는 적정한 가격에 양질의 음식을 적합한 양으로 제공해왔다. 어디서든 우리 업장은 늘 불을 켜고 전 세계 고객을 환영하며 맞이한다.

- 승리를 향한 열망: 우리는 늘 미래를 내다보며 더 나아가고, 더 성취하고, 더 위대해지고자 한다. 새롭고 혁신적인 사고는 언제나 환영이다. 우리는 팀워크와 책임감, 경계 넘어서기가 성공을 가져온다고 믿는다.

- 함께의 힘: 회사라는 가족은 우리의 가장 중요한 자산이다. 우리는 서로를 신뢰하고, 지원하고, 존중하며, 더 큰 선을 위해 함께 일한다. 우리는 모두의 공헌을 인정하고 각자가 더 크게 성취하도록 지원한다. 우리는 성공을 함께 축하하고 즐거워한다.

충분히 칭찬할 만한 원칙들이지만 나는 진정으로 데니스를 차별화하는 지점은 다른 데 있다고 느꼈다. DEI 여정에서 데니스가 통합 단계로 나아갈 수 있었던 핵심 지표로 나는 다음 네 가지를 꼽는다.

1) 솔직하게 털어놓기

내 고객 한 명이 DEI에서 정말로 필요한 것은 리더들의 DEI 변혁 실패담이라는 농담을 한 적이 있다. 브레네 브라운Brené Brown의 연구에 따르면 우리가 인간으로서 느끼는 가장 보편적인 감정은 수치심인데, 수치심은 취약성으로 극복 가능하다고 한다.[27] 개인이 기꺼이 자신의 불완전함을 드러내기란 어렵다. 회사가 과거의 잘못된 DEI를 솔직히 꺼내놓기는 한층 더 어렵다. 개인이라면 한 차례 실수를 설명하고 말 수 있지만 회사라면 시스템의 결함이나 지속되어 온 실수를 솔직하게 밝혀야 하기 때문이다. 데니스가 사상 최대 규모의 집단 소송을 당한 것도 누적된 실수 때문이었다. 많은 회사가 이런 종류의 실수를 두려워한다. 그 이야기를 솔직히 털어놓고 인정해야 DEI 여정의 지속 단계로 나아가고, 회사와 업계는 물론 사회 전체에 영향력을 파급시킬 수 있음을 깨닫지 못한다. 이 책을 쓰는 동안에도 내가 만난 많은 회사가 아직 DEI 여정의 시작 단계여서, 혹은 해결해야 할 일이 남아 있어서 경험담을 편히 나눌 수 없다고 했다. 데니스는 정반대로 수십 년 동안 다양한 플랫폼에서 자사의 이야기를 털어놓으며 독보적인 솔직함을 보였다.

"부끄러운 역사를 숨겨서는 안 된다고 생각합니다. 솔직하게, 공개적으로 논의하는 편이 가장 생산적입니다. 과거의 실수를 바로잡고 DEI의 본보기가 되기 위해 우리가 취한 조치를 공유함으로써 다른 회사들을 돕고 싶습니다."[28] CEO 밀러, CDO 켈리-드러먼드, 교육 및 개발 담당 부사장 파시카 멜라쿠-피터슨Fasika Melaku-Peterson이 함께 쓴 글에 나오는 내용이다.

다른 회사의 DEI 여정에 자기 모습을 대입해보지 못한다면 무엇이 가능할지 상상하기 어려워진다. 데니스가 과거의 실수를 인정하고 더 나아가 기꺼이 공유하는 이유는 다른 회사에 참고가 되어주기 위함이다. 대부분의 회사가 실수에 책임지기를 두려워하지만 켈리-드러먼드는 솔직하게 업계 동료들의 도움을 구하는 것이 최선의 방법이라고 조언한다. "당장 내일이라도 '우리 회사에 DEI 문제가 발생했습니다'라는 전화를 받는다면 투명하게 처리하라고 조언하고 싶습니다. 열린 마음으로 대화를 나누고 다른 회사나 조직 리더들과 협력해야죠. 경청하고 이해하며 소통해야 합니다. 남들에게 손을 내밀어 도움을 청하는 일을 두려워하지 말고요."

2) 돈보다 더 큰 희생

이 책의 앞부분에서도 소개했듯, 2020년 이후 DEI 노력을 공개적으로 밝힌 회사들은 사회 정의를 지원하는 기부를 핵심에 두었다. 조지 플로이드 사건이 터지고 1년 후, 기업들의 인종 평등 기금은 2000억 달러에 달했다.[29] 비평가들은 이런 기부가 세금 공제 가능한 비영리 단체를 대상으로 많이 이루어져 진정한 자기희생으로 보기 어렵다고 주장하기도 한다. 또한 단순히 기부만 하는 것은 상황 개선 업무를 모두 다른 사람에게 떠넘기는 일일 수 있다.

기부를 넘어서 회사와 지역사회의 인종 차별 상황을 어떻게 유의미하게 개선할 수 있을지 고민하는 회사가 많다. 기부 서약이 쏟아진지 16개월이 지난 2021년 10월, 소속된 회사의 DEI 관행이 여전히 개선되지 않았다고 보는 유색인종 직원은 전체의 40%에 달했다.[30]

데니스는 DEI 재정 지원에 더해 변화를 실현하는 데 꼭 필요한 인적 자본도 투입하여 롤 모델이 되었다. 2020년에는 '인종 평등을 위한 CEO 행동'에 가입했고, CEO 밀러는 회사의 법무 팀과 같은 내부 자원을 위원회 회의에 투입시키면서 인종 평등과 사회 정의 구현 전략 수립을 지원했다. CEO 밀러와 CDO 켈리-드러먼드도 시간을 쪼개 'CEO 행동'의 여러 위원회에서 활동한다. 최고 경영진의 외부 DEI 활동 직접 참여는 전례가 거의 없는 매우 특별한 일이다. 켈리-드러먼드의 설명을 보자.

우리는 사회 불의의 근본 원인을 파악하는 일이 정말 중요하다고 생각하고 그에 대해 이야기하기를 두려워하지 않습니다. 중요한 것은 다음과 같습니다. CEO는 서명에 동참하는 데 그치지 말고 회사의 인력을 제공해 정책 실행의 청사진을 그리고 인권 운동가와 힘을 합쳐 변화를 만들어야 합니다.

회사 울타리를 벗어나는 것, 단순히 돈만 내는 단계를 넘어서 노력을 투자하는 것. 이는 모든 기업이 고려해야 할 다음 단계입니다. 데니스의 CEO는 '인종 평등을 위한 CEO 행동'에서 2년 동안 활동하고 있고 수석 법률 고문은 정책위원회에 들어가 매주 두세 차례 회의에 참석합니다. 저는 교육위원회 소속으로 월요일부터 금요일까지 매일 교육위원회와 통화하죠. 우리의 전문 인력을 제공해 대의 실현에 도움을 주는 것입니다. IT 같은 다른 자원을 제공하는 회사도 있습니다. 미국의 구조적 인종 차별을 바꾸고자 함께 모여 머리를 짜내는 건 정말 멋진 일이죠. 여러 사람의 생각을 모아 변화를 꿈꾸는 작업에 동참할 수 있어 정말 좋습니다. 이것이야말로 진정한 헌신입니다.

3) 지역사회에 녹아들기

DEI 여정의 통합 단계로 진입하려는 회사는 자신의 영향력 범위를 살피고 지역사회와의 관계도 검토하게 된다. 특히 외식 서비스 산업은 소재지 마을 및 도시와 독특한 사회적 협력을 맺는다. 성공하려면 반드시 해당 지역사회에서 인력을 고용해야 하기 때문이다. 데니스는 지역 주민을 고용할 뿐 아니라 지역 주민이 비즈니스 리더로 성장할 기회를 제공할 필요성까지 인식한다.

　"우리 회사는 〈포춘〉에서 선정한 여타 500대 기업과 달리 지역사회에 직접 서비스를 제공하며 지역사회의 모습을 회사에 반영하려 합니다." 켈리-드러먼드의 설명이다. 앞서 언급했듯 켈리-드러먼드는 데니스의 본사가 있는 사우스캐롤라이나주 스파턴버그 출신으로 지금도 여전히 그곳에 살고 있다. "우리는 이웃을 고용합니다. 대학 진학 대신 비즈니스를 배워 사업주가 되고자 하는 학생이 올 수도 있죠. 우리의 '관리자 교육 프로그램Managers in Training program'은 창업을 포함해 비즈니스 전반을 직원에게 가르칩니다. 가맹점 창업 등 사업 기회를 찾는 주민을 도와주기도 합니다."

　데니스는 지역사회와의 이러한 관계를 DEI 여정의 일부이자 비즈니스에 유익한 기회로 인식한다. 지역사회에 투자하고 그 투자로 좋은 인재를 육성하며 의미 있는 DEI 결과를 창출하는 것이다.

4) 포용을 통한 혁신

포용적인 문화에서 혁신의 가능성은 6배나 더 높다.[31] 생각의 다양성은 팀의 혁신을 20% 높이고 위험을 30% 감소시킨다고 한다.

하지만 인구학적으로 다양한 사람을 한데 모았다고 해서 바로 혁신이 일어나지는 않는다. 새로운 아이디어를 공유하려다가 끔찍한 경험을 할 수 있다. 아이디어가 무시받을 수도, 더 심하게는 실패할 수도 있다. 그럼에도 치열한 경쟁 속에서 기업이 진화하고 성장하려면 창의적 사고가 반드시 필요하다. 혁신을 추구하는 회사라도 직원들이 자유롭게 아이디어를 공유하는, 심리적으로 안전한 환경을 조성하지 못하면 참신한 기회를 놓친다.[32] 데니스는 직원 및 가맹점이 회사 발전에 기여할 기회를 지속적으로 창출함으로써 이 문제를 극복했다. 켈리-드러먼드의 설명을 보자.

생일 고객에게 무료로 아침식사를 제공하는 그랜드 슬램 브렉퍼스트 Grand Slam Breakfast를 비롯한 우리 회사의 최고 아이디어 여러 개는 가맹점에서 나왔습니다. 늘 그랬지만 팬데믹 기간에는 더욱 그렇더군요. 지역 및 주 규정, 소비자 요구가 변화하면서 신속한 전환이 이루어져야 했기 때문입니다. 팬데믹 중 가장 성공적인 혁신이었던 커브사이드 픽업 Curbside pickup(온라인 주문 후 지정 장소에서 차를 탄 채 수령하는 방법—

옮긴이)도 가맹점주의 아이디어였습니다. 또 다른 가맹점주인 라훌 마르와Rahul Marwah는 지역사회에 식료품과 밀키트를 최초로 제공하기도 했습니다.

우리는 모든 가맹점과 협력하고 성과를 지원하고자 합니다. 10대 때 데니스에서 매장 직원으로 일을 시작한 던 라프리다Dawn Lafreeda는 이제 가장 큰 규모의 데니스 가맹점주가 되었습니다. 라프리다는 엄청나게 매출을 올리는 동시에 여성과 성소수자의 권리 옹호 활동을 지속함으로써 다양성과 포용을 향한 회사의 여정을 도왔지요. 우리 브랜드와 직장 문화는 라프리다의 비즈니스 능력뿐 아니라 사회 문제에 대한 통찰력에서 많은 배움을 얻었습니다.

종착점은 없다는 깨달음

차별 소송에 시달리며 DEI 순응 단계에 들어섰던 데니스가 그간 이룬 성과를 보면 DEI 지평에서 이미 스스로를 증명해냈다고 결론을 내릴 수도 있었다. 하지만 데니스는 그렇게 하지 않았다. 어쩌면 이점이 데니스가 통합 단계로 성숙할 수 있었던 가장 중요한 측면이었는지도 모른다. 아직 여정이 끝나지 않았다는 점을 분명히 알았기 때문이다.

"목표는 멈춰 서서 휴식을 취할 곳을 찾는 게 아니라 끊임없이 개선하고 전진하는 것입니다. 이 업계의 리더는 자신을 비판하고 전략이나 실행의 허점을 찾는 데 익숙해져야 합니다." 켈리-드러먼드의 말이다.

DEI에는 종착점이 없다는 깨달음에 더해 켈리-드러먼드는 리더라면 충분히 겸손한 자세로 자기 노력을 점검하고 전략 조정이나 변경 시점을 포착해야 한다고 주장한다. "포용적인 문화를 조성하고 다양한 인재 공급망을 구축하려면 선제적으로 움직여야 합니다. 거울을 높이 들고 우리가 무엇을 잘하고 있는지, 무엇을 개선해야 하는지, 무엇을 더 해야 하는지 봐야 합니다. 그다음에는 이를 바탕으로 과감하게 행동해야 하죠. 변화를 이끌고 발전을 가속화하는 유일한 방법입니다. 지난 몇 년 DEI는 계속 발전해왔지만, 지리적·문화적 경계를 넘어 DEI를 옹호하는 지지자들을 주축으로 의미 있는 변화가 나타나고 있습니다."

모든 리더에게 던진 질문, 즉 직장 유토피아에 대한 비전을 물었을 때 켈리-드러먼드는 데니스가 단순한 다양성이 아닌, 소재지 지역사회와 비슷한 다양성을 그대로 반영하길 바란다고 말했다. "우리의 궁극적 바람은 서비스를 제공받는 지역사회의 인구학적 구성을 경영진부터 매장까지 회사의 모든 조직에 그대로 반영하는 것입니다. 미국의 다양성은 점점 더 높아지고 있습니다. 향후 25년 동안 미국의 절반 이상이 다양한 인구 집단으로 채워질 것이라는 통계도 많습니다. 또한 우리가 영업하는 많은 도시에서 소수자가 대다수를 차지합니다. 데니스는 미국의 이러한 변화에 발맞추고 싶습니다. 이는 우리의 핵심 사명, 비전, 가치이며 비즈니스에도 큰 도움이 됩니다."

그림 10-2

데니스는 여러 국가에 진출해 있는 외식 프랜차이즈 회사다.

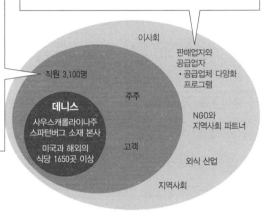

데니스는 1993년에 '공급업체 다양화 프로그램'을 만든 이후 약 20억 달러를 다양한 공급업체에 투자했다. 2020년 기준 데니스 총 구매의 13.2%를 다양한 취약업체가 차지했고, 히스패닉 업체가 340만 달러로 데니스 지출의 가장 많은 부분을 차지했으며, 아프리카계 미국인 업체가 그 뒤를 이었다.

데니스는 지역 주민을 고용할 뿐 아니라 지역 주민이 비즈니스 리더로 성장할 기회를 제공해야 할 필요성까지 인식한다. 데니스의 '관리자 교육 프로그램'은 가맹점 창업을 포함해 비즈니스 전반을 직원들에게 가르친다.

이사회

판매업자와 공급업자
•공급업체 다양화 프로그램

직원 3,100명

주주

데니스
사우스캐롤라이나주
스파턴버그 소재 본사
미국과 해외의
식당 1650곳 이상

NGO와
지역사회 파트너

고객

외식 산업

지역사회

멈추지 않고 계속 나아간다는 것

'무언가가 된다'는 것은 어딘가에 도착하거나 목표를 달성하는 게 아니라고 생각합니다. 그보다는 앞으로 나가려는 움직임, 진화의 노력, 더 나은 나를 향한 끊임없는 나아감이라고 생각합니다. 이 여정에는 끝이 없습니다.

—미셸 오바마Michelle Obama, 《비커밍Becoming》

지금까지의 여정을 함께해준 이들에게 감사를 전하고 싶다. 조금이라도 영감과 교훈을 얻었기를 바란다. 아직도 당신은 궁금할지 모르겠다. 다음에는 뭘 해야 할까? 조직의 DEI 여정에 큰 영향력을 행사하는 리더로서 직원들이 행동하게끔 만들고 싶을 수도 있다. 혹은 개인 차원의 DEI 여정을 기획하며 이토록 할 일이 많은 상황에서 뭘 어떻게 시작해야 할지 혼란스러울 수도 있다.

당신이 어떤 입장에서 어디서 출발하든 DEI 여정의 세 가지 이정표인 목적, 함정, 진전을 검토하라고 제언하고 싶다.

목적: 무엇을 달성하고자 하는가?

어떤 여정이든 목적지를 결정하는 일이 첫 번째다. 무엇을 성취하려 하는가? 이 책에서 우리는 DEI를 어떻게 구현할지 고민하는 여러 회사의 모습을 살펴봤다. 이제 막 여정을 시작한 아이오라 헬스의 경우 진정으로 달성하고자 하는 비전을 결정하기 위해 경영진이 머리를 맞대야 했다. 비전 수립 과정에서 임직원은 '의료의 인간성 회복'이라는 회사 미션을 구성원들의 심리적 안전감과 연결해야 한다는 점을 깨달았다. 그리고 이것이 아이오라 헬스의 DEI 여정에 핵심 목적이 되었다. PwC를 비롯해 이미 DEI 여정에 깊이 들어간 회사는 잠시 자리에 멈춰 정말로 충분히 잘하고 있는지, 어떠한 DEI 전통을 이어 나가야 할지 진지하게 검토해야 했다. 많은 회사가 DEI 관련 노력을 훌륭히 이어가면서도 전술 단계를 벗어나지 못하는 이유는 회사 안과 밖에서 궁극적으로 달성하고자 하는 바를 확신하지 못하기 때문이다. 명확한 DEI 목적이 여전히 부재한 것이다. 자신을 다른 회사와 비교하면서 DEI 노력의 방향을 찾으려는 회사도 많다. 벤치마킹은 좋지만 명확한 목적, 그리고 회사 미션 및 문화와의 연관성을 확보하지 않은 벤치마킹은 결국 진정으로 필요한 방향과 어긋나는 노력을 낳는다.

대규모 ERG 프로그램을 만들거나 회사 전체 규모의 교육을 시작하려는 독자가 있다면 일단 멈추고 "내가 진정으로 달성하고자 하는 목표는 무엇인가?"라는 질문을 던져보길 바란다. 자신의 비전을 글로쓰고 핵심 관계자의 지지를 얻어내야 한다. 위스키 회사 엉클 니어리스트는 비전의 힘을 보여준다. 주류 산업이라는 미지의 바다를 항해하면서 이 회사는 DEI를 비즈니스의 중심에 두었고 비전에 부합하지 않는 기회는 아무리 수익성이 높아도 포기했다. 어디로 가야 할지 명확히 알고 나면 목표에서 벗어나 길을 잃는 일이 발생하지 않는다.

개인적인 차원에서도 마찬가지 어려움이 발생한다. DEI 옹호자로서 무언가 하고 싶어 가능한 한 많은 책을 찾아 읽고 팟캐스트도 듣지만 정작 자기가 처한 상황에서 무엇을 바꾸고 싶은지, 어떤 영향을 미치고 싶은지 명확히 할 시간은 갖지 않는다. DEI를 더 잘 실현하고 싶다면 목적을 설정해야 한다. 무엇에 기여하고 어떤 영향을 미치고 싶은지 결정해야 한다. 그다음에 스스로를 교육하고 목표 달성을 위해 행동하면 된다.

함정: 무엇이 우리의 비전 달성을 방해하는가?

나는 이 책에서 용감하게 자신의 여정을 공유해준 회사들의 겸손함과 정직함에 감동했다. DEI에 완벽한 존재는 없지만 그럼에도 자신이 완벽하지 못하다는 사실을 인정하기 꺼리는 회사가 많다. 이런 회사들은 한 발짝 물러서서 과거의 실수나 문제를 검토하는 일 없이 DEI에 대한 열망과 노력을 선전하기 바쁘다. 정직한 자기 성찰 없이는 진정한 발전이 불가능하다. 이 책에 등장하는 데니스와 소덱소는 숨길 수 없을 만큼 큰 실수를 저지른 이력이 있었다. 이런 상황에서는 법적 문제를 서둘러 해결하고 악평을 무마하는 데 집중하기 쉽다. 실제로 많은 회사가 그렇게 했다. 하지만 앞서 보았듯 데니스와 소덱소는 위기를 기회로 전환해 회사 내 차별과 배제의 뿌리를 파헤쳤다. 기회가 왔을 때 필요한 일을 했고 덕분에 DEI 분야의 세계적인 리더로 탈바꿈할 수 있었다.

무엇이 우리를 방해하는지에 대한 자기 성찰은 반드시 외부적 사건이라는 계기가 있어야 가능한 것은 아니다. 함정에 대한 자기 성찰은 더욱 자주 해야 한다. 예를 들어, 직원 추천 시스템이 인력 구성 다양화를 방해할 수 있고, 골프장에서 나누는 사적 대화가 승진 과정의 불평등을 낳을 수 있으며, 인종이나 특권 같은 주제를 부담스럽게 여기는 마음이 꼭 필요한 대화를 가로막을 수 있음을 솔직히 인정해야 한다. DEI가 직장에서 인간성을 향상시키는 일이라면, 우리는 인간이 불완전한 존재라는 점 또한 받아들여야 한다. 조직과 개인으로서 우리가 지닌 함정에 솔직할 때에만 포용적 직장을 만들고 진정한 DEI 옹호자가 될 수 있다. 쉽지 않은 일이지만 이는 DEI 여정에서 매우 중요하다.

진전: 나아가고 있다는 걸 어떻게 확신할 수 있을까?

아무리 진지한 의도로 접근한다 해도 직장의 DEI 문제는 하룻밤 사이에 해결되지 않는다. DEI를 비즈니스 필수 요소로 간주하는 것은 양날의 검이다. 계획을 세워 성공 수치 지표를 만들고 마케팅 및 재무 부서를 대하듯 DEI에 높은 성과를 기대하는 함정에 빠질지 모른다. 이 일에는 인간적 요소가 존재하고 있음을 기억해야 한다. 첫걸음을 아무리 멋지게 떼었다 해도 단번에 성공한다는 보장은 없다. 마케팅 구호나 실적 수치가 아니라 실제 사람이 일하는 일터를 만드는 일이기 때문이다. 이 때문에 DEI 노력이 성과를 거두지 못했다며 좌절하고 포기해버리는 리더들이 많다.

분명히 해두자. 회사에는 영향력 전체 범위를 고려한 DEI 전략이 반드시 있어야 한다. 단기 및 장기 수치 목표가 필요하고 명확한 책임 구조도 만들어야 한다. 이런 방식이 마련되어야 진전을 보여줄 수 있다. 하지만 완벽을 추구하는 것은 DEI 발전에 크나큰 적이다. DEI는 제품 출시나 신규 사업 분야가 아니다. DEI는 핵심 문화의 혁신이다. 이 여정에서는 앞으로 나아가다가도 때로 물러설 수밖에 없는 상황이 언제든 발생한다. 목표는 진전, 즉 비전 실현을 향한 진전이다. 완벽이 아닌, 진전을 위해 노력하라. 한 번도 해보지 않은 일을 실험할 수 있어야 한다. 인포시스는 업계 표준을 벗어나 커뮤니티 칼리지 학생을 모집한다는 실험에 나섰다. 진전은 새로운 시도와 함께 자기 성찰과 솔직함을 의미하기도 한다. 일이 잘 풀리지 않는다면 DEI 여정의 길을 바꾸는 용기도 필요하다. 성별 평등이라는 DEI 노력이 인종 평등과 연결되지 않음을 깨닫고 새로운 길을 개척한 모스 애덤스처럼 말이다.

우리는 각자의 여정에서 진전이 어떤 모습일지를 정의해야 한다. 회사의 경우, 진전은 채용 인원수나 직원 참여 점수처럼 구체적인 수치일 수 있다. 개인이라면 진보를 정의하기가 더 어렵지만, 중요성은 똑같이 크다. 문화 역량이나 DEI 관련 일을 하는 이들은 (젠더리스 정체성gender-fluid identity 같은) 새로운 DEI 용어나 개념이 등장할 때마다 좌절감이 든다고 말하기도 한다. "상황이 계속 바뀌는데 어떻게 이걸 다 알 수 있겠어요?"라고 말한다. DEI에 대해 모든 것을 알고 시대를 100% 정확하게 이해하기란 불가능하다. 다시 한번 강조하지만 목표는 완벽이 아니라 진전이다.

당신이 자신의 여정에서 진전을 매일 실천할 수 있는 포용 행동으로 생각하기를 권한다. 동료가 주장하는 정체성을 편안하게 받아들일 수 있다면 진전한 것이다. 말과 행동에 담긴 사소한 공격성을 누군가의 지적으로 깨닫고 이후 같은 실수를 반복하지 않는 것도 진전이다. 침묵이 더 쉬울 때 입을 열고 현상 유지 경향에 의문을 제기하는 것도 진전이다. 시간이 얼마나 걸리든 자신의 여정을 받아들이고 진전하기 위해 노력해야 한다. '천리길은 한 걸음에서 시작된다'라는 노자의 말을 기억하면 좋겠다.

여기서부터 여정이 향하는 곳

이 책은 직장의 DEI 역사를 공유하기 위해 쓰였다. 그동안 분명 여러 변화가 일어났지만 전과 똑같이 남아 있는 것도 너무 많다. 2020년에 일어난 인종 차별 사건들은 DEI를 전면에 드러냈고 전에 없던 방식으로 변화를 요구했다. 그럼에도 아직까지 나는 "정말 달라진 게 있긴 한가요?"라는 질문을 끊임없이 받는다.

내 대답은 '그렇다'이다. 진전이 있었다. 다양성 공개가 기업의 새로운 표준이 되었다. 2017년에는 〈포춘〉 500대 기업 중 3%만이 다양성 데이터 전체를 공개했다. 2021년, 〈포춘〉은 금융정보업체 레피니티브Refinitive 와 파트너십을 맺고 DEI 공개 및 성과를 〈포춘〉 500대 기업 선정의 중요한 지표로 삼았다.[1] 2021년, 전체 500개 중 262개 기업이 인종 및 민족 구성 비율을 어느 정도 공개했다.[2,3] 하지만 자료 전체를 공개하는 비율은 여전히 3.6%(18개)에 불과했다. 진일보한 것은 사실이지만 앞으로 해야 할 일이 더 많다.[4]

2020년 이후 무엇이 달라졌냐는 질문에 온전히 답하려면 DEI에 대한 사고방식 전반을 전환해야 한다. 우리는 어느 날 눈을 뜨면 모든 것이 달라지리라는 환상을 품거나, 인종 차별이 근절되고 성 차별이나 동성애 혐오가 사라지는 마법을 기대하기도 한다. DEI의 현실은 그렇지 않다. 기업과 산업은 정책과 전술 지표를 투명하게 공개하면서 진전 상황을 보여주어야 한다. 이러한 솔직한 평가는 그 자체로 변화의 한 측면이 된다. DEI라는 무형의 문화는 우리에게 무엇이 올바른 행동인지 알라고, 그리고 그 행동을 반복해서 활성화하라고 요구한다. 우리는 내면의 편견을 깨닫고 매일 그 편견을 넘어서기 위해 노력해야 한다. 과거의 불평등 구조를 기꺼이 인정하고 시간과 자원을 투입해 필요한 구조를 처음부터 다시 만들어야 한다. 진정한 DEI 노력은 문제 발견을 넘어서서 포용 행동을 지속하는 것이다. 회사, 산업, 사회라는 각 차원에서 진전을 확인하려면 시간이 걸린다. 노력의 결과가 항상 쉽게 확인되지도 않는다.

DEI를 종착점이 정해진 마라톤이라 생각하지 말고 직장 문화에 영구히 통합해야 할 요소라 생각하길 바란다. 회사 인력 구성이 인구학적 다양성을 확보하고 성 평등 정책이 자리 잡았다 해도 해야 할 일은 여전히 많다. 모든 직급의 직원들이 존중받고 가치를 인정받는지 늘 살펴야 한다.

나는 DEI가 인간성을 고양하는 일이라 말하곤 한다. 그리고 인간성의 특징은 진화다. DEI 요구는 앞으로도 항상 존재하겠지만 현재의 논의에서 다음 단계의 DEI 영역으로 발전해가길 희망한다. 이를테면 다양성이 크게 두드러지는 Z세대가 사회의(그리고 기업의) 정체성 규범을 어떻게 재편해나갈지 다룰 수 있다.[5] 원격 글로벌 인력이 그 어느 집단보다 포용적인 이유, 포용성과 최적의 업무 성과를 위한 정신 건강 프로그램의 필요성도 가능한 주제이다. DEI는 진화할 것이고 또 진화해야 하지만 그렇다고 사라지지는 않을 것이다. 사라지기를 바라서도 안 된다. DEI는 모든 사람이 직장에서 번성하도록 해준다. 그러니 DEI 여정을 함께 걸어가면 좋겠다.

• • •

나는 직장의 미래를 생각하면 희망에 부푼다. 이 책에 등장한 DEI 주역들이 답해준 직장 유토피아의 모습을 앞서 소개했다. 이번에는 내 답변을 써보려 한다. 내가 생각하는 직장 유토피아는 모든 것이 완벽한 곳이 아니다. 그보다는 모두가 더 나아지려고 노력하는 곳, 그리고 그런 노력이 독려를 받는 곳이다. 그리고 나 자신의 모습 그대로 번성할 수 있는 곳이다. 나는 동료와 학생과 함께 웃는다. 뭔가 옳지 않다고 생각되면 바로 손을 든다. 감동했을 때는 그 감정을 그대로 받아들인다. 이런 유토피아는 형평과 포용을 향해 노력하는 환경에서만 존재한다. 나와 당신 누구나 환영받고 번성할 수 있는 곳이다. 가야 할 이 여정에서 우리 모두가 각자 할 일을 지속하기를, 인간성을 고양하고 차이를 포용하며 나름의 유토피아를 매일 조금씩이라도 느끼는 직장이 만들어지기를 진심으로 바란다.

그림 I-3

영향력 범위 모델

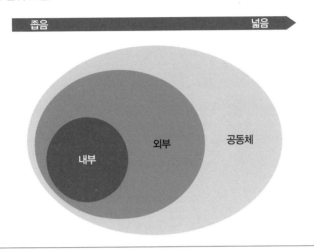

그림 I-4

DEI의 영향력 범위

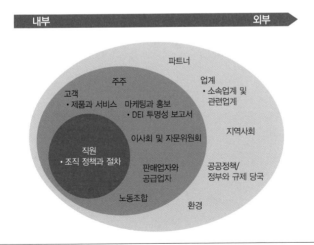

<h2>〈회사 개요〉</h2>

그림 2-1

___

사람들이 더 단순하고 더 즐겁게, 더 생산적으로 일할 수 있도록 만드는 것이 슬랙의 미션이다. 슬랙은 채널 기반 메시지 플랫폼으로 사람들의 의사소통, 협력, 작업을 지원한다.

'슬랙 포 굿'은 기술 산업에서 전통적으로 과소 대표되어온 인구 집단 출신을 늘리겠다는 목표다. 2018년에 공동 출범한 '넥스트 챕터'는 8개월의 견습 교육 프로그램으로 교도소 출소자들이 첨단 기술 엔지니어가 될 수 있도록 돕는다. 현재까지 이 과정을 거쳐 세 명이 슬랙의 정직원이 되었고 슬랙은 다른 회사들이 동일한 프로그램을 진행할 수 있도록 청사진을 공유한다. 현재까지 줌과 드롭박스가 이 프로그램을 도입했고, 2020년에 여덟 명이 참여했다.

슬랙은 관리자와 리더를 위해 분기별 내부 투명성 보고서를 발간하고 책임을 다하고자 연례 투명성 보고서를 외부에 공개한다.

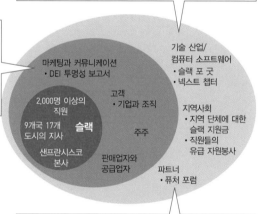

마케팅과 커뮤니케이션
• DEI 투명성 보고서

기술 산업/
컴퓨터 소프트웨어
• 슬랙 포 굿
• 넥스트 챕터

고객
• 기업과 조직

2,000명 이상의
직원

9개국 17개
도시의 지사   슬랙

샌프란시스코
본사

주주

지역사회
• 지역 단체에 대한
  슬랙 지원금
• 직원들의
  유급 자원봉사

판매업자와
공급업자

파트너
• 퓨처 포럼

2020년, 슬랙은 새로운 경제에서 번영하는 데 필요한 변신을 돕는 컨소시엄 '퓨처 포럼'을 출범했다. 퓨처 포럼은 업계 및 학계와 협력해 연구, 사례 분석, 보고서를 발표해 일의 미래 모습에 대한 논의를 이끌고 최선의 관행을 만들어내도록 돕는다.

표 A-2

슬랙(Slack)

설립년도	2009년
회사 규모	직원 2,045명
본사	샌프란시스코
산업 부문	컴퓨터 소프트웨어
제품	채널, 통합, 보안
서비스	고객 서비스
기업 구조	상장기업
매출	2020년 6억 3040만 달러
회사의 영향력 범위	직원 　－ 글로벌 여성 비율 44.9% 　－ 관리자의 46.1%가 여성 　－ 경영진의 29.9%가 여성 　－ 미국 직원 중 13.9%가 과소 대표 집단 출신 　－ 관리자 중 12.1%가 과소 대표 집단 출신 　－ 경영진 중 9.2%가 과소 대표 집단 출신 　－ 아시아계 28.3% 　－ 히스패닉 7.9% 　－ 흑인 4.4%[1] 투자자 고객
경쟁사	마이크로소프트 팀스 Microsoft Teams 플록 Flock 왓츠앱 WhatsApp 스카이프포비즈니스 Skype for Business

그림 3-1

아이오라 헬스는 믿음직하고 역동적인 1차 의료를 제공하여 헬스케어 부문에서 인간성을 회복하고자 한다.

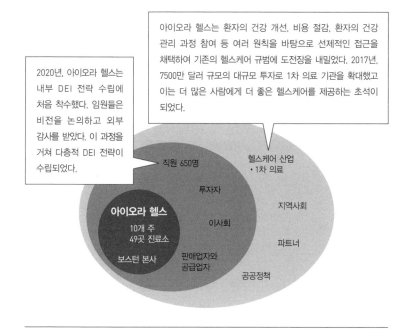

아이오라 헬스는 환자의 건강 개선, 비용 절감, 환자의 건강 관리 과정 참여 등 여러 원칙을 바탕으로 선제적인 접근을 채택하여 기존의 헬스케어 규범에 도전장을 내밀었다. 2017년, 7500만 달러 규모의 대규모 투자로 1차 의료 기관을 확대했고 이는 더 많은 사람에게 더 좋은 헬스케어를 제공하는 초석이 되었다.

2020년, 아이오라 헬스는 내부 DEI 전략 수립에 처음 착수했다. 임원들은 비전을 논의하고 외부 감사를 받았다. 이 과정을 거쳐 다층적 DEI 전략이 수립되었다.

직원 650명

헬스케어 산업
· 1차 의료

투자자

아이오라 헬스

10개 주
49곳 진료소

이사회

지역사회

파트너

보스턴 본사

판매업자와
공급업자

공공정책

표 A-3

아이오라 헬스(Iora Health)

설립년도	2010년 12월(2021년 12월 원 메디컬에 합병됨)
회사 규모	직원 650명(2020년 12월 기준)
본사	보스턴
산업 부문	건강 관리, 시설과 서비스
제품	해당 사항 없음

서비스	65세 이상 개인 대상 의료 관리 • 1차 진료 • 만성질환 진료 • 건강 복지 강좌 • 정신 건강 서비스
기업 구조	10년간 비상장기업이다가 지금은 상장기업 원 메디컬에 인수합병 7차 투자 라운드[2] 상임이사 29명 이사 11명[3]
매출	2021년 3억 달러 이상

회사의
영향력 범위
	직원
	  – 임원진: 남성 7명, 여성 3명(백인 7명, 남아시아계 3명)
	  – 경영진: 남성 8명, 여성 12명
	  – 법률 팀은 전원이 여성
	
	환자
	  – 65세 이상 환자를 위한 선별된 진료
	  – 환자 치료의 현상 유지에 변화를 가져오는 '믿음직하고 역동적인 1차
	    진료 제공'[4]
	  – 입소문으로 더 많은 고객 확보
	
	투자자
	  – 투자자 15~20인[5]
	
	49개 의사 진료소
	  – 휴매나 Humana 의료보험과 제휴해 회원에게 의료 서비스 제공[6]
	  – 12개 이상의 국가 및 지역 의료보험과 파트너십
	  – 고용주, 보험사, 의료 시스템 및 노동조합을 매개로 더 많은 지역으로
	    범위 확대[7]
	
	기술
	
	건강 코치
	
	기관 규칙 및 규정
	
	보건법 및 정책

경쟁사	오크 스트리트 헬스 Oak Street Health 첸메드/젠케어 ChenMed/JenCare 빌리지 Village MD

그림 4-1

PwC는 보험, 세무, 컨설팅 서비스를 제공하는 세계적인 기업이다. 회사의 목표는 사회에 신뢰를 구축하고 중요한 문제들을 해결하는 것이다.

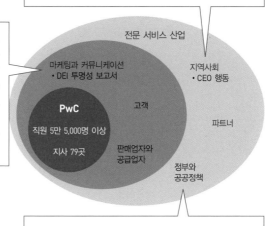

2016년, PwC CEO 팀 라이언은 직장 내 다양성과 포용성을 향상하고 사회적 인종 차별과 불의에 맞서 싸우기 위한 최대 규모의 CEO 주도 조직 '다양성과 포용을 위한 CEO 행동'을 만들었다. 오늘날 세계 선두 기업과 단체, 대학 총장 등 2,000명 이상이 여기에 참여한다.

2020년, PwC는 업계 최초로 다양성 데이터와 전략을 상세히 공개했다. 사업에 직접 관련된 데이터 14종도 포함되었다. 이 보고서는 매년 업데이트되어 2022년에는 18종의 수치를 담았다.

전문 서비스 산업

마케팅과 커뮤니케이션
• DEI 투명성 보고서

지역사회
• CEO 행동

PwC

직원 5만 5,000명 이상

지사 79곳

고객

판매업자와 공급업자

파트너

정부와 공공정책

2020년, 팀 라이언은 PwC 및 'CEO 행동' 참여 회사 직원을 대상으로 2년 펠로우십 프로그램을 시작했다. 인종 차별과 불의에 맞서 싸우는 데 도움이 될 정책 토론 기법을 향상시키는 프로그램이다.

표 A-4

PwC(프라이스워터하우스쿠퍼스)

설립년도	글로벌: 1849년 미국: 1998년(PwC와 라이브런드 Lybrand 의 합병)
회사 규모	글로벌 PwC 직원 29만 5,000명(2021년 기준) 미국 PwC 직원 5만 5,000명(2021년 기준) – 여성 비율 49% – 아시아계 미국인 20%, 흑인 또는 아프리카계 미국인 5%, 라틴계 8%, 　둘 이상의 인종 또는 민족인 경우 2%, 백인 60%, 정보 미제공 4% – 퇴역군인 1.7%, 장애인 또는 편의 제공 대상자 4%, 성소수자 2.5%, 이성 　애자 58.2%, 정보 미제공 2.7%[8]
본사	미국 본사: 뉴욕
산업 부문	전문가 서비스, 산업 서비스, 회계 서비스
제품	비즈니스 통합 제품 – 고객 데이터 플랫폼, 커스토머 링크 Customer Link – 협업 플랫폼, 더블점프 인터체인지 DoubleJump Interchange – 건강 관리 플랫폼, 퓨처 캐스트 Future Cast – 데이터 분석 솔루션, 인사이트 플랫폼 Insights Platform – 마케팅 데이터 분석 솔루션, 미디어 인텔리전스 Media Intelligence – 기업 매출 및 거래 관리 소프트웨어, 퍼포먼스 애널라이저 Performance 　Analyzer[9]
서비스	컨설팅, 세무회계, 제품과 기술, 비즈니스 서비스
기업 구조	사적 파트너십 – PwC는 개인 소유 독립 회계 법인 네트워크인 프라이스워터하우스쿠퍼스 　국제유한회사 PwCIL 의 미국 회원이다. – PwCIL은 '회계 업무나 고객 서비스를 제공하지 않으며 PwC 네트워크 　회원사들 간의 업무 조정을 목적으로 한다.'[10] 미국: 미국 각 지역을 총괄하는 22인 위원회와 회장 경영진 – 사적 소유(미국 내 사적 소유 기업 가운데 다섯 번째로 큰 규모) – 네트워크 경영진과 PwCIL 이사회는 '각 법인의 업무를 조정하는 정책을 　개발하고 실행한다.'[11]
매출	451억 4200만 달러(2020년 6월~2021년 6월)

회사의
영향력 범위
	직원
	– 글로벌 규모 29만 5,000명[12]
	– 대상 고객을 정확히 반영하고 고객의 요구를 충족해줄 수 있는 다양한
	  집단 출신의 직원
	– 전 세계 교육 기관 출신의 인재 네트워크
	– 문화 및 성과 목표에 집중[13]
	
	고객[14]
	– 기업과 개인 비즈니스 10만 곳을 포함해 20만 고객[15]
	– 고객의 다양성이 PwC의 경쟁 우위
	– 〈포춘〉 500대 기업 중 상당수가 PwC의 고객
	– 기업의 지속가능성에 관심
	
	경영진
	– 미국의 85개 산업과 1300만 명 이상 근로자를 대표하는 CEO 2,200명
	  이상이 참여한 '다양성과 포용을 위한 CEO 행동'[16]
	– 전략적 방향 검토: 경쟁자 데이터를 활용한 의사결정
	
	정부와 규제당국
	– '글로벌공공정책위원회 Global Public Policy Committee' 컨소시엄의 회원[17]
	– 다국적 회사로 활동하지 않는다.
	– PwC LLP는 금융행위감독청FCA, Financial Conduct Authority 의 관리를 받는다.
	– 영업 중인 모든 국가의 법규를 준수한다.
	– 새로운 정책 결정을 지원한다.
	– 더 나은 규제 환경을 함께 만들어간다.
	
	공급자
	– PwC가 최신 기술로 고객에게 봉사할 수 있도록 돕는다.
	– PwC의 유연성이 공급자 협상력을 강화한다.
	
	비정부단체/비영리단체: 지속 가능성 도전과 솔루션에서 앞서 간다.
	
	지역사회
	– 156개 국가 소재 사무소[18]
	– 지역 주민에게 투자하는 책임 리더십 프로그램
	– 기업의 사회적 책임
	– 포용과 환경적 지속가능성[19]
	
	미디어[20]
	– PwC의 미디어 노출은 소비자에게 정보를 제공한다.
	– 업계와 경쟁자들의 트렌드에 발맞춰 나간다.

경쟁사	딜로이트 Deloitte 언스트 앤 영 Ernst&Young 그랜트 손튼 Grant Thornton KPMG

그림 5-1

모스 애덤스는 세계 최고의 혁신 기업에 전문적 회계, 컨설팅 및 자산 관리 서비스를
제공하여 새로운 기회를 포착할 수 있도록 지원한다.

모스 애덤스 재단은 경영대학원 교수진의 다양성을 늘리고자
만들어진 비영리 단체인 'PhD 프로젝트' 이사진에 소속되어
있다. 모스 애덤스는 3년간 7만 5,000달러를 기부하기로 약정
했다.

2008년 모스 애덤스는
회사와 업계의 성별 다양성
및 포용성 결핍을 전략적
으로 해결하기 위해 포럼
W를 시작했다. 포럼 W는
지역 기반 비즈니스 리소스
그룹으로 대화, 네트워킹,
멘토링, 성장 네 가지에
우선순위를 둔다. 포럼
W는 계속 발전해 오늘날
모스 애덤스의 DNA이자
문화의 일부가 되었다.
2016년, 모스 애덤스와
포럼 W는 잠재력 높은
1~2년차 간부급 직원을
위한 1년간의 리더십 개발
프로그램인 '그로스 GroWth
시리즈'를 열었다. 이는
여성 파트너 후보군을 강화
할 목적으로 만들어졌다.

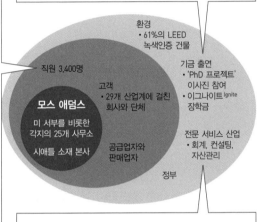

환경
• 61%의 LEED
  녹색인증 건물

기금 출연
• 'PhD 프로젝트'
  이사진 참여
• 이그나이트 Ignite
  장학금

직원 3,400명

고객
• 29개 산업계에 걸친
  회사와 단체

모스 애덤스
미 서부를 비롯한
각지의 25개 사무소
시애틀 소재 본사

공급업자와
판매업자

전문 서비스 산업
• 회계, 컨설팅,
  자산관리

정부

모스 애덤스는 공공 회계 분야의 여성 인력 개발 상황과 전략을
파악하는 연례 전국 설문조사 '어카운팅 무브 프로젝트 Accounting
MOVE Project'를 2010년부터 후원하고 있다.

표 A-5

모스 애덤스(Moss Adams)

설립년도	1913년
회사 규모	직원 3,400명(2021년)
본사	시애틀
산업 부문	전문가 서비스
서비스	회계, 컨설팅, 자산관리
기업 구조	비상장기업
매출	8억 2000만 달러(2020년)
회사의 영향력 범위	직원(2020년) 　－ 아메리칸 인디언/알래스카 원주민 0.4%, 흑인 1.9% 히스패닉 또는 라틴계 6.8%, 아시아계 미국인 14.8%, 백인 65%[21] 　－ 전체 직원의 53%, 국가별 경영진의 40%, 파트너의 25%가 여성 　－ 트랜스젠더 수술 혜택 등 포용적 의료 서비스 제공 　－ 다양성 측면에서 최고의 회계법인 50개 중 13위 선정 　－ 워킹맘과 아빠를 위한 최고의 직장 선정 지역사회 　－ 회계학 또는 관련 학위를 취득하려고 하는 다양한 출신 배경의 대학 1, 2학년생에게 주어지는 이그나이트 장학금 Ignite Sholarships 　－ 가이드 Guide, 파일럿 Pilot, 스티어 Steer 등 다양한 인턴십 제공 　－ 'PhD 프로젝트'에 7만 5,000달러 기부 약정 정부 환경 　－ LEED 인증 건물 비율 61% 　－ 탄소 발자국 감소를 위한 진행 상황 추적 시작
경쟁사	하이어테크 HIREtech 버클리 연구 그룹 Berkeley Research Group 소셜 인베스트먼트 컨설턴시 The Social Investment Consultancy LMC 인터내셔널[22]

그림 6-1

엉클 니어리스트 프리미엄 위스키는 세계가 전혀 몰랐던 최고의 장인에게서 영감을 받았다. 미국 최초의 아프리카계 미국인 양조 장인인 니어리스트 그린이다. 임원진 전원이 여성인 이 회사는 미국 역사상 가장 빠르게 성장하고 있는 독자적 위스키 브랜드이다.

2020년, 엉클 니어리스트는 잭 다니엘스의 모기업인 브라운-포먼과 함께 500만 달러를 출연해 '니어리스트 앤 잭 어드밴스먼트 이니셔티브'를 만들었다. 이를 통해 미국 위스키 산업의 다양성을 높이기 위한 세 갈래 사업이 진행되었다.

• 테네시주 툴라호마 소재 모틀로 주립 커뮤니티 칼리지에 니어리스트 그린 양조 학교를 설립함으로써 여성과 유색인종 양조 기술자 공급의 토대를 만들었다.
• 위스키 업계 종사자로 양조, 숙성, 생산 등의 분야에서 책임자급에 오르고 싶은 아프리카계 미국인에게 교육 과정을 제공하는 '리더십 액셀러레이션 프로그램'을 개발했다.
• 주류업계에 진출하는 아프리카계 미국인 사업가에게 전문 지식과 자원을 제공할 '비즈니스 인큐베이션 프로그램'을 만들었다.

엉클 니어리스트는 DEI 중심의 분명한 사내 문화를 공유한다. 회사의 기본 원칙은 DEI 작동 매뉴얼이기도 하다.

1. 최고로 해내지 못하면 아예 하지 않습니다.
2. 포기하지 않고 시도합니다.
3. 서로의 차이를 받아들입니다.
4. 모든 팀원의 의견이 환영받습니다.
5. 극도로 솔직한 문화를 만들어갑니다.
6. 우리보다 더 오래 지속될 브랜드를 구축합니다.
7. 많이 알수록 많이 배워야 합니다.
8. 명예롭게 일할 때 가장 잘할 수 있습니다.
9. 우리는 삶을 말하고 빛을 말합니다.
10. 비즈니스에서도 가족이 첫 번째고 그다음이 나머지입니다.

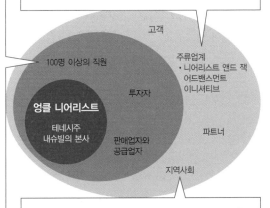

비영리 니어리스트 그린 재단은 니어리스트 그린의 모든 후손에게 전액 장학금을 지원한다. 코로나 19 시기에는 현장 노동자와 빈곤층에게 30만 장 이상의 N-95 마스크를 제공했다.

표 A-6

엉클 니어리스트(Uncle Nearest)

설립년도	2017년 7월
회사 규모	직원 100명 이상
본사	테네시주 셸비빌 Shelbyville
산업 부문	음료 및 주류
제품	엉클 니어리스트 1884 스몰배치 위스키 엉클 니어리스트 1856 프리미엄 에이지드 위스키 엉클 니어리스트 마스터 블렌드 위스키
기업 구조	폰 위버가 전체 소유한 형태로 그랜트 시드니 주식회사가 비상장 소유[23]
회사의 영향력 범위	직원 미국 50개 주와 영국 3개 도시의 배급업자[24] 니어리스트 그린 재단 엉클 니어리스트 벤처 펀드: 소수자 설립 및 소수자 소유 주류 브랜드에 5000만 달러 투자.[25] 니어리스트 앤 잭 어드밴스먼트 이니셔티브
경쟁사	잭 다니엘스 Jack Daniel's 짐 빔 Jim Beam 조니 워커 Johnnie Walker

그림 7-1

소덱소는 식품, 시설 관리, 작업장 및 기술 관리 등의 현장 서비스를 제공하는 업체다. 또한 모든 서비스 대상자의 삶의 질을 향상한다는 미션 아래 각종 혜택과 보상, 개인 및 재택 서비스를 제공한다.

NBA 명예의 전당에 오른 매직 존슨과 파트너십을 맺고 2006년에 설립된 소덕소매직은 '건강한 식품과 탁월한 서비스를 통해 모든 지역사회를 지원하고 힘을 실어준다'라는 목표를 갖고 있다. 초중등 교육기관 및 흑인 대학을 포함해 주요 기관에 독립형 또는 통합형 솔루션을 제공한다.

소덱소의 비영리 단체인 '스톱 헝거 재단Stop Hunger Foundation'은 미국의 모든 어린이가 영양가 있는 음식을 안정적으로 공급받으며 성장하여 건강하고 생산적인 삶을 살도록 한다는 목표로 1996년에 출범했다.

2018년, 소덱소 CEO는 2025년까지 글로벌 임원진의 최소 40% 이상을 여성으로 구성한다는 목표를 선언하고 경영진에 연간 인센티브 10%를 약속하며 회사 전체의 목표 달성 책임감을 높였다. 여기에 더해 2025년까지 전 직원이 성별 균형을 이룬 관리팀과 함께 근무하도록 한다는 목표를 세웠다.

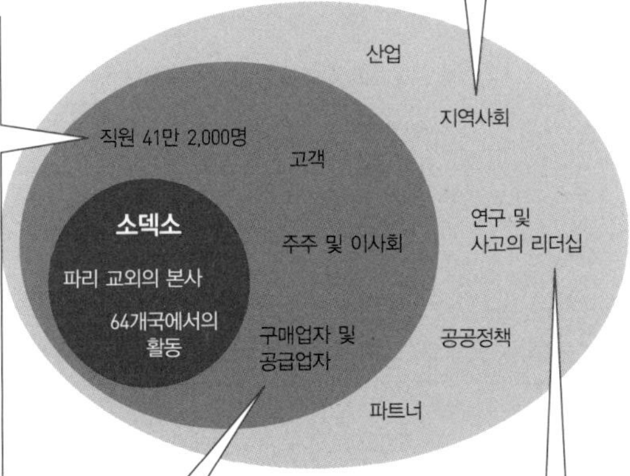

직원 41만 2,000명

소덱소
파리 교외의 본사
64개국에서의 활동

산업

지역사회

고객

주주 및 이사회

연구 및 사고의 리더십

구매업자 및 공급업자

공공정책

파트너

소덱소는 다양한 업체를 적극 발굴하고 직원에게 회사의 계약 목표를 교육하며 등록 및 인증된 다양한 작은 기업에 데이터베이스를 제공한다. 또한 각 지역 위원회에서 정리한 수치 자료를 매년 검토한다. 지역 및 다양성에 초점을 두고 지역사회를 지원하기 위해 2025년까지 글로벌 구매액의 25%를 중소기업에 지출하는 것이 목표다.

소덱소는 2014년, 성별 균형이 이루어진 경영관리와 실적 간의 상관관계에 대한 내부 연구를 시작했다. 이것이 여성 임원진의 비즈니스 케이스 확장을 목표로 전 세계 소덱소 각 직위의 성별 분포를 다년간 종단 분석한 '성별 균형 연구'이다.

표 A-7

소덱소(Sodexo)

설립년도	글로벌 1966년
회사 규모	직원 수 41만 2,000명(2022년)
본사	프랑스 이시레물리노
산업 부문	식품 및 시설 관리
제품	청소, 보안, 대지 관리, 우편실, 문서 관리, 세탁, 폐기물 관리, 공간 디자인, 운송, 직원 복리후생, 보상과 표창, 공공혜택, 연료비 등 지출 경비 관리
서비스	컨시어지 서비스, 건설 및 기술 서비스, 식품 서비스, 시설 관리 서비스, 혜택 및 보상 서비스, 개인 및 홈 서비스, 자판기 서비스
기업 구조	상장기업, 이사회(10명), 임원 19명
매출	174억 유로(193억 달러)
회사의 영향력 범위	80개 국가의 글로벌 직원 소비자: 2025년 소비자 100%에게 건강한 라이프스타일 옵션을 제공하겠다는 목표 설정[26] 공급업체: 미국 및 캐나다의 공급업체 다양성 프로그램에 4,475개 이상 공급업체 소속 소덱소매직[27] 소덱소 스톱 헝거 재단[28]
경쟁사	컴패스 그룹Compass Group USA 써코Serco 아라마크Aramark G&K 서비스

그림 8-1

베스트 바이는 세계 최대 규모의 다채널 전자제품 소매업체다. 베스트 바이의 목표는 기술로 삶을 풍요롭게 하고 모든 고객에게 흥미로운 경험과 존중받는다는 느낌을 제공하는 것이다.

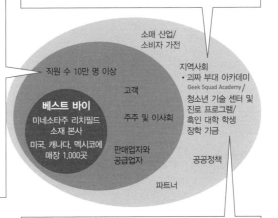

베스트 바이의 청소년 기술 센터 및 기술 교육 프로그램은 청소년에게 기술, 훈련, 멘토링 기회를 제공한다. 기술 센터의 진로 개발 프로그램은 과학기술이나 창조 경제 분야를 지망하는 십대들에게 진로 준비와 직업 훈련을 시키기 위한 것이다.

2020년 12월, 베스트 바이는 유색인 및 여성 직원 채용, 그리고 청년 및 신흥 리더를 위한 추가 교육 및 경력 개발 기회와 지원에 중점을 둔 5개년 계획을 발표했다. 여기에는 2025년까지 상근 직 자리 세 개 중 하나를 유색인으로 채우고 신규 상근직 현장 업무 세 자리 중 하나를 여성으로 채운다는 목표가 들어 있다.

소매 산업/
소비자 가전

직원 수 10만 명 이상

지역사회
• 괴짜 부대 아카데미
Geek Squad Academy /
청소년 기술 센터 및
진로 프로그램/
흑인 대학 학생
장학 기금

베스트 바이
미네소타주 리치필드
소재 본사
미국, 캐나다, 멕시코에
매장 1,000곳

고객

주주 및 이사회

판매업자와
공급업자

공공정책

파트너

2020년 12월, 베스트 바이는 유색인 학생들의 대입 준비 지원 및 취업 기회 확대에 4400만 달러를 내놓기로 했다. '유나이티드 니그로 칼리지 펀드'와 협력해 만든 흑인 대학 학생 장학 기금도 여기 포함된다.

표 A-8

베스트 바이(Best Buy)

설립년도	1966년
회사 규모	직원 수 10만 명, 미국, 캐나다, 멕시코에 약 1000개 매장
본사	미네소타주 리치필드
산업 부문	소매업, 이커머스, 소비자 가전
제품	가전제품, 컴퓨터 및 태블릿, TV 및 홈 시어터, 오디오, 자동차 전자 제품
서비스	긱 스쿼드 Geek Squad 기술 지원
기업 구조	상장기업 다양한 수준의 관리: 소매점, 구역, 지역
매출	43억 6400만 달러(2020 회계연도)
회사의 영향력 범위	직원 　– 여성이 26% 　– 히스패닉이 22%, 아프리카계 미국인이 14%, 아시아계 미국인이 5% 　– 직원 교육 및 개발 부문 세계 3위 　– 직원 인구의 다양성 비율은 자신이 일하는 지역사회 인구 비율을 반영 　　(흑인 및 히스패닉 직원의 비율은 미국 평균을 상회) 공급업체 고객/지역사회 　– 내부 기술을 지원하며 고객에게 원스톱 기술 구매 가능성 제공 　– 북미 전역에서 기술 격차 해소를 위한 파트너십 진행 선출직 공직자 　– '비즈니스에 직접적 영향을 미치는 공공정책 개발 및 옹호'[29] 　– 민주당과 공화당 모두에 기부 투자자 　– 코로나19 기간 동안 주식 수요 증가 　– 디지털 성장에 집중 NGO 　– 중점 분야 발전을 위해 25개 이상의 조직에 가입 　– 긱 스쿼드 아카데미 및 청소년 기술 센터 등의 프로그램을 통한 사회 환원
경쟁사	아마존, 알리바바, 시어스 Sears, 월마트 Walmart, 타깃 Target, 로우스 Lowe's, 오피스디포, 홈 디포, BJ 홀세일 클럽 BJ's Wholesale Club

그림 9-1

1981년에 설립된 인포시스는 직원 25만 9,000명이 넘는 규모의 글로벌 컨설팅 및 IT 서비스 기업으로 뉴욕증권거래소에 상장되어 있다.

인도 소프트웨어 및 서비스 기업 협회와 함께 인포시스는 카르나타카주 치크발라푸르에 있는 국립 디지털 리터러시 센터에 기금을 지원했다. 이 센터는 인도 남부 최초의 장애인 시설이다. 인포시스는 이 센터의 프로그램을 모두가 이용할 수 있는 포용적인 것으로 만들고자 한다.

'리스타트 위드 인포시스' 프로그램은 경력 단절 여성에게 기술 습득, 멘토링, 프로젝트 경험의 기회를 제공해 재취업을 돕는다. 또한 포스트-출산 프로그램이 존재해 여성 직원의 89%가 출산 휴가 후 직장에 복귀했다.

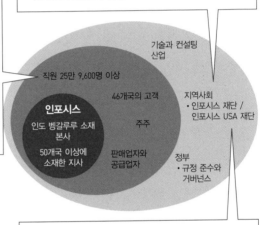

기술과 컨설팅 산업

직원 25만 9,600명 이상

46개국의 고객

인포시스
인도 벵갈루루 소재 본사

50개국 이상에 소재한 지사

주주

판매업자와 공급업자

지역사회
· 인포시스 재단 /
  인포시스 USA 재단

정부
· 규정 준수와
  거버넌스

1996년에 설립된 인포시스 재단은 인도의 궁벽한 지역에서 교육, 농촌 개발, 의료, 예술과 문화, 빈곤층 지원 프로그램을 원조한다. 2015년에 만들어진 인포시스 USA 재단은 미국 전역, 특히 과소 대표 지역의 유치원부터 12학년에 이르는 학생 및 교사에게 컴퓨터 교육 확대를 목표로 한다. 재단은 교사들에게 전문성 개발 프로그램을 실시하고 주요 비영리 단체와 협력하며 디지털 격차 해소의 필요성 인식을 높이는 혁신적인 캠페인을 진행한다.

표 A-9

인포시스(Infosys)

설립년도	1981년
회사 규모	직원 수 25만 9,600명 이상, 50개 이상의 국가에 진출
본사	인도 벵갈루루
산업 부문	글로벌 컨설팅, IT 서비스
제품	AI 플랫폼, 글로벌 뱅킹 플랫폼 엣지버브 시스템 피나클EdgeVerve Systems Finacle, 기업 자원계획 및 고객 관리 소프트웨어 파나야 클라우드퀄리티 스위트Panaya CloudQuality Suite, 전자상거래 플랫폼 스카바Skava
서비스	컨설팅, 데이터 분석, 블록체인, 디지털 마케팅, 디지털 커머스
기업 구조	상장기업 / 13개 자회사[30]
매출	131억 달러
회사의 영향력 범위	직원 – 글로벌 직원의 36%가 여성 – 이사회 구성원의 33%가 여성[31] – 144개 국적 – 모든 활동 지역에서 최고의 직장으로 인정받았다. – 커뮤니티 칼리지 출신의 다양한 인재에 대한 투자 의지[32] – 세계적 수준의 교육 인프라: 글로벌 교육 센터 투자자 공급업체 파트너 정부기관 고객 – 1,526곳 유명 고객과의 글로벌 협력 – 디지털 전문 지식과 선도적인 기술 가장 빠르게 성장하는 10대 IT 서비스 브랜드 중 하나로 선정(2021년) 지속가능한 성과 지역사회 – 인포시스 USA 재단: 컴퓨터 과학 교육 확대 – 기아와 영양실조 퇴치를 위한 노력 규정 준수와 거버넌스
경쟁사	테크 마힌드라Tech Mahindra, IBM, NTT 데이터, 액센츄어Accenture, 타타 컨설턴시Tata Consultancy, 아토스Atos, DXC 테크놀로지

그림 10-2

데니스는 여러 국가에 진출해 있는 외식 프랜차이즈 회사다.

데니스는 1993년에 '공급업체 다양화 프로그램'을 만든 이후 약 20억 달러를 다양한 공급업체에 투자했다. 2020년 기준 데니스 총 구매의 13.2%를 다양한 취약업체가 차지했고, 히스패닉 업체가 340만 달러로 데니스 지출의 가장 많은 부분을 차지했으며, 아프리카계 미국인 업체가 그 뒤를 이었다.

데니스는 지역 주민을 고용할 뿐 아니라 지역 주민이 비즈니스 리더로 성장할 기회를 제공해야 할 필요성까지 인식한다. 데니스의 '관리자 교육 프로그램'은 가맹점 창업을 포함해 비즈니스 전반을 직원들에게 가르친다.

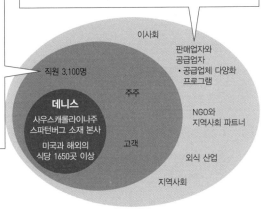

표 A-10

데니스(Denny's)

설립년도	1953년 캘리포니아 주 레이크우드에서 해럴드 버틀러Harold Butler와 리처드 제작Richard Jezak이 창립했다. '데니스 도넛Danny's Donuts'으로 시작했다가 1961년에 데니스Denny's로 회사명을 바꿨다.
회사 규모	직원 수 3,100명, 업장 1,647개(해외 153개, 국내 1494개)(2020년)
본사	1991년 사우스캐롤라이나주 스파턴버그로 이전
산업 부문	외식업
기업 구조	상장기업, 프랜차이즈 운영자
매출	2억 8860만 달러(2020년) 5억 4140만 달러(2019년) 6억 3010만 달러(2018년)[33]

회사의 영향력 범위	직원
	  – CEO 존 C. 밀러
	  – 직원 중 75%가 소수자
	
	프랜차이즈
	  – 전체 업장의 96%가 프랜차이즈 소유
	  – 2021년 12월 29일 기준, 데니스의 프랜차이즈, 라이선스 및 직영 식당은 1640개로 여기에는 캐나다, 푸에르토리코, 멕시코, 필리핀, 뉴질랜드, 온두라스, 아랍에미리트연합, 코스타리카, 괌, 과테말라, 엘살바도르, 인도네시아, 영국 등에 있는 153개가 포함된다.[34]
	  – 업장의 58%가 소수 민족 소유
	  – 업장의 6%가 성소수자 소유
	
	이사회(총 9인)
	  – 이사 5명이 소수자
	  – 이사 4명이 여성
	
	주주
	
	판매업체 및 공급업체
	
	지역사회

경쟁사	아이홉IHOP 와플 하우스Waffle House 크래커 배럴Cracker Barrel 프렌들리스Friendly's

머리말

1. Norton, 2020. Quotation from US Equal Employment Opportunity Commission, "EEO-1 Data Collection," accessed April 12, 2022, www.eeoc.gov/employers/eeo-1-data-collection.

1장

1. "The United States Commission on Civil Rights Statement on Affirmative Action," clearinghouse publication 54, Commission on Civil Rights, Washington, DC, October 1977.

2. US Equal Employment Opportunity Commission, "Title VII of the Civil Rights Act of 1964," accessed April 13, 2022, www.eeoc.gov/statutes/title-vii-civil-rights-act-1964.

3. US Equal Employment Opportunity Commission, "Timeline of Important EEOC Events," accessed April 18, 2022, www.eeoc.gov/youth/timeline-important-eeoc-events.

4. 임신 차별 규정에 관해선 다음 미 법무부 사이트를 참고하라. "Laws Enforced by the Employment Litigation Section: Title VII of the Civil Rights Act of 1964," updated March 10, 2021, www.justice.gov/crt/laws-enforced-employment-litigation-section. 성적 지향과 성 정체성에 관한 보다 구체적인 내용은 다음을 참고하라. see Phillip M. Schreiber, "Supreme Court Extends Title VII Protections to Sexual Orientation and Transgender Status," Holland & Knight, June 15, 2020, www.hklaw.com/en/insights/publications/2020/06/supreme-courtextends-title-vii-protections-to-sexual-orientation.

5. The Pregnancy Discrimination Act of 1978. Pub. L. 95-555. www.csus.edu/indiv/g/gaskilld/business_computer_ethics/the%20case%20against%20affirmative%20action.html.

6. Elissa Nesbitt and Becky Dziedzic, "Diversity at Xerox," press release, Xerox, accessed April 18, 2022, www.xerox.com/downloads/usa/en/n/nr_Xerox_Diversity_Timeline_2008.pdf.

7. Doug Rossinow, "It's Time We Face the Fact That Ronald Reagan Was Hostile to Civil Rights," History News Network, April 20, 2015, https://historynewsnetwork.org/article/158887.

8. Erin Kelly and Frank Dobbin, "How Affirmative Action Became Diversity Management: Employer Response to Antidiscrimination Law, 1961 to 1996," American Behavioral

Scientist 41, no. 7 (April 1998): 960+, https://link.gale.com/apps/doc/A20563254/AONE?u=anon~e640a8e7&sid=googleScholar&xid=8189b9c5.

9. Chester E. Finn, "'Affirmative Action' Under Reagan," Commentary, April 1982, www.commentary.org/articles/chester-finn/affirmative-action-under-reagan/.

10. William B. Johnston and Arnold H. Packer, Workforce 2000: Work and Workers for the 21st Century (Washington, DC: US Department of Labor, Employment and Training Administration, 1987), https://files.eric.ed.gov/fulltext/ED290887.pdf.

11. Frank Swoboda, "The Future Has Arrived, Survey Finds," Washington Post, July 20, 1990, www.washingtonpost.com/archive/business/1990/07/20/the-future-has-arrived-survey-finds/f50858de-6804-4cdd-b963-f499c8804c90/.

12. William B. Johnston and Arnold H. Packer, abstract to Workforce 2000: Work and Workers for the 21st Century, in Americans for the Arts, "National Arts Administration and Policy Publications Database (NAAPPD)," accessed April 18, 2022, www.americansforthearts.org/by-program/reports-and-data/legislation-policy/naappd/workforce-2000-work-and-workers-for-the-21st-century.

13. Ronald Reagan, "Proclamation 5724: National Job Skills Week, 1987," October 8, 1987, American Presidency Project, compiled by John Woolley and Gerhard Peters, www.presidency.ucsb.edu/documents/proclamation-5724-national-job-skills-week-1987.

14. Rohini Anand and Mary-Frances Winters, "A Retrospective View of Corporate Diversity Training from 1964 to the Present," Academy of Management Learning & Education 7, no. 3 (2008): 356–372, www.wintersgroup.com/corporate-diversity-training-1964-to-present.pdf.

15. Anand and Winters, "Corporate Diversity Training."

16. R. Roosevelt Thomas Jr., "From Affirmative Action to Affirming Diversity," Harvard Business Review, March–April 1990, https://hbr.org/1990/03/from-affirmative-action-to-affirming-diversity.

17. Rachel Soares et al., "2010 Catalyst Census: Fortune 500 Women Executive Officers and Top Earners (Report)," Catalyst, December 6, 2010, www.catalyst.org/research/2010-catalyst-census-fortune-500-women-executive-officers-and-top-earners.

18. Richard L. Zweigenhaft, "Diversity among Fortune 500 CEOs from 2000 to 2020: White Women, Hi-Tech South Asians, and Economically Privileged Multilingual Immigrants from Around the World," WhoRulesAmerica.net, University of California at Santa Cruz, January 2021, https://whorulesamerica.ucsc.edu/power/diversity_update_2020.html.

19. Anand and Winters, "Corporate Diversity Training."

20. Charanya Krishnaswami and Guha Krishnamurthi, "Title VII and Caste Discrimination,"

Harvard Law Review, June 20, 2021, https://harvardlawreview.org/2021/06/title-vii-and-caste-discrimination/.

21. Knowledge@Wharton, "What Professional Soccer Can Tell Us about Immigration, Work and Success," World Economic Forum, December 23, 2021, www.weforum.org/agenda/2021/12/immigrant-employees-performance-business/.

22. Kristine Beckerle, "Boxed In: Women and Saudi Arabia's Male Guardianship System," Human Rights Watch, July 16, 2016, www.hrw.org/report/2016/07/16/boxed-women-and-saudi-arabias-male-guardianship-system.

23. 다양성 이니셔티브에 관해선 다음을 참고하라 Michael L. Wheeler, "Diversity Training," research report 1083-94R, Conference Board, New York, 1994. 법령은 다음 사이트에서 찾아볼 수 있다. Chanelle Leslie, "10 of the Biggest EEOC Settlements Ever," HRM America, June 6, 2014, www.hcamag.com/us/news/general/10-of-the-biggest-eeoc-settlements-ever/156010.

24. Carole Katz, "Cost of Ignoring Diversity in Workplace Can Be Greater Than Embracing It," Pittsburgh Business Times, July 18, 2005, www.bizjournals.com/pittsburgh/stories/2005/07/18/focus4.html.

25. Sundiatu Dixon-Fyle, et al., "Diversity Wins: How Inclusion Matters," McKinsey & Company, May 19, 2020, www.mckinsey.com/featured-insights/diversity-and-inclusion/diversity-wins-how-inclusion-matters#.

26. "Future Forum Pulse," Future Forum, April 2022, https://futureforum.com/pulse-survey/.

27. Timothy Bella, "'Just Do It': The Surprising and Morbid Origin Story of Nike's Slogan," Washington Post, September 4, 2018, www.washingtonpost.com/news/morning-mix/wp/2018/09/04/from-lets-do-it-to-just-do-it-how-nike-adapted-gary-gilmores-last-words-before-execution/.

28. 릭 무뇨스의 광고는 다음 사이트에서 찾아볼 수 있다. Martin Kessler, "The Story of Ric Muñoz and Nike's 1995 HIV-Positive Runner Ad," WBUR, October 12, 2018, www.wbur.org/onlyagame/2018/10/12/nike-colin-kaepernick-ric-munoz. 여성의 스포츠에 관한 광고는 다음을 참고하라. see Jessica Tyler, "Nike's Colin Kaepernick Ad Isn't the First Time the Brand's Commercials Have Made a Social Statement: See Some of the Most Memorable Campaigns in Its History," Business Insider, September 7, 2018, www.businessinsider.com/nike-ads-make-social-statements-2018-9.

29. Tyler, "Nike's Colin Kaepernick Ad."

30. Nike, "For Once, Don't Do It," video, YouTube, May 29, 2020, www.youtube.com/watch?v=drcO2V2m7lw.

31. Lauren Thomas, "Read Nike CEO John Donahoe's Note to Employees on Racism: We

Must 'Get Our Own House in Order,'" CNBC, June 5, 2020, www.cnbc.com/2020/06/05/nike-ceo-note-to-workers-on-racism-must-get-our-own-house-in-order.html.

32. "Nike Sweatshops: Inside the Scandal," New Idea, November 15, 2019, www.newidea.com.au/nike-sweatshops-the-truth-about-the-nike-factory-scandal.

33. Lori Deschene, "Nike Settles Racism Suit," CBS News, August 20, 2007, www.cbsnews.com/news/nike-settles-racism-suit/.

34. Edward Helmore, "Nike Hit with Lawsuit from Four Women Who Allege Gender Discrimination," Guardian, August 10, 2018, www.theguardian.com/business/2018/aug/10/nike-lawsuit-women-gender-discrimination.

35. Edgar Alvarez Barajas, "The 'Black at Nike' Instagram Accused the Brand of Racism. Then It Vanished," Input Magazine, July 16, 2020, www.inputmag.com/style/black-at-nike-instagram-account-removed-vanished-racism-diversity-inclusion.

36. Thomas, "'Get Our Own House in Order.'"

37. Brian Krzanich, quoted in Lydia Dishman, "The 10 Best and Worst Leaders of 2015," Fast Company, December 28, 2015, www.fastcompany.com/3054777/the-10-best-and-worst-leaders-of-2015.

38. Dishman, "10 Best and Worst Leaders."

39. Autumn Cafiero Giusti, "Why Intel Is Working Double Time on Its Diversity Goals," Chief Executive, September 21, 2017, https://chiefexecutive.net/intel-working-double-time-diversity-goals/.

40. Samara Lynn, "Brian Krzanich, Intel CEO, Diversity in Tech Advocate, Resigns over Affair," Black Enterprise, June 21, 2018, www.blackenterprise.com/brian-krzanich-intel-ceo-diversity-resigns-over-affair/.

41. Erin Carson, "Intel's New Diversity Goals: Put Women in 40% of Technical Posts by 2030," CNet, May 14, 2020, www.cnet.com/news/intels-new-diversity-goals-put-women-in-40-of-technical-posts-by-2030/.

42. Amanda Stansell and Daniel Zhao, "Diversity Now: How Companies and Workers Are Bringing Nationwide Social Justice Protests to the Workplace," Glassdoor, July 15, 2020, www.glassdoor.com/research/diversity-jobs-reviews.

43. Stansell and Zhao, "Diversity Now: How Companies and Workers Are Bringing Nationwide Social Justice Protests to the Workplace," https://www.glassdoor.com/research/diversity-jobs-reviews/.

2장

1. Theresa M. Welbourne, et al., "The Case for Employee Resource Groups: A Review and Social Identity Theory-Based Research Agenda," Personnel Review 46, no. 8 (2017): 1816 – 1834, https://doi.org/10.1108/PR-01-2016-0004.

2. Daniel Victor, "Pepsi Pulls Ad Accused of Trivializing Black Lives Matter," New York Times, April 5, 2017, https://www.nytimes.com/2017/04/05/business/kendall-jenner-pepsi-ad.html.

3. Steve Robson, "Team behind controversial Pepsi ad accused of 'lack of diversity' as it emerges 'ALL those credited are white,'" Mirror, April 6, 2017, https://www.mirror.co.uk/news/world-news/team-behind-controversial-pepsi-ad-10169148.

4. Josh Terrell, et al., "Gender Differences and Bias in Open Source: Pull Request Acceptance of Women versus Men," Peer Journal of Computer Science 3 (2017): e111; Claudia Goldin and Cecilia Rouse, "Orchestrating Impartiality: The Impact of 'Blind' Auditions on Female Musicians," American Economic Review 90, no. 4 (September 2000): 715 – 741.

5. Jessica Nordell, "How Slack Got Ahead in Diversity," Atlantic, April 26, 2018, www.theatlantic.com/technology/archive/2018/04/how-slack-got-ahead-in-diversity/558806/.

6. Team at Slack, "Diversity at Slack, an Update on Our Data, April 2018," Slack, April 17, 2018, https://slack.com/blog/news/diversity-at-slack-2.

7. Team at Slack, "Diversity at Slack, an Update, April 2021," Slack, April 21, 2021, https://slack.com/blog/news/diversity-at-slack-2021.

8. Team at Slack, "Diversity at Slack, an Update, April 2020," Slack, April 28, 2021, https://slack.com/blog/news/diversity-at-slack-2020.

9. Team at Slack, "Diversity at Slack, an Update, April 2020."

10. Future Forum, "Win the Battle for Talent," accessed April 18, 2022, https://futureforum.com/.

11. Sheela Subramanian, "The End of Business as Usual: The Power of Empathetic Management in an Age of Uncertainty," Future Forum, October 5, 2021, https://futureforum.com/2021/10/05/how-to-manage-through-uncertainty-playbook/.

12. Frances Brooks Taplett, et al., "It's Frontline Leaders Who Make or Break Progress on Diversity," Boston Consulting Group, March 5, 2020, www.bcg.com/en-us/publications/2020/frontline-leaders-make-break – progress-diversity.

3장

1. Iora Health, "Iora Health Closes $126 Million Series F Funding Round," Cision PR Newswire, February 10, 2020, www.prnewswire.com/news-releases/iora-health-closes-126-million-series-f-funding-round-301001846.html.

2. Vijay Govindarajan and Ravi Ramamurti, "Transforming Health Care from the Ground Up," Harvard Business Review, July–August 2018, https://hbr.org/2018/07/transforming-health-care-from-the-ground-up.

3. Craig R. Scott and Stephen A. Rains, "Anonymous Communication in Organizations: Assessing Use and Appropriateness," Management Communication Quarterly 19, no. 2 (2005): 157–197, https://doi.org/10.1177%2F0893318905279191.

4. Officevibe Content Team, "12 Mind-Blowing Employee Survey Statistics," October 2, 2021, https://officevibe.com/blog/employee-surveys-infographic.

5. Iora Health, Iora 10 Years: Celebrating 10 Years of Impact (Boston: Iora Health, 2020), https://online.pubhtml5.com/fqas/mguc/#p=1.

6. Heike Bruch, et al., "Strategic Change Decisions: Doing the Right Change Right," Journal of Change Management 5, no. 1 (2005): 97–107, https://doi.org/10.1080/14697010500067390.

7. Ben & Jerry's, "Silence Is NOT an Option," accessed February 9, 2022, www.benjerry.com/about-us/media-center/dismantle-white-supremacy.

8. Bruch, et al., "Strategic Change Decisions."

9. Andrew D. F. Price and K. Chahal, "A Strategic Framework for Change Management," Construction Management and Economics 24, no. 3 (2006): 237–251, https://doi.org/10.1080/01446190500227011.

10. Rune Lines, "Influence of Participation in Strategic Change: Resistance, Organizational Commitment and Change Goal Achievement," Journal of Change Management 4, no. 3 (2004): 193–215, https://doi.org/10.1080/1469701042000221696.

11. "One Medical Announces Agreement to Acquire Iora Health," press release, One Medical, June 7, 2021, https://investor.onemedical.com/news-releases/news-release-details/one-medical-announces-agreement-acquire-iora-health.

12. "One Medical Announces."

13. Rushika Fernandopulle now serves as the chief innovation officer at One Medical.

4장

1. Haley Draznin, "PwC Chairman: CEOs Have a Responsibility to Help Make America More Inclusive," CNN, November 26, 2018, www.cnn.com/2018/11/26/success/pwc-chairman-diversity-boss-files/index.html.

2. 스털링 사망 사건에 관해선 다음을 참고하라. Kevin Litten, "In Alton Sterling Shooting, Baton Rouge Police Officers Won't Face Federal Charges: Reports," New Orleans Times-Picayune, May 7, 2017, www.nola.com/news/crime_police/article_1f5bb5ce-7d65-5958-aa2f-8123dfbfb8ba.html. 카스틸 사망 사건은 다음 기사에서 찾아 볼 수 있다. Mitch Smith, "Video of Police Killing of Philando Castile Is Publicly Released," New York Times, June 20, 2017, www.nytimes.com/2017/06/20/us/police-shooting-castile-trial-video.html.

3. Manny Fernandez, et al., "Five Dallas Officers Were Killed as Payback, Police Chief Says," New York Times, July 8, 2016, www.nytimes.com/2016/07/09/us/dallas-police-shooting.html.

4. Megan Slack, "Supreme Court Strikes Down Defense Marriage Act," Whitehouse President Barack Obama, archives, June 26, 2013, https://obamawhitehouse.archives.gov/blog/2013/06/26/supreme-court-strikes-down-defense-marriage-act.

5. PwC, "LGBT Partner Advisory Board," CEO Action for Diversity & Inclusion, accessed April 18, 2022, www.ceoaction.com/actions/lgbt-partner-advisory-board/.

6. PwC, "Start: PwC's Diversity Internship Experience," accessed January 11, 2021, www.pwc.com/us/en/careers/entry-level/programs-events/start.html.

7. "Disability Equality Index," AAPD, https://www.aapd.com/disability-equality-index/.

8. PwC, "Leading with Trust, Transparency and Purpose: FY21 PwC Purpose Report," accessed March 30, 2022, www.pwc.com/us/en/about-us/purpose-and-values/assets/fy21-pwc-purpose-report-full-report.pdf. The 2020 report acknowledged limitations with the data: "We have not had a robust self-identification campaign in the recent past, so the figures for veterans, LGBTQ+, and individuals with disabilities are likely not fully representative of our workforce" (PwC, "Building on a culture of belonging," 2020, https://www.pwc.com/us/en/about-us/diversity/assets/diversity-inclusion-transparency-report.pdf).

9. Draznin, "CEOs Have a Responsibility."

10. CEO Action for Diversity & Inclusion, "Bringing Business, Communities and Policy Together to Drive Change," CEO Action for Racial Equity Fellowship, accessed January 12, 2021, www.ceoaction.com/racial-equity/.

11. Kavya Vaghul, "A Small Fraction of Corporations Share Diversity Data but Disclosure Is Rapidly on the Rise," Just Capital, January 19, 2021, https://justcapital.com/news/a-small-fraction-of-corporations-share-diversity-data-but-disclosure-is-rapidly-on-the-rise/.

12. PwC, Global Annual Review 2021, accessed January 12, 2021, www.pwc.com/gx/en/about/global-annual-review-2021/clients.html.

13. Tim Ryan, "PwC: The New Equation," PwC, promotional film and transcript, accessed January 12, 2021, www.pwc.com/us/en/the-new-equation.

14. Ryan, "PwC: The New Equation."

15. PwC, "PwC Announces the New Equation," press release, PwC, June 15, 2021, www.pwc.com/us/en/about-us/newsroom/press-releases/pwc-announces-the-new-equation.html.

16. PwC, "Trust Leadership Institute: It's Time for a New Era of Leadership Trust," 2017, accessed April 18, 2022, www.pwc.com/us/en/about-us/tomorrow-takes-trust/trust-leadership-institute-overview.html.

17. Clara L. Wilkins, et al., "You Can Win but I Can't Lose: Bias against High-Status Groups Increases Their Zero-Sum Beliefs about Discrimination," Journal of Experimental Social Psychology 57 (2015): 1 – 14, https://doi.org/10.1016/j.jesp.2014.10.008.

18. Clara L. Wilkins and Cheryl R. Kaiser, "Racial Progress as Threat to the Status Hierarchy: Implications for Perceptions of Anti-White Bias," Psychological Science 25, no. 2(2014): 439 – 446, www.jstor.org/stable/24539817.

19. Manny T. Martinez, et al., "Former Dallas Police Officer Is Guilty of Murder for Killing Her Neighbor," New York Times, October 1, 2019, www.nytimes.com/2019/10/01/us/amber-guyger-trial-verdict-botham-jean.html.

20. Georgetown University, McDonough School of Business, "Building Towards Workplace Utopia: A Conversation with Tim Ryan, U.S. Chair and Senior Partner, PwC," video, YouTube, December 3, 2020, www.youtube.com/watch?v=WA2ul4CG0WI&t=8s.

21. https://www.cnn.com/2019/10/04/us/botham-jean-pwc-portrait-trnd/index.html. https://www.kait8.com/2020/09/04/botham-jean-business-scholarship-recipients-announced/.

5장

1.. "United Automobile Workers v. Johnson Controls, 499 U.S. 187 (1991)," Justia US Supreme Court, accessed April 18, 2022, https://supreme.justia.com/cases/federal/us/499/187/.

2. Terry Gross, "Anita Hill Started a Conversation about Sexual Harassment: She's Not Done Yet," interview with Anita Hill, Fresh Air (NPR), September 28, 2021, www.npr.org/2021/09/28/1040911313/anita-hill-belonging-sexual-harassment-conversation.

3. Moss Adams, "2018 Annual Report," accessed April 18, 2022, www.mossadams.com/getmedia/1609719f-764c-4cb3-9ae0-98bfdbcfadac/2018-forum-w-annual-report.

4. Moss Adams, "Inclusion and Diversity: 2019 Annual Report," accessed April 18, 2022, www.mossadams.com/getmedia/efca1604-247f-4f1d-8158-5c8b69ee4554/inclusion__ diversity_2019_annual_report.pdf.

5. The World Bank, "Labor Force Participation Rate, Female (% of Female Population Ages 15-64) (Modeled ILO Estimate)—United States," chart, accessed April 18, 2022, https://data.worldbank.org/indicator/SL.TLF.ACTI.FE.ZS?end=2019&locations=US&start=1990. Data from International Labour Organization, ILOSTAT database, retrievedon June 15, 2021.

6. The World Bank, "Labor Force, Female (% of Total Labor Force)," chart, accessed April 18, 2022, https://data.worldbank.org/indicator/SL.TLF.TOTL.FE.ZS?end=2019&start=1990. Data from International Labour Organization, ILOSTAT database, retrieved on June 15, 2021.

7. William Scarborough, "What the Data Says about Women in Management between 1980 and 2010," hbr.org, February 23, 2018, https://hbr.org/2018/02/what-the-data-says-about-women-in-management-between-1980-and-2010.

8. The World Bank, "Population, Female (% of Total Population)," chart, accessed April 18, 2022, https://data.worldbank.org/indicator/SP.POP.TOTL.FE.ZS. Data from International Labour Organization, ILOSTAT database, retrieved on June 15, 2021.

9. 슈미트가 말하는 무의식 편견 테스트란 개념(흑인, 동성애자 등)과 가치관(좋다, 나쁘다 등), 혹은 편견(제격이 좋은, 어설픈) 사이의 연관성을 측정하는 테스트이다. 밀접한 관련이 있는 항목이 같은 반응 키를 공유할 때 반응이 더 쉽게 나온다는 아이디어다. Project Implicit, "Preliminary Information," Harvard University, accessed April 18, 2022, https://implicit.harvard.edu/implicit/takeatest.html.

10. Andrew Ross Sorkin, "Outraged in Private, Many C.E.O.s Fear the Wrath of the President," New York Times, August 14, 2017, www.nytimes.com/2017/08/14/business/dealbook/merck-trump-charlottesville-ceos.html.

11. Greg J. Sears and Patricia M. Rowe, "A Personality-Based Similar-to-Me Effect in the Employment Interview: Conscientiousness, Affect-Versus Competence-Mediated Interpretations, and the Role of Job Relevance," Canadian Journal of Behavioural Science 35, no. 1 (January 2003): 13-24, http://dx.doi.org/10.1037/h0087182; Lynn A. McFarland, et al., "Examination of Structured Interview Ratings Across Time: The Effects of Applicant Race, Rater Race, and Panel Composition," Journal of Management 30, no. 4 (2004): 435-452, https://doi.org/10.1016/j.jm.2003.09.004.

12. Michele J. Gelfand, et al., "Discrimination in Organizations: An Organizational-Level Systems Perspective," in Discrimination at Work: The Psychological and Organizational Bases, ed. Robert L. Dipboye and Adrienne Colella (New York: Psychology Press, 2005), 89-116.

13. Ibram X. Kendi, How to Be an Antiracist (New York: One World, 2019), 231.

6장

1. Uncle Nearest, "The Best Whiskey Maker the World Never Knew," Uncle Nearest, Inc., accessed November 30, 2021, https://unclenearest.com/history/.

2. Clay Risen, "Jack Daniel's Embraces a Hidden Ingredient: Help from a Slave," New York Times, June 25, 2016, www.nytimes.com/2016/06/26/dining/jack-daniels-whiskey-nearis-green-slave.html.

3. Cynthia Graber and Nicola Twilley, "The Secret History of the Slave behind Jack Daniel's Whiskey," Gastropod (podcast), January 28, 2019, https://gastropod.com/the-secret-history-of-the-slave-behind-jack-daniels-whiskey/.

4. Fawn Weaver, quoted in Graber and Twilley, "Slave behind Jack Daniel's Whiskey."

5. Elizabeth G. Dunn, "A Black Whiskey Entrepreneur Will Help Bankroll Others Like Her," New York Times, June 1, 2021, www.nytimes.com/2021/06/01/dining/drinks/uncle-nearest-whiskey-black-owned.html.

6. Uncle Nearest, "More about Uncle Nearest," Uncle Nearest Inc., accessed November 30, 2021, https://unclenearest.com/; Melita Kiely, "Breaking Boundaries: Fawn Weaver, Uncle Nearest CEO," Spirit's Business, October 1, 2020, www.thespiritsbusiness.com/2020/10/fawn-weaver-on-creating-uncle-nearest-whiskey/.

7. Uncle Nearest, "Most Awarded American Whiskey or Bourbon 2019, 2020, and 2021," Uncle Nearest Inc., accessed April 18, 2022, https://unclenearest.com/awards.

8. "Groundbreaking Study of Black Business Owners in the Wine Industry Reveals the Immediate Need for Inclusion & Equity," Wine Industry Network Advisor, July 27, 2021, https://wineindustryadvisor.com/2021/07/27/study-black-business-owners-reveals-need-inclusion-equity.

9. Jasmine Vaughn-Hall, "This Is America: Black Excellence Is an Ancestral Declaration That Exceeds Hashtags," USA Today, February 19, 2021, www.usatoday.com/story/news/2021/02/18/america-black-excellence-declaration-exceeds-trends/6788074002/.

10. Beverly D. Tatum, "'Why Are All the Black Kids Still Sitting Together in the Cafeteria?' and Other Conversations about Race in the Twenty-First Century," Liberal Education 103, no. 3 -4 (2017).

11. Gallup and Purdue University, "Great Jobs, Great Lives: The 2014 Gallup-Purdue Index Report," 2014, www.gallup.com/services/176768/2014-gallup-purdue-index-report.aspx?_ga=2.2523127.69906958.1641933029-1307002563.1641933029.

12. Barbara S. Lawrence and Neha Parikh Shah, "Homophily: Measures and Meaning," Academy of Management Annals, 14, no. 2 (August 10, 2020): 513-597, https://doi.org/10.5465/annals.2018.0147.

13. Thomas M. Rand and Kenneth N. Wexley, "Demonstration of the Effect, 'Similar to Me,' in Simulated Employment Interviews," Psychological Reports 36, no. 2 (1975): 535 – 544.

14. Michael A. Stoll, et al., "Why Are Black Employers More Likely Than White Employers to Hire Blacks?," discussion paper 1236-01, Institute for Research on Poverty, University of Wisconsin – Madison, September 2001, www.researchgate.net/publication/228772136.

15. 아프리카계 미국인 지출에 관해선 다음 자료를 살펴보라. Kori Hale, "The $300 Billion Black American Consumerism Bag Breeds Big Business Opportunities," Forbes, September 17, 2021, www.forbes.com/sites/korihale/2021/09/17/the-300-billion-black-american-consumerism-bag-breeds-big-business-opportunities/?sh=69b0cdf534fc.

16. Ranjay Gulati, "The Soul of a Start-Up," Harvard Business Review, July – August 2019, https://hbr.org/2019/07/the-soul-of-a-start-up.

17. Uncle Nearest, "Join Our Team," Uncle Nearest Inc., accessed April 18, 2022, https://unclenearest.com/join-our-team.

18. Stephen Gandel, "Wells Fargo CEO Apologizes for Blaming Lack of Diversity on 'Limited Pool of Black Talent,'" CBS News, September 23, 2020, www.cbsnews.com/news/wells-fargo-ceo-black-talent-limited.

19. Gandel, "Wells Fargo CEO Apologizes."

20. Fawn Weaver, quoted in Ted Simmons, "Jack Daniel's and Uncle Nearest Launch New Diversity Initiative," Whisky Advocate, June 15, 2020, www.whiskyadvocate.com/jack-daniels-uncle-nearest-diversity-initiative/.

21. Fawn Weaver, quoted in Simmons, "Jack Daniel's and Uncle Nearest."

22. Fawn Weaver, quoted in Simmons.

23. Fawn Weaver, quoted in Simmons.

24. Gabrielle Pharms, "Inside the Uncle Nearest and Jack Daniel's Partnership to Diversify the Spirits Industry," Alcohol Professor, June 26, 2020, www.alcoholprofessor.com/blog-posts/inside-the-uncle-nearest-and-jack-daniels-partnership-to-diversify-the-spirits-industry.

25. Pharms, "Uncle Nearest and Jack Daniel's."

7장

1. Sodexo, "Who We Are," accessed April 18, 2022, https://us.sodexo.com/about-us.html.

2. Associated Press, "Sodexho Settles Discrimination Suit for $80M," Fox News, January 13, 2015, www.foxnews.com/story/sodexho-settles-discrimination-suit-for-80m.

3. David A. Thomas and Stephanie J. Creary, "Shifting the Diversity Climate: The Sodexo Solution Case Study," Case 412-020 (Boston: Harvard Business School, July 2011), 4–5.

4. Mary Baker and Teresa Zuech, "Gartner HR Research Identifies Six Gaps between Leader and Employee Sentiment on the Future Employee Experience," press release, Gartner, August 5, 2021, www.gartner.com/en/newsroom/press-releases/2021-08-04-gartner-hr-research-identifies-six-gaps-between-leader-and-employee-sentiment-on-the-future-employee-experience.

5. Adam D. Galinsky, et al., "Power and Perspective-Taking: A Critical Examination," Journal of Experimental Social Psychology 67 (2016): 91–92.

6. "Introspection after Allegations of Discrimination," in Diversifying the American Workplace, special series, NPR, January 12, 2010, www.npr.org/templates/story/story.php?storyId=122456071.

7. Sean Madigan, "Sodexho Marriott Services Sold to French Parent for $1.1B," Washington Business Journal, June 15, 2001, www.bizjournals.com/washington/stories/2001/06/11/daily34.html.

8. Jim Harter, "Why Some Leaders Have Their Employees' Trust, and Some Don't," Gallup Workplace, June 13, 2019, www.gallup.com/workplace/258197/why-leaders-employees-trust-don.aspx.

9. Stephanie N. Downey, et al., "The Role of Diversity Practices and Inclusion in Promoting Trust and Employee Engagement," Journal of Applied Social Psychology 45, no. 1 (2015): 35–44.

10. Rohini Anand, Leading Global Diversity, Equity, and Inclusion: A Guide to Systemic Change in Multinational Organizations (Oakland, CA: Berrett-Koehler, 2021), 18.

11. Thomas and Creary, "Shifting the Diversity Climate," 5.

12. Pamela Babcock, "Diversity Accountability Requires More Than Numbers," SRHM, April 13, 2009, www.shrm.org/resourcesandtools/hr-topics/behavioral-competencies/global-and-cultural-effectiveness/pages/morethannumbers.aspx.

13. Anand, Leading Global Diversity, Equity, and Inclusion, 11.

14. Lisa H. Nishii and Mustafa F. Özbilgin, "Global Diversity Management: Towards a Conceptual Framework," International Journal of Human Resource Management 18, no. 11 (2007): 1,883–1,894.

15. Alain Klarsfeld, et al., "Introduction: Equality and Diversity in 14 Countries: Analysis and Summary," in International Handbook on Diversity Management at Work: Country and Thematic Perspectives on Diversity and Equal Treatment, 2nd ed., ed. Alain Klarsfeld, et al. (Cheltenham, UK: Edward Elgar, 2014), doi: 10.4337/9780857939319.00005.

16. Thomas and Creary, "Shifting the Diversity Climate," 7.

17. Amelia Ransom, "What Does D&I Look Like for a Global Organization?," interview by Ella F. Washington and Camille Lloyd, podcast, Cultural Competence, January 26, 2021, min. 18:41, https://podcasts.apple.com/us/podcast/what-does-d-i-look-like-for-a-global-organization/id1543925509?i=1000506665230.

18. UN General Assembly, "Elimination of Racism, Racial Discrimination, Xenophobia and Related Intolerance: Comprehensive Implementation of and Follow-Up to the Durban Declaration and Programme of Action," 2011, https://digitallibrary.un.org/record/3896183?ln=en.

19. Thomas and Creary, "Shifting the Diversity Climate," 7.

20. Thomas and Creary, 8.

21. Thomas and Creary, 10.

22. Thomas and Creary, 12.

23. Rohini Anand, "Diversity and Inclusion Report: Message from Rohini Anand, Senior Vice President and Group Chief Diversity Officer," Sodexo, Fiscal 2010 annual publications, accessed April 18, 2022, https://s3-us-west-2.amazonaws.com/ungc-production/attachments/11349/original/2010_Diversity_Inclusion_report.pdf?1311372930.

24. Sodexo, "At White House Event Sodexo Announces Exceeding Leadership Gender Balance Goals," press release, Sodexo, 3BL Media, April 12, 2016, www.3blmedia.com/news/white-house-event-sodexo-announces-exceeding-leadership-gender-balance-goals.

25. Sodexo, "Sodexo Included in the 2021 Bloomberg Gender-Equality Index, Recognizing Our Commitment to Advancing Women in the Workplace," press release, Sodexo, January 27, 2021, www.sodexo.com/media/2021-bloomberg-gender-equality-index.html.

26. SodexoMagic, "About Us," Sodexo, accessed October 12, 2021, https://us.sodexo.com/services/sodexo-magic/about-us.html.

27. Dasha Ross-Smith, "SodexoMagic and Goodr Partner to Combat Food Insecurity and Waste," press release, Sodexo, GlobeNewswire, November 18, 2021, www.globenewswire.com/news-release/2021/11/18/2337588/0/en/SodexoMagic-and-Goodr-Partner-to-Combat-Food-Insecurity-and-Waste.html.

28. Nicole Pierce, "SodexoMAGIC Donates 1,000 'Welcome Back to School—Safe at Home' Safety Kits to Chicago Public Schools Students upon Returning to In-Person Learning," press release, Sodexo, GlobeNewswire, March 23, 2021, www.globenewswire.com/news-release/2021/03/23/2197720/0/en/SodexoMAGIC-Donates-1-000-Welcome-back-to-School-Safe-at-Home-Safety-Kits-to-Chicago-Public-Schools-Students-Upon-

Returning-to-In-Person-Learning.html.

29. Sodexo Operations, "Sodexo's Gender Balance Study, 2018: Expanded Outcomes over 5 Years," Sodexo USA, Gaithersburg, MD, accessed April 18, 2022, www.sodexo.com/files/live/sites/com-wwd/files/02%20PDF/Case%20Studies/2018_Gender-Balance-Study_EN.pdf.

30. Samuel Wells, "Why 'LGBTQ-Welcoming' Will Soon Be a Hallmark of the Most Successful Senior Living Communities: A Primer for Operators, Marketers & Leadership," Sodexo USA, Gaithersburg, MD, accessed April 18, 2022, https://assets2.hrc.org/thelei/documents/LGBTQSeniorsSodexoWhitePaper.pdf.

31. Laura Shipler Chico, "Addressing Culture and Origins across the Globe: Lessons from Australia, Brazil, Canada, the United Kingdom and the United States," Sodexo, accessed April 18, 2022, www.sodexo.com/files/live/sites/com-wwd/files/02%20PDF/Reports/Addressing%20Culture%20and%20Origins%20Across%20the%20Globe.pdf.

32. "Healthcare Administrators: The 2043 Business Imperative—Advocating for Hispanic Leadership in Healthcare and Cultural Competence," Sodexo USA, accessed April 18, 2022, https://us.sodexo.com/files/live/sites/com-us/files/industry/healthcare/D%26IHealthcareLeadershipWhitePaper_2019_final.pdf.

33. Sodexo, "Diversity & Inclusion Annual Report: Creating a Better Future," Sodexo Quality of Life Services, 2019, https://tracks.sodexonet.com/files/live/sites/com-us/files/inspired-thinking/research-reports/2020/D_26I_Annual_Report_Final.pdf.

34. John P. Kotter and Leonard A. Schlesinger, "Choosing Strategies for Change," Harvard Business Review, July–August 2008, https://hbr.org/2008/07/choosing-strategies-for-change.

35. Society for Human Resource Management, "Together Forward @Work: The Journey to Equity and Inclusion," summer 2020, https://shrmtogether.wpengine.com/wp-content/uploads/2020/08/20-1412_TFAW_Report_RND7_Pages.pdf, 11.

36. Sodexo, "Sodexo Listed in DiversityInc's Hall of Fame and Named as a Top Company for Black Executives and Top Company for Talent Acquisition for Women of Color," press release, Sodexo, May 24, 2021, https://us.sodexo.com/media/news-releases/2021-awards-diversity-inc.html.

37. Anand, Leading Global Diversity, Equity, and Inclusion, 12.

8장

1. Corie Barry, "A Note From Best Buy's CEO: We Will Do Better," June 3, 2020, https://corporate.bestbuy.com/a-note-from-best-buys-ceo-we-will-do-better/.

2. Best Buy, "Best Buy Strengthens Its Commitment to Gender Equity," October 13, 2017, https://corporate.bestbuy.com/best-buy-strengthens-commitment-gender-equity.

3. Chris Havens, "Gender Equality Is a Priority at Best Buy," Best Buy, March 5, 2019, https://corporate.bestbuy.com/gender-equality-is-a-priority-at-best-buy.

4. Eve Tahmincioglu, "Best Buy to Get Woman CEO; Majority Female Board," Directors & Boards, April 17, 2019, www.directorsandboards.com/news/best-buy-get-woman-ceo-majority-female-board.

5. Best Buy, "Board of Directors," accessed April 18, 2022, https://investors.bestbuy.com/investor-relations/governance/board-of-directors/default.aspx.

6. "The Dialogue Divide Research Report," The Dialogue Project, 2020, https://www.dialogueproject.study/.

7. The Dialogue Project (n.d.), The Dialogue Divide Research Report, accessed February 6, 2022, www.dialogueproject.study/research.

8. Hubert Joly and Caroline Lambert, The Heart of Business: Leadership Principles for the Next Era of Capitalism (Boston: Harvard Business Review Press, 2021).

9. Best Buy, "Hubert Joly Signs CEO Pledge for Diversity and Inclusion," July 25, 2017, https://corporate.bestbuy.com/hubert-joly-signs-ceo-pledge-diversity-inclusion/.

10. Robert G. Isaac, et al., "Leadership and Motivation: The Effective Application of Expectancy Theory, Journal of Managerial Issues, 2001, 212–226.

11. Victor Vroom, Work and Motivation, Wiley and Sons, 1964.

12. Charlan Jeanne Nemeth, et al., "Improving Decision Making by Means of Dissent," Journal of Applied Social Psychology 31, no. 1 (2001): 48–58.

13. Muqtafi Akhmad, et al., "Closed-Mindedness and Insulation in Groupthink: Their Effects and the Devil's Advocacy as a Preventive Measure," Journal of Computational Social Science 4 (2021): 455–478, https://doi.org/10.1007/s42001-020-00083-8; Colin MacDougall and Frances Baum, "The Devil's Advocate: A Strategy to Avoid Groupthink and Stimulate Discussion in Focus Groups," Qualitative Health Research, 7, no. 4 (1997): 532–541, https://doi.org/10.1177/104973239700700407; Tom Kelley, The Ten Faces of Innovation: IDEO's Strategies for Beating the Devil's Advocate and Driving Creativity throughout Your Organization (New York: Crown Business, 1997).

14. Greatheart Leader Labs, "The Study on White Men Leading through Diversity and Inclusion," executive summary, January 2013, www.whitemensleadershipstudy.com/pdf/WMLS%20Executive%20Summary.pdf.

15. Best Buy, "Tomorrow Works Here," job search web page, accessed April 18, 2022, www.bestbuy-jobs.com/diversity.

16. Becca Johnson, "Best Buy, Black Leaders Working to Improve Promotion, Recruitment," Best Buy, February 2, 2020, https://corporate.bestbuy.com/best-buy-black-leaders-working-to-improve-promotion-recruitment.

17. Katie Koranda, "Best Buy Makes 2020 DiversityInc Noteworthy List," May 6, 2020, https://corporate.bestbuy.com/best-buy-makes-2020-diversityinc-noteworthy-list/.

18. "The 2022 World's Most Ethical Companies Honoree List," 2022, https://worldsmostethicalcompanies.com/honorees/.

19. Best Buy, "Doing a World of Good: Fiscal Year 2020, Environmental, Social and Governance Report," accessed April 18, 2022, https://corporate.bestbuy.com/wp-content/uploads/2020/06/Best-Buy-Fiscal-2020-ESG-Report.pdf.

20. Becca Johnson, "Best Buy Recognized for Leading with Inclusion," Best Buy, August 19, 2020, https://corporate.bestbuy.com/best-buy-recognized-for-leading-with-inclusion.

21. Bianca Jones, "Best Buy Commits More Than $44 Million to Diversity, Inclusion and Community Efforts," Best Buy, December 9, 2020, https://corporate.bestbuy.com/best-buy-commits-more-than-44-million-to-diversity-inclusion-and-community-efforts/.

22. Ale Valeriano, "Best Buy Creates Scholarship Fund for HBCU Students," Best Buy, January 15, 2021, https://corporate.bestbuy.com/best-buy-creates-scholarship-fund-for-hbcu-students/.

23. Best Buy, "Doing a World of Good: Fiscal Year 2020."

24. Jones, "Best Buy Commits More Than $4 Million."

25. "Best Buy Commits to Spending $1.2B with BIPOC and Diverse Businesses by 2025," Best Buy, June 24, 2021, https://corporate.bestbuy.com/best-buy-commits-to-spending-1-2b-with-bipoc-and-diverse-businesses-by-2025/.

26. Best Buy Teen Tech Center Programs, https://www.bestbuy.com/site/misc/teen-tech-center/pcmcat1530212400327.c?id=pcmcat1530212400327

9장

1. Emsi Burning Glass, "Parsing the Unemployment Rate for Community College Graduates," Emsi, May 30, 2014, www.economicmodeling.com/2014/05/30/parsing-the-unemployment-rate-for-community-college-graduates/; Community College Research Center, "Community College FAQs," accessed April 18, 2022, https://ccrc.tc.columbia.edu/community-college-faqs.html.

2. 커뮤니티 칼리지의 인종 구성은 다음을 참고했다. Brittney Davidson, Tess Henthorne, Josh Wyner, and Linda Perlstein, "Aligning Talent and Opportunity: An Employer Guide

to Effective Community College Partnership," Aspen Institute, Washington, DC, September 26, 2019, https://highered.aspeninstitute.org/wp-content/uploads/2019/09/The-Employer-Guide_20190926_Final-for-Approval.pdf. 이 학생들의 경제 소득 분위는 다음을 참고했다. Christine Cruzvergara, "Companies Hiring from Community Colleges Have a Leg Up: Here's Why," Forbes, May 27, 2021, www.forbes.com/sites/gradsoflife/2021/05/27/companies-hiring-from-community-colleges-have-a-leg-up-heres-why/?sh=318fa4683354.

3. Jeff Kavanaugh and Lakshmi Prabha, "Infosys Talent Radar 2019: How the Best Companies Get the Skills They Need to Thrive in the Digital Era," Infosys Knowledge Institute, 2019, www.infosys.com/navigate-your-next/research/talent-radar.html.

4. 회사에 인재를 찾는 데 어려움을 겪고 있다면 다음 자료를 참고하라. Kavanaugh and Prabha, "Infosys Talent Radar 2019." For capabilities of people with associate's degrees, see Todd Deutsch, Deirdre Blackwood, Toi Eshun, and Zoia Alexanian, "New Report: Degree Inflation Hurting Bottom Line of U.S. Firms, Closing Off Economic Opportunity for Millions of Americans," press release, Harvard Business School Newsroom, October 25, 2017, www.hbs.edu/news/releases/Pages/degree-inflation-us-competetiveness.aspx; Joseph B. Fuller and Manjari Raman, "Dismissed by Degrees: How Degree Inflation Is Undermining U.S. Competitiveness and Hurting America's Middle Class," Harvard Business School, October 2017, www.hbs.edu/managing-the-future-of-work/Documents/dismissed-by-degrees.pdf; and Sue Ellspermann and Jeff Kavanaugh, "Your Next Great Hire Is Graduating from a Community College," EdSurge, April 26, 2021, www.edsurge.com/news/2021-04-26-your-next-great-hire-is-graduating-from-a-community-college.

5. Crystal L. Hoyt, et al., "I Can Do That: The Impact of Implicit Theories on Leadership Role Model Effectiveness," Personality and Social Psychology Bulletin 38, no. 2 (2012): 257–268; Thekla Morgenroth, et al., "The Motivational Theory of Role Modeling: How Role Models Influence Role Aspirants' Goals," Review of General Psychology 19, no. 4 (2015): 465–483.

6. Infosys, "Partners," accessed April 18, 2022, www.infosys.org/infosys-foundation-usa/grants.html.

7. Infosys, "Partners."

8. Infosys, "History: Infosys Is a Global Leader in Next-Generation Digital Services and Consulting," accessed April 19, 2022, www.infosys.com/about/history.html.

9. "Awards," Infosys, https://www.infosys.com/about/awards.html#:~:text=Infosys%20ranked%20No.,for%202002%20by%20Forbes%20Global.

10. Yoshita Singh, "HUL, TCS & Sun Pharma among most innovative companies in the

world: Forbes," Business Today (India), August 20, 2015, https://www.businesstoday.in/latest/corporate/story/forbes-says-hul-tcs-and-sun-pharma-among-most-innovative-comapnies-in-the-wolrd-52636-2015-08-20.

11. Infosys, "Diversity and Inclusion," accessed April 19, 2022, www.infosys.com/content/dam/infosys-web/en/about/corporate-responsibility/esg-vision-2030/diversity-and-inclusion.html.

12. JobsForHer, "DivHERsity Awards, 2020," accessed April 18, 2022, www.jobsforher.com/accelherate-2020/divhersity-showcase.

13. "Infosys Ranked Number 3 on 2019 Forbes 'World's Best Regarded Companies' List," September 25, 2019, https://www.infosys.com/newsroom/press-releases/2019/worlds-best-regarded-companies2019.html.

14. "Infosys has been recognized by the Top Employer Institutes as a 2020 'Top Employer' in Australia and Singapore. We are among the top three employers in Japan," https://www.infosys.com/about/awards/top-employer-institutes2020.html.

15. "Infosys featured in the Top 10 Best Company for Women in India in 2021 Working Mother and Avtar Best Companies for Women in India (BCWI) and 'Exemplar of Inclusion' in the Working Mother & Avtar Most Inclusive Companies in India (MICI)," https://www.infosys.com/newsroom/features/2021/top-ten-best-company-women-india2021.html.

16. "Great Place to Work and Fortune Name Infosys One of the 2021 Best Big Companies to Work For," https://www.infosys.com/newsroom/features/2021/best-big-companies-work-for-2021.html.

17. Macrotrends, "Infosys Revenue 2010–2021," accessed April 18, 2022, www.macrotrends.net/stocks/charts/INFY/infosys/revenue; Infosys, "Investor Presentation," Infosys Limited, Bengaluru, India, 2019 (updated 2021), www.infosys.com/investors/investorpresentation/ir-presentation.pdf.

18. Infosys, "Diversity and Inclusion."

19. Ananya Bhattacharya, "A Former Executive Is Accusing Infosys of Racism That Favours Indians," Quartz India, June 21, 2017, https://qz.com/india/1010965/a-former-executive-is-accusing-infosys-of-racism-that-favours-indians.

20. Wigdor, "Wigdor LLP Files EEOC Charge Alleging Systemic Gender and Race Discrimination at Infosys," Wigdor Law, January 13, 2021, www.wigdorlaw.com/infosys-gender-race-discrimination-eeoc; "Shannon Doyle, [redacted], Carrie Subacs, and Sylvie Thompson, Claimants, v. Infosys Limited, and Infosys Americas, Respondents," case submitted to Equal Employment Opportunity Commission, New York District Office, accessed April 19, 2022, https://regmedia.co.uk/2021/01/13/eeoc-infosys.pdf.

21. Infosys Foundation, "Overview," accessed April 18, 2022, www.infosys.com/infosys-foundation/about.html.

22. Infosys, "Reskill and Restart," accessed April 18, 2022, www.infosys.com/reskillrestart-america.html.

23. Elizabeth Freedman, "Why Corporate and Political Leaders Turn To Infosys President Ravi Kumar About The Future Of Work," Forbes, June 9, 2021. https://www.forbes.com/sites/elizabethfreedman/2021/06/09/why-corporate-and-political-leaders-turn-to-infosys-president-ravi-kumar-about-the-future-of-work/?sh=6cf771c9dce0.

10장

1. John C. Miller, et al., "Inside Denny's Decades-Long DEI Journey," hbr.org, September 13, 2021, https://hbr.org/2021/09/inside-dennys-decades-long-dei-journey.

2. Jim Adamson, The Denny's Story: How a Company in Crisis Resurrected Its Good Name (New York: Wiley, 2000), 9.

3. Stephen McGuire, et al., "Denny's Learns to Manage Diversity," i-Manager's Journal on Management 9, no. 4 (2015): 48 –72, doi:10.26634/jmgt.9.4.3364.

4. Denny Chin and Jodi Golinsky, "Employment Discrimination: Moving Beyond McDonnell Douglas: A Simplified Method for Assessing Evidence in Discrimination Cases," Brooklyn Law Review 64, no. 2 (1998): 659 –679.

5. Zachary W. Brewster and Sarah N. Rusche, "Quantitative Evidence of the Continuing Significance of Race: Tableside Racism in Full-Service Restaurants," Journal of Black Studies 43, no. 4 (2012): 359 –384.

6. R. Rousseau, "New Denny's Ads Welcome Blacks," Restaurants & Institutions 107 (April 1997): 22, www.ou.edu/deptcomm/dodjcc/groups/02C2/reference%20list.htm. Vic Harris, et al., "Crisis Communication Strategies, Case Study: Denny's Class Action Lawsuit," US Department of Defense, accessed April 19, 2022, www.ou.edu/deptcomm/dodjcc/groups/02C2/Denny's.htm.

7. McGuire, et al., "Denny's Learns to Manage Diversity."

8. Anne Faircloth, "Denny's Changes Its Spots Not So Long Ago," CNN Money, May 13, 1996, https://money.cnn.com/magazines/fortune/fortune_archive/1996/05/13/212386/.

9. Howard Kohn, "Service with a Sneer," New York Times Magazine, November 6, 1994, www.nytimes.com/1994/11/06/magazine/service-with-a-sneer.html.

10. Faircloth, "Denny's Changes Its Spots."

11. U.S. v. TW Services, Inc. (U.S. District Court for the Northern District of California) 1993, U.S.Dist. LEXIS 7882, consent decree, April 1, 1993. 원문은 다음 자료에서 찾아볼 수 있다. Civil Rights Litigation Clearinghouse, accessed April 19, 2022, www.clearinghouse.net/chDocs/public/DR-CA-0001-0009.pdf.

12. Denny's, 2020 Annual Report, Denny's Corporation, Spartanburg, SC, accessed April 19, 2022, https://s29.q4cdn.com/169433746/files/doc_financials/2020/ar/2020AnnualReport_IndexedPDF_V2.pdf.

13. Miller, et al., "Denny's Decades-Long DEI Journey."

14. Zachary W. Brewster and Gerald R. Nowak III, "Racial Prejudices, Racialized Workplaces, and Restaurant Servers' Hyperbolic Perceptions of Black–White Tipping Differences," Cornell Hospitality Quarterly 60, no. 2 (2019): 159–173.

15. Faircloth, "Denny's Changes Its Spots."

16. Zachary W. Brewster and Sarah N. Rusche, (2017). "The Effects of Racialized Workplace Discourse on Race-Based Service in Full-Service Restaurants," Journal of Hospitality & Tourism Research 41, no. 4 (2017): 398–414.

17. Michàlle E. Mor Barak, Managing Diversity: Toward a Globally Inclusive Workplace (Los Angeles: Sage, 2016), 246–256.

18. Mor Barak, Managing Diversity, 246–256.

19. Mor Barak, 246–256.

20. Faircloth, "Denny's Changes Its Spots."

21. "Denny's Participates in 2016 Corporate Equality Index," GlobeNewswire website, November 20, 2015, https://www.globenewswire.com/fr/news-release/2015/11/20/789339/0/en/Denny-s-Participates-in-2016-Corporate-Equality-Index.html.

22. Miller et al., "Denny's Decades-Long DEI Journey."

23. "Hungry to Win! 2020-2021 Diversity Report," Denny's, January 14, 2022, www.dennys.com/news/2020-2021-diversity-report.

24. "Hungry to Win! 2020–2021 Diversity Report," Denny's, http://dennysdiversityreport.com/.

25. Denny's, https://www.dennys.com/sites/default/files/2021-09/Dennys-Social-Impact-Report.pdf.

26. Information provided by April Kelly-Drummond. Denny's, "We Love to Feed People: The Principles That Guide Us," Denny's web page, accessed April 18, 2022, www.dennys.com/company.

27. Brené Brown, "The Power of Vulnerability," video transcript, TEDxHouston, June 2010, www.ted.com/talks/brene_brown_the_power_of_vulnerability/transcript.

28. Miller et al., "Denny's Decades-Long DEI Journey."

29. Earl Fitzhugh et al., "It's Time for a New Approach to Racial Equity," McKinsey & Company, December 2, 2020, www.mckinsey.com/featured-insights/diversity-andinclusion/its-time-for-a-new-approach-to-racial-equity.

30. VB Staff, "Report: 40% of Diverse Employees Say Their Companies Haven't Improved DEI Practices," VentureBeat, October 19, 2021, https://venturebeat.com/2021/10/19/report-40-of-diverse-employees-say-their-companies-havent-improved-dei-practices/.

31. Juliet Bourke and Bernadette Dillon, "The Diversity and Inclusion Revolution: Eight Powerful Truths," Deloitte Review, January 2018, www2.deloitte.com/content/dam/insights/us/articles/4209_Diversity-and-inclusion-revolution/DI_Diversity-and-inclusion-revolution.pdf.

32. Amy C. Edmondson and Josephine P. Mogelof, "Explaining Psychological Safety in Innovation Teams: Organizational Culture, Team Dynamics, or Personality?," in Creativity and Innovation in Organizational Teams, ed. Leigh L. Thompson and Hoon-Seok Choi, 129–156 (Psychology Press, 2006).

맺음말

1. Rachel Lobdell, "Introducing Measure Up, our partnership with Refinitiv to measure racial diversity," Fortune, November 17, 2020, https://fortune.com/2020/11/17/measure-up-fortune-refinitiv-racial-diversity/.

2. "FORTUNE and Refinitiv encourage unprecedented corporate diversity disclosure and accountability through new Measure Up partnership," PR Newswire, October 26, 2020, https://www.prnewswire.com/news-releases/fortune-and-refinitiv-encourage-unprecedented-corporate-diversity-disclosure-and-accountability-through-new-measure-up-partnership-301159688.html.

3. David Craig, "Companies will need courage to keep their promises on race," Fortune, June 2, 2021, https://fortune.com/2021/06/02/racial-equity-diversity-inclusion-data-fortune-500-measure-up/.

4. Grace Donnelly, "Only 3% of Fortune 500 Companies Share Full Diversity Data," Fortune, June 7, 2017, https://fortune.com/2017/06/07/fortune-500-diversity/.

5. Maro Carrasco, "Gen Z: Brands Need to Prioritize DEI and Gender Liberation," Forbes, March 1, 2022, www.forbes.com/sites/forbesagencycouncil/2022/03/01/gen-z-brands-need-to-prioritize-dei-and-gender-liberation.

부록

1. Team at Slack, "Diversity at Slack, an Update, April 2020," Slack, April 28, 2021, https://slack.com/blog/news/diversity-at-slack-2020.

2. Crunchbase, "Iora Health," accessed February 9, 2022, https://www.crunchbase.com/organization/iora-health/company_financials.

3. PitchBook, "Iora Health," accessed February 9, 2022, https://pitchbook.com/profiles/company/54034-21#overview.

4. Life Healthcare Inc., "At Iora Health, We Work to Restore Humanity to Healthcare," One Medical, accessed February 9, 2022.

5. The numbers differ according to source (Craft .co, Crunchbase, or PitchBook).

6. Megan P. McGrath, "Iora Health and Human Expand Relationship to Provide More Humana Medicare Advantage Plan Members Access to Additional Coordinated Care in Arizona, Georgia and Texas," BusinessWire, September 4, 2019, www.businesswire.com/news/home/20190904005339/en/Iora-Health-and-Humana-Expand-Relationship-to-Provide-More-Humana-Medicare-Advantage-Plan-Members-Access-to-Additional-Coordinated-Care-in-Arizona-Georgia-and-Texas.

7. Life Healthcare Inc., "At Iora Health, We Work to Restore Humanity to Healthcare."

8. PwC, "Building on a Culture of Belonging," accessed April 19, 2022, www.pwc.com/us/en/about-us/purpose-and-values/purpose-report/diversity-equity-inclusion.html.

9. PwC, "Welcome to PwC Products, the Evolution of Problem Solving," accessed March 30, 2022, www.pwc.com/us/en/products.html.

10. Mike Davies, "PwC Global: How We Are Structured," PwC, accessed January 11, 2021, www.pwc.com/gx/en/about/corporate-governance/network-structure.html.

11. Davies, "PwC Global."

12. PwC, "Global Annual Review 2021: The New Equation; Building Trust, Delivering Sustained Outcomes," PwC, 2021, accessed January 11, 2022, www.pwc.com/gx/en/about-pwc/global-annual-review-2021/downloads/pwc-global-annual-review-2021.pdf.

13. Varya Davidson and Martijn Schouten, "Organisational Culture and Purpose: Harnessing Culture to Deliver Results," PwC, accessed January 11, 2021, www.pwc.com/gx/en/services/people-organisation/organisational-culture-and-purpose.html.

14. Mike Davies, "Our Clients."

15. Mike Davies, "Our Clients," in Global Annual Review 2021: Our Clients: The New Equation; Building Trust, Delivering Sustained Outcomes, by PwC, accessed January 11, 2021, www.pwc.com/gx/en/about/global-annual-review-2021/clients.html.

16. CEO Action for Diversity & Inclusion, "CEO Action for Diversity & Inclusion Is the Largest CEO-Driven Business Commitment to Advance Diversity and Inclusion in the Workplace," 2017, accessed January 11, 2021, www.ceoaction.com.

17. Laura Taylor, "Global Public Policy Committee: Role and Objective," accessed January 11, 2021, www.pwc.com/gx/en/about/global-regulatory-affairs/gppc-role-and-objective.html.

18. Mike Davies, "PwC Global: About Us," PwC, accessed January 11, 2021, https://www.pwc.com/gx/en/about.html.

19. Shannon Schuyler, "Responsible Business Leadership: What We Do Matters; Why We Do It Matters More," PwC, 2017, accessed January 11, 2021, www.pwc.com/us/en/about-us/corporate-responsibility.html.

20. PwC, "Stakeholder Engagement: How We Engage PwC Global Corporate Responsibility 2016," accessed January 11, 2021, www.pwc.com/gx/en/corporate-responsibility/assets/stakeholder-engagement.pdf.

21. Moss Adams, "Inclusion and Diversity: 2019 Annual Report," accessed April 18, 2022, www.mossadams.com/getmedia/efca1604-247f-4f1d-8158-5c8b69ee4554/inclusion__diversity_2019_annual_report.pdf.

22. Craft, "Moss Adams Competitors," accessed April 19, 2022, https://craft.co/moss-adams/competitors.

23. Uncle Nearest, "More about Our Founder and CEO, Fawn Weaver," accessed April 19, 2022, https://unclenearest.com/fawnweaver/.

24. Uncle Nearest, "Distributors," accessed April 19, 2022, https://unclenearest.com/distributors.

25. Uncle Nearest, "Uncle Nearest Venture Fund," accessed April 19, 2022, https://unclenearest.com/unvf/.

26. Sodexo, "A Better Tomorrow 2021: Sustainability & Corporate Social Responsibility Report," accessed May 5, 2022, https://us.sodexo.com/files/live/sites/com-us/files/our-impact/ABetterTomorrow2025Report.pdf.

27. SodexoMagic, "Serving Equality for Communities," accessed May 5, 2022, www.sodexomagic.com/sodexo-magic.html.

28. Sodexo Stop Hunger Foundation, "Our Vision," accessed May 5, 2022, http://us.stop-hunger.org/home/about-us/our-vision.html.

29. "U.S. Political Activity & Public Policy Report 2021," Best Buy, https://corporate.bestbuy.com/wp-content/uploads/2022/03/2021-Political-Activity-Public-Policy-Report.pdf.

30. Infosys, "About Us: Subsidiaries," accessed April 19, 2022, www.infosys.com/about/subsidiaries.html.

31. Infosys, "Gender Pay Report 2019," Infosys Limited, France Branch, accessed April 19, 2022, www.infosys.com/careers/discover/culture/documents/infosys-gender-pay-gap-report-eng-france2019.pdf.

32. Shakeel Hashim, "Infosys Is Hiring 12,000 People—and Not from the Ivy League," Protocol, September 8, 2020, www.protocol.com/infosys-hiring-us-community-colleges.

33. Yahoo! Finance, "Denny's Corporation (DENN)," accessed April 19, 2022, https://finance.yahoo.com/quote/DENN/fi nancials?p=DENN&guccounter=1.

34. Denny's, "Investor Relations," accessed April 19, 2022, https://investor.dennys.com/overview/default.aspx.

찾아보기

옮긴이 **이상원**

서울대학교 가정관리학과와 노어노문과를 졸업하고 한국외국어대학교 통번역대학원에서 석사와 박사 학위를 받았다. 서울대 기초교육원 강의 교수로 글쓰기 강의를 하고 있으며 《적을 만들지 않는 대화법》, 《뇌는 어떻게 당신을 속이는가》, 《함부로 말하는 사람과 대화하는 법》 등 다수의 책을 우리말로 옮겼다. 저서로는 《서울대 인문학 글쓰기 강의》, 《나를 일으키는 글쓰기》, 《엄마와 함께한 세 번의 여행》, 《번역은 연애와 같아서》 등이 있다.

다정한 조직이 살아남는다

초판 1쇄 발행 2023년 6월 2일

지은이 • 엘라 F. 워싱턴
옮긴이 • 이상원

펴낸이 • 박선경
기획/편집 • 이유나, 강민형, 지혜빈, 김선우
홍보/마케팅 • 박언경, 황예린
디자인 제작 • 디자인원(031-941-0991)

펴낸곳 • 도서출판 갈매나무
출판등록 • 2006년 7월 27일 제395-2006-000092호
주소 • 경기도 고양시 일산동구 호수로 358-39 (백석동, 동문타워 I) 808호
전화 • 031)967-5596
팩스 • 031)967-5597
블로그 • blog.naver.com/kevinmanse
이메일 • kevinmanse@naver.com
페이스북 • www.facebook.com/galmaenamu
인스타그램 • www.instagram.com/galmaenamu.pub

ISBN 979-11-91842-50-0/03320
값 21,000원

• 잘못된 책은 구입하신 서점에서 바꾸어드립니다.
• 본서의 반품 기한은 2028년 6월 30일까지입니다.